MILD
SEVEN
TECHNOGYM
MILD SEVEN
Lpr

RENNREPORT 94

FOTOS
ERGEBNISSE
HINTERGRÜNDE

Herausgegeben von Willy Knupp

ZEITGEIST VERLAG

© 1994 by

ZEITGEIST VERLAG

Düsseldorfer Str. 49
40545 Düsseldorf
Tel.: 0211-55 62 55, Fax: 0211-57 51 67

Vertrieb
Verlag Ullstein GmbH
Berlin

Herausgegeben von Willy Knupp
im Auftrag von RTL Television

Redaktionsschluß 21.11.1994

Autoren:
Michael Schumacher
Christoph Schulte (Formel 1)
Willy Knupp
Peter Wyss (P.W.)
Manfred Jahnke (M.J.)
Heike Hientzsch (H.H.)
Walter Monsehr (W.M.)
Markus Schocker (M.S.)

Conrad Cron (C.C.), Peer Günther (P.G.), Manfred Möll (M.M.), Wolfgang Mühlbauer (M.), Christian Schön (C.S.), Botho G. Wagner (B.G.W.), Arno Wester (A.W.), Uwe Winter (U.W.)

Redaktion: Hubert Bücken, Guido Stalmann

Produktion: Jörg Beckmann, Jörg Martin, Thomas Schmidt, Frank Wiedemeier

Titel: Jörg Beckmann

Lithos: Publishing Partner Bochum

Druck: Mohndruck Gütersloh

Der Verlag dankt allen Beteiligten, die an der Herstellung des Buches mitgewirkt haben, insbesondere den Redaktionen von *sport auto* und *Motorsport aktuell*

Printed in Germany
ISBN 3-926224-68-1

Bildnachweis:

Lukas T. Gorys: Titel 1, Rücktitel 1, 4 o, 6/7, 13 u, 16 (4 Portraits), 17 (8 Portraits), 18 (8 Portraits), 19 (8 Portraits), 20 (15), 21 (2), 22, 22/23, 23 (2), 24/25, 25 (3), 27 u, 28, 28/29 u, 30 (3, o, ml, u), 30/31, 32 (3, ol, mr, u), 33 u, 34 (2), 35, 36/37 o, 38 (2, ur), 38/39 (2), 39 (3, mr, u), 42 (3), 43 (2), 44, 45 (2, ol, u), 46/47, 47 (2 u), 48/49 u, 49 (3), 50 (3), 51 (2 o), 52 (2), 53 (3), 55 (2), 56, 57 (2), 62 (3), 63 (3, o, m, ul), 64 (2), 67 (2), 68 (2, o, ur), 69 (4), 70, 70/71, 71 (4), 72 (3), 73 (2), 74 um, 75 ur, 76 o, 77 (2), 78 (3), 79, 80 (2), 81 o, 82/83, 83 (2), 84 ol, 85 u, 89 o, 90/91, 91 l, 94/95, 96 (3), 97 u, 116, 188/189

Ferdi u. Bodo Kräling: Titel 4, Rücktitel 3, 3, 4 u, 5, 8, 10, 10/11, 11 (2), 14/15, 16 (2 Autos), 17 (4 Autos), 18 (4 Autos), 19 (4 Autos), 20 (1, Mansell), 26 (2), 27 o, 30 mr, 32 or, 33 o, 36/37 u, 38 l, 39 or, 45 or, 47 (2 o), 48/49 o, 51 u, 54/55, 58 (2), 61 u, 63 ur, 66 (2), 68 ul, 74 l, 74/75 (2), 75 m, 76 u, 81 u, 84 (2, or, u), 86, 86/87, 88 (2), 89 u, 90, 94 l, 95 ur, 97 o, 118/119, 120 u, 122 o, 126/127, 132/133, 134, 138/139, 142, 143 (2, l, ur), 144, 145 (2), 146 (3), 147 (2), 149 (3, ol, r2.vu, ur), 150/151 (2), 152/153, 153, 154/155 2, 154, 156/157, 158 u, 159 (3), 161 o, 162/163, 164/165 (2), 165 o, 172, 172/173, 174 (2), 174/175, 178/179, 179, 180 (4), 181 (2), 190/191

AP: 92/93, **ASA**: 13 (2, 2.vo), **ATP**: 102, 103, 104, 105 (4), 107, 186/187 o, 187 (2), **BBS**: 99 o, **Benetton**: 28/29 o, **Bock**: Rücktitel 1, 112/113, **dpa**: 60/61, 91 r, **Ford Werke**: 2, 130 r, 131 (2, o, m), **Franzen**: 136 (2, ul, ol), 136/137 (2), **Greg**: 114, **Herzog**: 113 u, **Hoogendoorn**: Rücktitel 1, 182, 182/183, 184, 185 (2), **IWM**: 117, 120/121, 149 ul, **Karfs**: 136 ur, **Kasan**: 120 (2, o, m), 121, 122 u, 123 o, 124, 124/125, 125, 128 (2), 128/129, 130 l, 131 u, 133 o, 134/135, 135, 140, 140/141, 143 or, 148 (2), 149 (3, or, ml, r2.vo), 151 (2), 152 u, 158 o, 161 u, 162, 165 r, 166, 166/167 (2), 167, 168, 168/169, 169, 170, 170/171, 175 u, **Knupp**: 13 o, **Mercedes Benz**: 85 o, **Möll**: 110/111, 111, **Müller**: 176/177 (2), **Opel AG**: Rücktitel 1, 126, 152 o, **Paumann**: 177 l, **Reinhard**: 102/103, **RTL Television**: Rücktitel 1, 24, 33 m, 92 (2), 93 o, 94 r, 95 (2 l, or), **Schaller**: 13 (2.vu), **Schattling**: 101, **Sutton**: 114/115, 116/117, 165 u, **Upietz**:: 108 (3), 109 (2), **Wagner**: 186/187 u, **Wilhelm**: 100/101, 106, **Privat**: 110, 123 u, 171, 175 o, 177 r

INHALT

Formel 1

Michael Schumacher

Der Formel-1-Weltmeister 1994 schreibt, wie es wirklich war

Mein Weg zum Titel

Es hat also doch noch geklappt: Nach einem dramatischen Finale in Suzuka und Adelaide bin ich Formel-1-Weltmeister 1994!

Die Formel 1 ist die Königsklasse im internationalen Automobilrennsport. In ihr fahren die Besten. Der Titel zeigt, daß man zumindest in dem Jahr unter den Besten der Beste war.

Der Titel gibt ein unbeschreibliches Gefühl. Das Gefühl, etwas erreicht zu haben, das

Die Bestätigung einer Leistung

einem keiner mehr nehmen kann. Der Titel ist die Bestätigung einer Leistung. Schwarz auf Weiß. Kein Wenn und Aber und Hätte oder Könnte.

Der Titel schließt einerseits ein riesengroßes Kapitel und eröffnet gleichzeitig ein neues. Das abgeschlossene Kapitel umreißt alle Stationen, die man als kleiner Nachwuchsfahrer bis hin zum Grand-Prix-Piloten durchläuft.

Alle, die mit dem Motorsport anfangen, träumen doch vom Titel. Das ist jetzt erreicht. Das Kapitel, das neu eröffnet wird, umreißt eine neue Aufgabe: Ich glaube, jeder, der einmal Weltmeister geworden ist, will zeigen, daß er den Titel auch wirklich verdient hat. Und das geht am besten, indem man zum zweitenmal Weltmeister wird. Mit anderen Wor-

Ich falle nicht in ein Motivationsloch

ten: Es braucht keiner Angst zu haben, daß ich in ein Motivationsloch falle.

Mit einem solchen Problem hätte ich beinahe in der Mitte der vergangenen Saison zu kämpfen gehabt. Irgendwann wurde alles zu viel. Doch bevor ich resignierte, habe ich mir gesagt: „Jetzt erst recht."

Meine Schwierigkeiten fingen bereits in Barcelona an. Sie erinnern sich: Dort bin ich ab der 21. Runde ausschließlich im fünften Gang gefahren. Inklusive zweier Starts nach den Tankstopps.

Trotz dieses Handikaps bin ich auf Platz zwei gekommen. Für mich war sicher, daß das eines meiner besten Rennen war. Wenn nicht gar wirklich das beste.

Nie im Leben wäre ich darauf gekommen, daß diese Leistung als erster Anlaß dafür genommen wurde, mir irgendwelche Trickserelen zu unterstellen.

Bezeichnenderweise geschah alles hinter meinem Rücken. Keiner kam offen auf mich zu und sagte: „Hey

Keiner kam offen auf mich zu

Schumacher, das kannst Du mir nicht erzählen, Dutzende von Runden nur im fünften Gang, das geht doch nie und nimmer. Warum erzählst Du nur so einen Mist?"

Erst als ich schon wieder zu Hause war, hörte ich von den Verdächtigungen: Daß ich mit der Fünften-Gang-Geschichte nur meinen zweiten

Auf der Jagd nach dem Titel: Michael und sein Benetton B194

Kontrahenten '94 - Michael Schumacher und Damon Hill. Ihr Respekt voreinander wuchs, je näher die Titelentscheidung kam

Platz interessant reden wollte und so weiter.

Ich habe die ganze Sache damals gar nicht richtig ernst genommen. Ich wußte selbst am besten, wie ich das Rennen gefahren bin. Warum sollte ich eine solche, wirklich kaum zu glaubende Geschichte erzählen?

Vielleicht habe ich es mir in diesem Augenblick ein wenig zu einfach gemacht. Denn möglicherweise hätte ich schon damals erkennen können, daß die Stimmung gegen Benetton und somit auch gegen mich teilweise umkippte. Aus welchen Gründen auch immer.

Beim Großen Preis von Frankreich in Magny Cours wurden die Vorwürfe schon etwas handfester. Auch wenn immer noch nicht offen darüber gesprochen wurde. Nun war die Rede davon, daß wir eine Traktionskontrolle benutzen würden. Anlaß für diese Verdächtigungen war mein guter Start in Frankreich.

Eines stimmt natürlich: Das Starten war ab

Das Starten war meine Schwäche

und an meine Schwäche. So gesehen mußte es in der Tat einige verwundern, daß ich gerade in dieser Saison auf diesem Sektor einige hervorragende Leistungen vorzuweisen hatte. Doch der Grund meiner Verbesserung war schlicht und einfach knallharte Arbeit. Ich hatte seit Saisonbeginn über 150 Starts geprobt. Darüberhinaus haben wir an unserem Benetton die Kupplung so modifiziert, daß ich den Punkt, an dem sie kommt, exakter bestimmen konnte.

Ich weiß ja selber, daß diese Fakten bei weitem nicht so interessant klingen. Aber ich konnte doch keine Betrügereien zugeben, nur damit bestimmte Medien ihre Schlagzeilen hatten.

Und noch eins hat mich damals unheimlich geärgert. Es waren ja gar nicht die Medien, die mit den Verdächtigungen angefangen haben. Die haben nur munter mitgemacht. Den Ausgang hatte die ganze Sache bei einigen Formel-1-Teams. Und bei denen war ganz deutlich, daß sie nur an den Verdächtigungen interessiert waren, und nicht an der Klärung dieser Vorwürfe. Denn sonst

Nur Verdächtigungen

hätten sie ja gegen unseren Benetton protestiert. Dann hätte es eine FIA-Untersuchung gegeben und alles wäre schnell

In Adelaide stellte sich das Team mit dem Weltmeisterschaftsauto zum Abschlußfoto. 50 Mitarbeiter

kämpften an der Strecke mit Michael um den Titel. Johnny Herbert sollte zum Schluß noch Punkte für die Konstrukteurs-WM holen

vom Tisch gewesen. Genau das aber war gar nicht gefragt.

Was dann ein Rennen später in Silverstone passierte, muß aus meiner Sicht eindeutig auf zwei verschiedenen Ebenen gesehen werden. Sicher, im Nachhinein war das Überholen in der Vorstartrunde ein dummer Fehler. Und wenn man die schwarze Flagge überfährt, aus welchen Gründen auch immer, muß das geahndet werden.

Worüber ich mich aber aufregte, war die Häme, mit der plötzlich reagiert wurde. „Schummel-Schumi" und „Schwarzfahrer" waren die gängigen Bezeichnungen. Es hat mir einfach keiner geglaubt, daß ich die schwarze Flagge übersehen habe.

Ich habe heute noch den Eindruck, wenn ich in Paris vor der FIA gelogen hätte, wäre ich weniger schwer bestraft worden. Ich hätte nur sagen müssen: „Tut mir leid, natürlich habe ich die schwarze Flagge gesehen, aber dann ging in meinem Team plötzlich alles drunter und drüber, es gab jede Menge sich widerstreitender Angaben und keiner wußte genau, was zu tun war. Das tut mir alles schreck-

Das verdammte Ding nicht gesehen

lich leid und ich bitte um Verzeihung."

Stattdessen bleibe ich auch heute noch dabei: Ich habe das verdammte Ding nicht gesehen. Das mein Team mich nicht über Funk reingeholt hat, ist dabei eine ganz andere Sache.

Benetton erhielt zuerst eine Geldstrafe. Ein paar Tage nach dem Rennen hieß es, es gäbe eine Verhandlung in Paris.

Als die Verhandlung angesetzt wurde, bin ich davon ausgegangen, daß dem Gericht nichts anderes übrig bleiben wird, als sogar die Geldstrafe wieder aufzuheben. Denn mittlerweile hatte sich ja herausgestellt, daß nicht nur bei mir eine Menge schief gelaufen war. Kameraaufzeichnungen hatten gezeigt, daß auch Häkkinen in der Startaufstellung überholt hatte. Dann wurde von der Rennleitung versäumt, mich an das Ende des Startfeldes zu verbannen. Ein weiterer Fehler war, daß sie unserem Team die Stop-and-Go-Strafe zu spät mitgeteilt hatte.

Das Urteil in Paris hat mir voll die Beine weggehauen. Disqualifikati-

Das Urteil hat mir die Beine weggehauen

on beim Großen Preis von England und eine Zwei-Rennen-Sperre. De facto also drei Rennen.

Und dann noch die Zwickmühle Hockenheim. Akzeptierte ich die Strafe, konnte ich in Deutschland nicht fahren. Ich hätte Tausende von Fans enttäuschen müssen. Viele von ihnen waren bereits angereist. Um fahren zu können, hätte ich gegen das Urteil Berufung einlegen müssen. Der Ausgang wäre völlig offen gewesen. Sowohl, was den Termin der Berufungsverhandlung anging, als auch den tatsächlichen Ausgang derselben. Ich mußte immer an Eddie Irvine denken, der am Anfang der Saison gegen eine Ein-Rennen-Sperre Berufung eingelegt hatte, und dann für drei Rennen gesperrt wurde.

Wie Sie wissen, habe ich mich dann doch für eine Berufung entschieden. Der einzige Grund für mich war, in Hockenheim starten zu können. Und ausgerechnet dieses Rennen wurde dann zum Alptraum. Ich fiel zum erstenmal in dieser Saison wegen eines Defektes aus, und mein Teamkollege Jos saß beim Tanken plötzlich in einem Flammenmeer.

Als sich wenig später herausstellte, daß bei unserer Tankanlage ein Filter fehlte, hatte ich Angst, langsam verrückt

Angst, verrückt zu werden

zu werden. Wohin ich auch guckte, was auch passierte: die Probleme wurden immer größer.

Der Große Preis von Ungarn war herrlich schizophren. Alle sprachen nur von unseren Verfehlungen und Betrügereien. Und dann fuhr ich einen so klaren und eindeutigen Sieg heraus, daß alle Kritiker schlagartig hätten verstummen müssen. Denn eins war ja auch dem größten Verleumder klar: Nach all den Anschuldigungen gab es in Ungarn garantiert kein Team, das so sauber und reglementsgerecht fuhr, wie Benetton. ➔

Keine Sekunde läßt er seine Konkurrenten aus den Augen. Michael ist zu jeder Zeit über den Trainingsverlauf informiert

SEIN ERFOLG IST UNSER ANTRIEB.

Michael Schumachers erfolgreiche Saison ist natürlich nicht nur auf unseren extrem belastbaren und zuverlässigen ZETEC-R-Motor zurückzuführen – sein außergewöhnliches fahrerisches Können und seine Fitneß haben nicht minder dazu beigetragen. Darüber hinaus ist sein großer Erfolg auch Antrieb für uns, die Motorentechnologie von Ford immer weiter zu optimieren. Denn davon profitieren vor allem die ZETEC-Motoren der Serie. Ob Sie einen Mondeo, einen Escort oder einen Fiesta fahren, Sie können sich immer auf die Stärke und Wirtschaftlichkeit eines Ford-Motors verlassen.

FORD. DIE TUN WAS.

Und dann so ein Sieg. Wo wir doch angeblich nur mit Startautomatik, Traktionskontrolle und fehlerhaften Tankanlagen gewinnen können. Doch wer glaubte, daß nun alle Anschuldigungen verstummten, sah sich getäuscht: Jetzt waren wir von Benetton plötzlich nicht nur Betrüger, sondern auch noch dumme Betrüger. Denn der Sieg von Ungarn habe doch eindeutig gezeigt, daß wir die ganzen Betrügereien gar nicht nötig gehabt hätten...

So konnte man das natürlich auch sehen. Es war zum Verrücktwerden. Und noch lange nicht zu Ende.

Denn in Spa ging es weiter: Die leidige Sache mit der Dicke des Holzbrettes am Unterboden. Das Teil war nach dem Rennen zu dünn. Keine Diskussion. Und wenn die Rennleitung meinte, deswegen eine Disqualifikation aussprechen zu müssen, so geht das in Ordnung, auch wenn es sehr hart ist und in ähnlichen Fällen anders reagiert wurde.

Eine andere Sache war aber, daß an den folgenden Tagen wieder von Betrug die Rede war. Und zwar besonders in den deutschen Zeitungen. Mir war immer bewußt, daß ich eines Tages von den Medien einmal niedergemacht würde. Aber ich dachte immer, daß ist dann der Fall, wenn ich als Sportler versagen sollte. Jetzt lagen aber technische Probleme und Reglementsauslegungen an, mit denen ich absolut nichts zu tun hatte. Und trotzdem wurde ich in die Pfanne gehauen.

Am Dienstag nach dem Großen Preis von Belgien mußte ich zu der Berufungsverhandlung nach Paris. Es blieb bei dem Urteil. Es ist so ein erniedrigendes Gefühl von Ohnmacht und Zorn. Man kann nichts machen, man hat sich einfach abzufinden.

Hinzu kam, daß es durch all die Belastungen mittlerweile auch im Team zu Spannungen

Corinna Betsch: Michaels Verlobte erlebt alle Höhen und Tiefen in seiner Karriere hautnah mit

Gemeinsam räumten sie ab: Flavio

kam. Ich hatte nicht immer das Gefühl, daß sich mein Team genauso vor mich stellte, wie ich es

Es kam auch im Team zu Spannungen

andererseits für mein Team gemacht hatte.

Ein Beispiel: die Benetton-Pressearbeit. Sie wurde seit Anfang 1994, auch wenn es um mich ging, von Benetton erledigt. Zuviele Dinge wurden dabei vermischt. Wenn es zu Anschuldigungen kam, wurde bei ihren Entkräftungen mehr an das Team gedacht, als an mich. Da mußte sich einiges ändern.

Während der gesperrten Rennen von Monza und Estoril habe ich mich in die Schweiz zurückgezogen, um Fitneß zu bolzen. In der Zeit hatten mein Manager und die Anwälte ausreichend Gelegenheit, einige vertragliche Dinge neu zu ordnen.

Dummerweise kam diese Neuordnung zeitlich mit der Trennung von Sauber und Mercedes zusammen. Mercedes orientierte sich Richtung McLaren. Von da an waren natürlich die falschen Meldungen gar nicht mehr unter Kontrolle zu kriegen. Für die meisten war klar: Ich kündige bei Benetton und gehe, wenn nicht in der laufenden Saison, so doch spätestens 1995 mit Mercedes zu McLaren.

Daß ich dann allen, die es hören wollten, sagte, ich sei mit Benetton zu 99 Prozent einig, wurde nur als endgültige Bestätigung für das Gegenteil gewertet. Diese Saison hatte wirklich komische Züge.

Als ich nach Jerez kam, war aus meinem ehemaligen 37-Punkte-Vorsprung ein mickriger Zähler Abstand zu meinem schärfsten Verfolger Damon Hill geworden. Und trotzdem war ich froh. Nämlich darüber, daß es endlich weiterging. Und zwar auf der Strecke und nicht neben der Strecke oder gar hinter den Kulissen. Der Sieg in Spanien war eine gigantische Genugtuung und Bestätigung für mich. Ich wußte, daß ich dieses Jahr mit nur zwölf Rennen Weltmei-

Mit zwölf Rennen Weltmeister werden

ster werden mußte. Und nach diesem Rennen sah ich meine Ziele wieder erreichbar.

Doch dann kam Suzuka mit seinem chaotischen Regenrennen. Ich hatte so ein gutes Gefühl vor diesem Rennen, nur um am Ende wieder nur noch einen mickrigen Punkt Vorsprung vor Hill zu haben.

Der Finallauf in Adelaide war dann für mich ein Wechselbad der Gefühle. Ich hatte einen phantastischen Start, doch Hill ließ nicht locker und lieferte mir einen gigantischen Kampf. Als ich in der 36. Runde zuerst in der Mauer und dann im Reifenstapel hing, hatte ich nur noch einen Gedanken: Das war's. Der Titel ist futsch, alles war vergebens. Und dann noch das Gefühl, das es an einem Fehler lag, den ich zu verantworten hatte. Der erste Fehler in dieser Saison. Ein widerliches Gefühl.

Heute weiß ich, daß ich mich damals zu früh geärgert habe. Hill mußte ebenfalls ausscheiden und ich habe den Titelkampf gewonnen.

Klar, ich hätte lieber das Rennen im Zweikampf mit Hill beendet, statt die WM mit einer Kollision zu entscheiden. Und trotzdem glaube ich, daß ich diesen Titel verdient habe. Ich habe Senna in Brasilien geschlagen. Keiner hat dieses Jahr mehr Rennen ge-

Ich habe diesen Titel verdient

wonnen als ich. Ich war zu jedem Zeitpunkt in dieser Saison ganz vorne dabei.

Alles hätte anders ausgesehen, wenn Ayrton Senna nicht tödlich verunglückt wäre. Er war für mich der Titelaspirant und auch heute noch glaube ich: Gäbe es ihn noch, er wäre der Weltmeister 1994. Senna war der beste Pilot, Senna war das Idol meiner Jugend - ich bin dankbar dafür, Weltmeister zu sein, um ihm meinen Titel widmen zu können.

riatore, Teamchef, und sein Star

Sein Manager: Willi Weber

Stolz auf ihren Sohn: Elisabeth und Rolf Schumacher

Deutschlands erster Weltmeister

Willy Knupp über den kometenhaften Aufstieg von Michael Schumacher

Michael Schumacher weinte. Er stand auf dem Balkon der Jahnhalle in Kerpen und schaute auf jubelnde Menschen, auf Fahnen, auf Spruchbänder. Rund zwanzigtausend Menschen waren gekommen, um ihren Michael zu feiern. Den ersten Formel-1-Weltmeister, der aus Deutschland kommt.

Michael hat triumphale Siege gefeiert vor Millionen Fans. Er ist durch das Fahnenmeer von Hockenheim getaucht, hat den Großen Preis von Monaco gewonnen und hat zweimal auf dem Siegerpodest seiner „Heimstrecke" Spa gestanden. Niemals aber habe ich ihn so gerührt erlebt, wie beim Jubel der Menschen, in deren Mitte er aufgewachsen ist. Nur Elisabeth, seine Mutter, schluchzte noch hemmungsloser.

Es war der 17. November 1994, vier Tage vorher war er Weltmeister geworden. Leider durch einen Fahrfehler und dessen Folgen – vor allem aber durch eine großartige Leistung in den vorangegangenen Rennen. Zwölf Läufe blieben ihm nach den umstrittenen Urteilen, um mehr Punkte zu sammeln, als alle anderen Fahrer im Feld mit 16 Rennen. Dazu muß man mehr können, als schnell und sicher autofahren. Man muß ein Kämpfer sein, verbissen an sich und seinen Erfolg glauben und daran, daß man das gesteckte Ziel erreicht.

Das hat Michael von Anfang an. Als er am 3. Januar 1969 in Kerpen geboren wurde, führte sein Vater Rolf bereits eine Kartbahn, eine der ersten in Deutschland. Michael konnte gerade einigermaßen laufen, da saß er schon in einem Spezialkart. Der Vater hatte es aus einem Go-Kart und einem Mofa-Motörchen zusammengebastelt.

Übung macht den Meister. Michael übte viel und begeistert. Mit sechs Jahren hatte er es zum Clubmeister gebracht, mit 15 zum Deutschen Juniorenmeister, mit 16 war er Vizeweltmeister. Er schloß die Realschule ab und machte eine Lehre als Kfz-Schlosser. Natürlich, erzählte er mir später, hatte er nur immer ein Ziel vor Augen: Weiter Rennen zu fahren, und dafür war es zweifellos nicht von Nachteil, mit den Mechanikern als Fachmann reden zu können.

1987 erhielt er Pokale als Deutscher Kart-Meister, danach auch den des Europameisters. Er hatte in Fachkreisen Aufmerksamkeit erregt, Förderer und Financiers für die immer teurer werdenden Gefährte gefunden. Dem Teppichhändler Gerd Noack wird er die Großzügigkeit nie vergessen, und auch nicht dem Automatenhändler Jürgen Dilk. Beide finanzierten Michael den Aufstieg in die Nachwuchsserien. Prompt wurde er 1988 Meister in der Formel König und in der Formel Ford 1600 gleichzeitig Vize-Europameister.

Der wichtigste Förderer für ihn wurde Willi Weber. Der Stuttgarter bot ihm 1988 an, für sein WTS-Team in die Formel 3 einzusteigen. Ohne Geld mitzubringen und ohne Sponsor: „Du mußt nur weiter so fahren wie bisher", erwartete Weber, der gerade mit Joachim Winkelhoek die Formel-3-Meisterschaft gewonnen hatte. Als im Frühjahr 1994 Willi Weber vom „Spiegel" angefeindet wurde, sagte mir Michael: „Willi Weber ist nicht mehr nur mein Manager. Er ist mein Freund. Ich weiß, was ich menschlich von ihm zu halten habe. Willi Weber hat mein absolutes Vertrauen." Wie gesagt: Michael vergißt nie.

Schumacher – Hill: Kampf nach Punkten

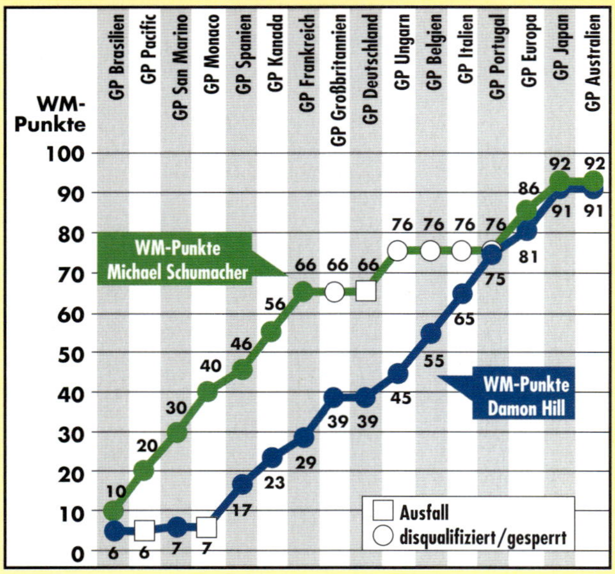

Stationen

1984 Kart Deutscher Jun.-Meister
1985 Kart Deutscher Jun.-Meister
Kart Jun.-Vizeweltmeister
1986 Kart Dritter DM
Kart Dritter EM
1987 Kart Deutscher Meister
Kart Europameister
1988 Formel König Dt. Meister
Formel Ford Zweiter EM
1989 Formel 3 Dritter DM
1990 Formel 3 Deutscher Meister
Formel 3 Sieger Fuji-GP
Sportwagen-WM 1 Sieg
1991 Sportwagen-WM
Formel 1 (Jordan, Benetton)
6 Rennen, 4 WM-Punkte, Platz 12
1992 Formel 1 (Benetton)
53 Punkte, 1 Sieg, Platz 4
1993 Formel 1 (Benetton)
52 Punkte, 1 Sieg, Platz 4
1994 Formel 1 (Benetton)
92 Punkte, 8 Siege,
Weltmeister

1989 wurde er Dritter in der Formel 3 (Erster: Wendlinger, Zweiter: Frentzen) und 1990 Deutscher Meister. Gleichzeitig gewann er das wichtige internationale Formel-3-Rennen in Macao.

Im selben Jahr, 1990, holte ihn Mercedes-Rennleiter Jochen Neerpasch in das Gruppe-C-Werksteam. Er wollte drei Junioren für die

Willy Knupp ist Projektleiter Motorsport bei RTL und Herausgeber der RTL-Rennsportbücher

Kommentieren den Monza-GP 94: Michael, Willy Knupp (RTL)

Formel-3-Meister 1990

F3: Rensing, Schumi, Müller

Das Idol seiner Jugend wird 1992 sein Rivale: Ayrton Senna

Michaels Traum seit 93: Prosts Renault-Motor. 95 hat er ihn

Sportwagen-Weltmeisterschaft aufbauen: Außer Michael waren Heinz-Harald Frentzen und Karl Wendlinger für das Team ausgewählt worden, das von Peter Sauber geleitet wurde. Jochen Mass war der „Fahrlehrer" der drei Junioren. 1991 wurde das Team Markenweltmeister.

Damals plante man bei Mercedes langfristig den Wiedereinstieg in die Formel 1. Beim Großen Preis von Belgien wurde im August 1991 das Cockpit eines Jordan frei, weil Bertrand Gachot nach dem Streit mit einem Taxifahrer eine Haftstrafe absitzen mußte. Für etwa eine halbe Million kaufte Mercedes Michael in das Cockpit ein. Zur Überraschung der Szene stand er nach dem Qualifying auf Platz 7 – deutlich vor seinem routinierten Teamkollegen Andrea de Cesaris. Zwar blieb Michaels Wagen im Rennen nach 800 Metern wegen Getriebeschaden liegen, aber schon am Abend sprach Benetton-Chef Flavio Briatore mit Eddie Jordan. Michael wechselte das Cockpit Er übernahm den Benetton von Roberto Moreno. Sein Teamkamerad war der dreifache Weltmeister Nelson Piquet. Und der kam beim ersten gemeinsamen Rennen als Sechster ins Ziel – hinter Michael.

Damit waren die Karten für 1992 gemischt. Michael Schumacher wurde die Nummer 1 im Spitzenteam Benetton. Sein Teamkamerad war Martin Brundle. Es war das Jahr des Nigel Mansell, der unangefochten mit neun Siegen und 108 Punkten den Titel holte. Sein Teamkamerad Riccardo Patrese wurde mit 56 Punkten Zweiter Um den dritten Platz kämpften bis zum letzten Lauf Michael und sein Idol aus Jugendzeiten, der neun Jahre ältere Ayrton Senna. Michael gewann dieses Duell mit drei Punkten Vorsprung. Und dort, wo er 1991 begonnen hatte, feierte er 1992 seinen ersten Sieg in der Formel 1: in Spa-Francorchamps.

1993 war Riccardo Patrese sein Mitstreiter im Benetton-Team. Der Italiener hatte 240 GP-Starts hinter sich, mehr als jeder andere. Aber auch er wurde von Michael geradezu deklassiert: 52:20 hieß das Punkteverhältnis am Ende des Jahres, das Michael als Vierter der WM beendete. Alain Prost und Damon Hill hatten auf den überlegenen Williams die Plätze 1 und 3 (mit 99 und 69 Punkten) eingenommen. Dazwischen hatte sich Ayrton Senna auf McLaren-Ford gekämpft (73 Punkte).

Senna kämpfte um das Cockpit von Alain Prost – und erhielt es. Alle freuten sich auf ein WM-Duell zwischen Senna und Schumacher. Der Kerpener am meisten. Das Schicksal hat es anders gewollt.

Michael Schumacher ist Weltmeister 1994. Ein sympathischer Weltmeister, der seine Wurzeln nicht vergessen hat. Auch wenn er längst Millionär ist, sich ungezwungen in feinsten Kreisen und besten Restaurants bewegt und fließend englisch parliert. Als ich ihn nach seinem Heimflug von Adelaide in Frankfurt abholte, strahlte er mich im breitesten rheinisch an: „Na, hab' ich dat nich'gut gemacht?"

Michael Schumacher ist ein verlässlicher Partner. Für sein Team – und für die Menschen, die mit ihm im Umfeld zu tun haben. Auch wir von RTL freuen uns auf die Saison 1995. Wenn Michael mit einem Renault-Motor an den Start geht. Dem gleichen Motor, den seine stärksten Rivalen fahren, Damon Hill und, vielleicht, Nigel Mansell.

Michael Schumacher vor Damon Hill und Gerhard Berger: Benetton und Williams beherrschen die Formel-1-Szene in einem Jahr der

Formel 1

Krisen und Skandale nach Belieben und Ferrari verbucht nach Jahren der Mittelmäßigkeit endlich wieder Erfolge

FORMEL 1 TEAMS 1994

Ein Rekord geht in den Turbulenzen der 45. Saison der Formel-1-Weltmeisterschaft völlig unter: Noch nie nehmen derart viele Fahrer während eines Jahres an den WM-Läufen teil. Das heftigst rotierende Fahrerkarussell wirft insgesamt 46 Piloten ab, was leider auch mit schweren Unfällen zusammenhängt. Nur vier Teams – Tyrrell, Arrows, Minardi und Pacific – bringen die Saison ohne Fahrerwechsel über die Runden. Bei anderen Rennställen, zum Beispiel Lotus, werden Fahrer ausgetauscht wie Zündkerzen. Neben hinterherfahrenden Nobodys wie Domenico Schiattarella oder Takachiho Inoue wissen Neulinge aber auch aufzufallen. Allen voran der Schotte David Coulthard, der bei Williams als Testfahrer begann.

Die Fahrerdaten entsprechen dem Stand Ende 1994. Aufgeführt sind die Fahrer, die für das jeweilige Team die meisten Einsätze absolviert haben.

BENETTON–FORD

B194. Ford Zetec-R V8, 730 PS, halbautomatisches Sechsganggetriebe
Teamchef:
Flavio Briatore
Konstrukteur:
Ross Brawn
Etat 70 Mio. Dollar

Zweiter Konstrukteurs-Wertung

5

6

Michael Schumacher

Deutscher, geb. 03.01.69
1,74 m, 67 kg
ledig, keine Kinder
52 GP-Starts, 10 Siege
201 WM-Punkte

WELTMEISTER 1994

Jos Verstappen

Niederländer, geb. 04.03.72
1,74 m, 70 kg
ledig, keine Kinder
10 GP-Starts, 0 Siege
10 WM-Punkte

Weitere Fahrer:
JJ Lehto, Johnny Herbert

McLAREN–PEUGEOT

MP4/9. Peugeot V10, 730 PS, halbautomatisches Sechsganggetriebe
Teamchef:
Ron Dennis
Konstrukteur:
Neil Oatley
Etat 100 Mio. Dollar

7

8

Mika Häkkinen

Finne, geb. 28.09.68
1,79 m, 66 kg
ledig, keine Kinder
48 GP-Starts, 0 Siege
43 WM-Punkte

Weiterer Fahrer:
Philippe Alliot

Martin Brundle

Brite, geb. 01.06.59
1,73 m, 68 kg
verheiratet, 2 Kinder
131 GP-Starts, 0 Siege
83 WM-Punkte

WILLIAMS–RENAULT

FW16. Renault V10, 790 PS, halbautomatisches Sechsganggetriebe
Teamchef:
Frank Williams
Konstrukteur:
Patrick Head
Etat 100 Mio. Dollar

Sieger Konstrukteurs-Wertung

0

Damon Hill

Brite, geb. 17.09.60
1,83 m, 72 kg
verheiratet, 2 Söhne
34 GP-Starts, 9 Siege
160 WM-Punkte

WM-ZWEITER 1994

2

David Coulthard

Brite, geb. 27.03.71
1,82 m, 70 kg
ledig, keine Kinder
8 GP-Starts, 0 Siege
14 WM-Punkte

Weitere Fahrer:
Ayrton Senna, Nigel Mansell

TYRRELL–YAMAHA

022. Yamaha V10, 660 PS, sequentielles Sechsganggetriebe
Teamchef:
Ken Tyrrell
Konstrukteur:
Harvey Postlethwaite
Etat 30 Mio. Dollar

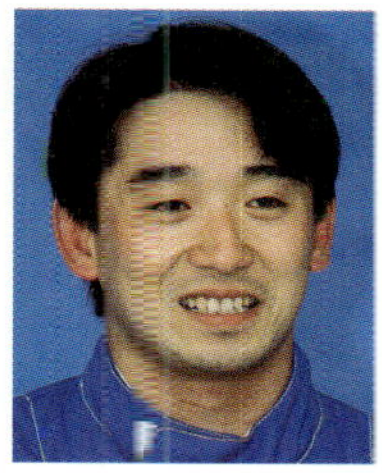

3

Ukyo Katayama

Japaner, geb. 26.05.63
1,65 m, 65 kg
verheiratet, 1 Sohn
46 GP-Starts, 0 Siege
5 WM-Punkte

4

Mark Blundell

Brite, geb. 08.04.66
1,70 m, 78 kg
verlobt, 1 Sohn
46 GP-Starts, 0 Siege
19 WM-Punkte

ARROWS–FORD

Footwork FA15.
Ford V8, ca. 660 PS, halbautomatisches Sechsganggetriebe
Teamchef:
Jackie Oliver
Konstrukteur:
Alan Jenkins
Etat 40 Mio. Dollar

9

Christian Fittipaldi

Brasilianer, geb. 18.01.71
1,74 m, 71 kg
ledig, keine Kinder
40 GP-Starts, 0 Siege
12 WM-Punkte

10

Gianni Morbidelli

Italiener, geb. 13.01.68
1,67 m, 59 kg
ledig, keine Kinder
50 GP-Starts, 0 Siege
3,5 WM-Punkte

LOTUS–MUGEN–HONDA

107B. Mugen-Honda V10, 690 PS, halbautomatisches Sechsganggetriebe
Teamchef:
Peter Collins
Konstrukteur:
Peter Wright
Etat 25 Mio. Dollar

11

Johnny Herbert

Brite, geb. 27.06.64
1,70 m, 67 kg
verheiratet, 2 Töchter
63 GP-Starts, 0 Siege
18 WM-Punkte

12

Alessandro Zanardi

Italiener, geb. 23.10.66
1,76 m, 71 kg
ledig, keine Kinder
25 GP-Starts, 0 Siege
1 WM-Punkt

Weitere Fahrer:
Pedro Lamy, Philippe Adams, Eric Bernard, Mika Salo

Die Fahrerdaten entsprechen dem Stand Ende 1994. Aufgeführt sind die Fahrer, die für das jeweilige Team die meisten Einsätze absolviert haben.

JORDAN–HART

EJR 194. Hart V10, über 675 PS, halbautomatisches Sechsganggetriebe
Teamchef:
Eddie Jordan
Konstrukteur:
Garry Anderson
Etat 30 Mio. Dollar

14

Rubens Barrichello

Brasilianer, geb. 23.05.72
1,72 m, 65 kg
ledig, keine Kinder
32 GP-Starts, 0 Siege
21 WM-Punkte

15

Eddie Irvine

Nordire, geb. 10.11.65
1,78 m, 68 kg
ledig, keine Kinder
15 GP-Starts, 0 Siege
8 WM-Punkte

Weitere Fahrer: Aguri Suzuki, Andrea de Cesaris

LARROUSSE–FORD

L 94. Ford V8, 680 PS, halbautomatisches Sechsganggetriebe
Teamchef:
Gerard Larrousse
Konstrukteur:
Robin Herd
Etat 25 Mio. Dollar

19

Olivier Beretta

Monegasse, geb. 23.11.69
1,77 m, 68 kg
ledig, keine Kinder
10 GP-Starts, 0 Siege
0 WM-Punkte

20

Erik Comas

Franzose, geb. 28.09.63
1,75 m, 66 kg
verheiratet, 1 Sohn
59 GP-Starts, 0 Siege
7 WM-Punkte

Weitere Fahrer: Philippe Alliot, Yannick Dalmas, Hideki Noda, Jean-Denis Delétraz

FERRARI

412 T 1. Ferrari V12, 780 PS, halbautomatisches Sechsganggetriebe
Teamchef:
Luca di Montezemolo
Konstrukteur:
John Barnard
Etat 100 Mio. Dollar

Dritter Konstrukteurs-Wertung

27

Jean Alesi

Franzose, geb. 11.06.64
1,70 m, 70 kg
verheiratet, keine Kinder
85 GP-Starts, 0 Siege
100 WM-Punkte

28

Gerhard Berger

Österreicher, geb. 27.08.59
1,85 m, 75 kg
ledig, eine Tochter
163 GP-Starts, 9 Siege
306 WM-Punkte

WM-DRITTER 1994

Weiterer Fahrer: Nicola Larini

SAUBER–MERCEDES

C 13. Mercedes-Benz V10, 730 PS, halbautomatisches Sechsganggetriebe
Teamchef:
Peter Sauber
Konstrukteur:
Leo Ress
Etat 60 Mio. Dollar

29

Andrea de Cesaris

Italiener, geb. 31.05.59
1,73 m, 73 kg
verheiratet, keine Kinder
208 GP-Starts, 0 Siege
59 WM-Punkte

30

Heinz-Harald Frentzen

Deutscher, geb. 18.05.67
1,78 m, 67 kg
ledig, keine Kinder
15 GP-Starts, 0 Siege
7 WM-Punkte

Weitere Fahrer: Karl Wendlinger, JJ Lehto

MINARDI–FORD

M 194. Ford V8, 680 PS, halbautomatisches Sechsganggetriebe
Teamchef: Giancarlo Minardi
Konstrukteur: Aldo Costa
Etat 8 Mio. Dollar

23

Pierluigi Martini

Italiener, geb. 23.04.61
1,57 m, 57 kg
verheiratet, keine Kinder
110 GP-Starts, 0 Siege
18 WM-Punkte

24

Michele Alboreto

Italiener, geb. 23.12.56
1,73 m, 72 kg
verheiratet, 2 Töchter
194 GP-Starts, 0 Siege
186,5 WM-Punkte

LIGIER–RENAULT

Ligier JS 398. Renault V10, 770 PS, halbautomatisches Sechsganggetriebe
Teamchef: Cyril de Rouvre
Konstrukteur: Gerard Ducarouge
Etat 20 Mio. Dollar

25

Eric Bernard

Franzose, geb. 24.08.64
1,74 m, 65 kg
verheiratet, 2 Söhne
45 GP-Starts, 0 Siege
10 WM-Punkte

26

Olivier Panis

Franzose, geb. 02.09.66
1,73 m, 71 kg
ledig, keine Kinder
16 GP-Starts, 0 Siege
9 WM-Punkte

Weitere Fahrer: Johnny Herbert, Franck Lagorce

SIMTEK–FORD

S 941. Ford V8, ca. 670 PS, sequentielles Sechsganggetriebe
Teamchef und Konstrukteur: Nick Wirth
Etat 15 Mio. Dollar

31

David Brabham

Australier, geb. 05.09.65
1,77 m, 67 kg
verheiratet, 1 Sohn
24 GP-Starts, 0 Siege
0 WM-Punkte

32

Jean-Marc Gounon

Franzose, geb. 1.1.63
1,81 m, 70 kg
ledig, keine Kinder
9 GP-Starts, 0 Siege
0 WM-Punkte

Weitere Fahrer: Roland Ratzenberger, Andrea Montermini, Domenico Schiattarella, Takachiho Inoue

PACIFIC–ILMOR

PRO 1. Ilmor V10, 685 PS, sequentielles Sechsganggetriebe
Teamchef: Keith Wiggins
Konstrukteur: Paul Brown
Etat 15 Mio. Dollar

33

Paul Belmondo

Franzose, geb. 23.04.63
1,76 m, 66 kg
verheiratet, 2 Söhne
7 GP-Starts, 0 Siege
0 WM-Punkte

34

Bertrand Gachot

Belgier, geb. 22.12.62
1,85 m, 79 kg
ledig, keine Kinder
36 GP-Starts, 0 Siege
5 WM-Punkte

FAHRERWECHSEL 1994

Philippe Adams

GP 11, 13 für Lotus
(statt Zanardi)
Belgier, geb. 19.11.69
1,70 m, 68 kg
verheiratet, 1 Sohn
2 GP-Starts, 0 Siege
0 WM-Punkte

Philippe Alliot

GP 10 für McLaren
(statt Häkkinen)
Franzose, geb. 27.7.54
1,73 m, 69 kg
verheiratet, 1 Tochter
109 GP-Starts, 0 Siege
7 WM-Punkte

Jean-Denis Delétraz

GP 16 für Larrousse
(statt Comas)
Schweizer, geb. 1.10.63
1,78 m, 75 kg
verheiratet
1 GP-Start, 0 Siege
0 WM-Punkte

Yannick Dalmas

GP 12, 13 für Larrousse
(statt Alliot)
Franzose, geb. 28.7.61
1,69 m, 62 kg
verheiratet, 2 Kinder
24 GP-Starts, 0 Siege
0 WM-Punkte

Takachiho Inoue

GP 15 für Simtek
(statt Schiattarella)
Japaner, geb. 5.9.63
1,76 m, 65 kg
ledig, keine Kinder
1 GP-Start, 0 Siege
0 WM-Punkte

Franck Lagorce

GP 12, 13 für Ligier
(statt Herbert)
Franzose, geb. 1.9.68
1,73 m, 60 kg
ledig, keine Kinder
2 GP-Starts, 0 Siege
0 WM-Punkte

Pedro Lamy

GP 1-4 für Lotus
Portugiese, geb. 20.3.72
1,71 m, 63 kg
ledig, keine Kinder
8 GP-Starts, 0 Siege
0 WM-Punkte

Nicola Larini

GP 2, 3 für Ferrari
(statt Alesi)
Italiener, geb. 19.3.69
1,69 m, 58 kg
verheiratet, 2 Kinder
44 GP-Starts, 0 Siege
6 WM-Punkte

JJ Lehto

GP 3-6, 12, 13 Benetton,
15, 16 für Sauber
Finne, geb. 31.1.66
1,80 m, 65 kg,
verlobt, 1 Tochter
62 GP-Starts, 0 Siege
10 WM-Punkte

Nigel Mansell

GP 7, 14-16 für Williams
(statt Coulthard)
Brite, geb. 08.08.53
1,80 m, 78 kg
verheiratet, 2 Kinder
185 GP-Starts, 31 Siege
482 WM-Punkte

Andrea Montermini

GP 5 für Simtek
(Trainingsunfall)
Italiener, geb. 30.5.64
ledig, keine Kinder
0 GP-Starts, 0 Siege
0 WM-Punkte

Hideki Noda

GP 14-16 für Larrousse
(statt Dalmas)
Japaner, geb. 7.3.69
1,70 m, 63 kg
ledig, keine Kinder
3 GP-Starts, 0 Siege
0 WM-Punkte

Mika Salo

GP 15, 16 für Lotus
(statt Bernard)
Finne, geb. 30.11.66
1,66 m, 66 kg
ledig, keine Kinder
2 GP-Starts, 0 Siege
0 WM-Punkte

Domenico Schiattarella

GP 14, 16 für Simtek
(statt Gounon)
Italiener, geb. 17.11.67
1,78 m, 68 kg
ledig, keine Kinder
2 GP-Starts, 0 Siege
0 WM-Punkte

Aguri Suzuki

GP 2 für Jordan
(statt Irvine)
Japaner, geb. 8.9.60
1,80 m, 68 kg
verheiratet, 1 Sohn
59 GP-Starts, 0 Siege
7 WM-Punkte

Karl Wendlinger

GP 1-3 für Sauber
Österr., geb. 20.12.68
1,84 m, 73 kg
ledig, keine Kinder
35 GP-Starts, 0 Siege
14 WM-Punkte

19 Tage lag der Mann aus Kufstein nach seinem Trainingsunfall beim Großen Preis von Monaco im Koma, sein Gehirn war vom Aufprall stark geschwollen. Die Ärzte konnten keine Prognosen über mögliche Folgeschäden abgeben. Zwei Wochen wurde das Koma künstlich aufrechterhalten, dann wurden Wendlingers Hirnfunktionen wieder in Gang gesetzt. Nach knapp vier Wochen war der Patient selbständig denk- und kritikfähig. Eisern arbeitete Wendlinger an der Regeneration seines beim Unfall verletzten Knies sowie an seiner körperlichen Fitneß. Genau 163 Tage nach dem Unfall, am 19. Oktober 1994, war das Wunder perfekt: Wendlinger stieg bei Testfahrten in Le Castellet erstmals wieder in den Sauber. Das für Suzuka geplante Comeback mußte kurzfristig abgesagt werden. Wegen einer Bänderdehnung an der Halswirbelsäule (vom Unfall) konnte Wendlinger eine Renndistanz noch nicht durchstehen.

TRAUER

Ayrton Senna

Williams-Renault

2

Brasilianer, geb. 21.03.60
1,75 m, 70 kg
geschieden, keine Kinder
161 GP-Starts, 41 Siege,
65 Pole-positions
615 WM-Punkte

Er war der große Favorit der Weltmeisterschaft 1994 – auch für Michael Schumacher. Der Brasilianer hatte endlich seinen Traumwagen, den Williams-Renault, der in den vergangenen beiden Jahren so grenzenlos überlegen war. Mit ihm wollte sich Ayrton Senna seinen vierten WM-Titel holen.
Ayrton unterlief beim ersten Grand Prix einer seiner seltenen Fehler. Beim zweiten wurde er von Mika Häkkinen am Start aus dem Rennen gerammt. Der dritte Grand Prix 1994 wird als schwärzester Tag in die Annalen der Formel 1 eingehen. Ayrton Senna starb am 1. Mai 1994, in der sechsten Runde, in Imola. Er wurde 34 Jahre.

Roland Ratzenberger

Simtek-Ford

32

Österreicher, geb. 04.07.62
1,78 m, 70 kg
ledig, keine Kinder
1 GP-Start, 0 Siege
0 WM-Punkte

Der Österreicher Roland Ratzenberger fuhr seit 1986 in Japan und England Rennen – überwiegend bei Sportwagenserien und in der Formel 3000. Das neue Simtek-Team verpflichtete 1994 den ehemaligen Maschinenbauer für zunächst fünf Rennen in der Formel 1.
Roland qualifizierte sich beim GP von Brasilien nicht; bei seinem zweiten Rennen, in Aida, kam er auf einen hervorragenden elften Platz. Am 30. April 1994 verunglückte er im Abschlußtraining von Imola in der zweiten Runde. In der Tamburello-Kurve riß ein Teil des linken Frontflügels ab. Der Wagen wurde unlenkbar und schlug gegen die Mauer. Roland Ratzenberger wurde 31 Jahre.

DIE ADRESSEN DER FORMEL-1-TEAMS

Williams GP Engeneering Ltd.
Basil Hill Road
Didcot, Oxfordshire
Berks OX11 7HW
England
Tel. 0044-235-815161
Fax 0044-235-816176

Tyrrell Racing Ltd.
Long Reach
Ockham, Woking
Surrey GU23 6PE
England
Tel. 0044-483-284955
Fax 0044-483-284892

Benetton Formula Ltd.
Whiteways Technical Centre
Enstone
Chipping Norton
Oxfordshire, OX7 4EE
England
Tel. 0044-608-678000
Fax 0044-608-678800

McLaren International Ltd.
Woking Business Park
Albert Drive
Woking, Surrey GU21 5JY
England
Tel. 0044-483-728211
Fax 0044-483-720157

Arrows GP International Ltd.
39 Barton Road
Water Eaton Industrial Estate
Bletcley
Milton Keynes
Bucks MK2 3KW
England
Tel. 0044-908-270047
Fax 0044-908-274123

Team Lotus
Ketteringham Hall
Wymondham
Norfolk NR18 9RS
England
Tel. 0044-603-811190
Fax 0044-603-811682

Jordan Grand Prix Ltd.
Silverstone Circuit
Towcester
Northamptonshire, NN12 8TJ
England
Tel. 0044-327-857153
Fax 0044-327-858120

Equipe Larrousse F1
Zone d'Entreprises de Signes
B.P. 702
F-83870 Signes
Tel. 0033-94-328888
Fax 0033-94-328141

Minardi Scuderia Italia
Via Spallanzani 21
I-48018 Faenza (RA)
Tel. 0039-546-620480
Fax 0039-546-620998

Equipe Ligier Sports
Technopole de la Nievre
F-58470 Magny-Cours
Tel. 0033-86-606200
Fax 0033-86-212296

Ferrari SPA
Via Emilia Est 1163
P.O.Box 589
I-41100 Modena
Tel. 0039-536-949111
Fax 0039-536-94648

PP Sauber AG
Wildbachstraße 9
CH-8340 Hinwil
Tel. 0041-19-381400
Fax 0041-19-381670

Simtek Grand Prix Ltd.
8 Wates Way
Acre Estate
Wildmere Road
Banbury, Oxfordshire OX16 7TS
England
Tel. 0044-295-365998
Fax 0044-295-265975

Pacific Grand Prix Ltd.
Brunel Business Centre
Brunel Way
Thetford
Norfolk, IP24 1HP
England
Tel. 0044-842-755724
Fax 0044-842-755714

Brasilien

1. Lauf 27. März 1994

INTERLAGOS

Autodromo José Carlos Pace São Paulo

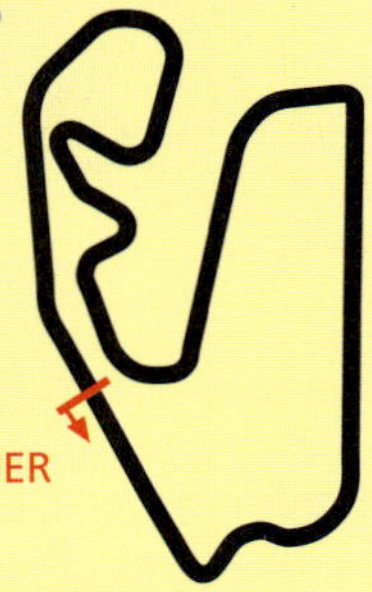

WETTER
bewölkt, warm

ZUSCHAUER
75.000

71 Runden à 4,325 km (307,075 km)
Rundenrekord:
M. Schumacher in 1.18,455 min

Alle überrundet

Ich kann mich nur immer wiederholen. Ich möchte bester hinter den Williams werden. Wenn ich das schaffe, kann ich zufrieden sein." Gebetsmühlenartig gibt Michael Schumacher Anfang 1994 dieses Statement, wenn er nach seinem Ziel für die Saison befragt wird.

Und keiner wagt es, ihm zu widersprechen. Noch vor dem ersten Rennen steht für alle der Weltmeister 1994 bereits fest. Denn wenn der beste Rennfahrer der Welt, Ayrton Senna, auf dem besten Boliden der Formel 1, dem Williams-Renault, an den Start geht, sind die Siege programmiert, der Titel festgeschrieben.

Die Trainingsergebnisse bestätigen es: Senna bleibt einmal mehr „untouchable" und legt eine makellose Bilanz vor: An beiden Trainingstagen ist Senna Schnellster und läßt sich seine 63. Pole gutschreiben.

Doch nicht Teamkollege Damon Hill steht neben dem dreifachen Champ in der ersten Reihe, sondern ein grippegeschwächter Benetton-Ford-Pilot Michael Schumacher, gerade mal drei Zehntel hinter dem Pole-Setter. Das Duell Senna-Schumacher, das sich vor allem die Deutschen erhoffen, nimmt Konturen an.

Als die Startampel erstmals in der Saison auf Grün springt, wird Schumacher auf dem falschen Fuß erwischt: „Noch in der Rotphase begann mein Auto zu rollen. Ich mußte kurz auf die Bremse, genau in diesem Moment kam Grün."

Senna sticht als erster in das „Senna-S", gefolgt von Alesi, Schumacher, Hill und … Heinz-Harald Frentzen!

Der Newcomer aus Mönchengladbach gibt einen sensationellen Einstand: Platz 5 in der Startaufstellung. Die Journalisten rätseln lange und einigen sich dann darauf, daß das der beste Einstand eines Grand-Prix-Anfängers seit 22 Jahren ist.

Sennas letzter Heim-GP…

HH ist der schnellste der Neulinge. Von denen hat es seit Jahren nicht mehr so viele gegeben, wie zum Saisonauftakt in Brasilien. Benetton-Pilot Jos Verstappen feiert seine Premiere ebenso wie Larrousse-Fahrer Olivier Beretta und, im Training dabei, aber als 27. nicht qualifiziert, Simtek-Pilot Roland Ratzenberger.

In der 16. Runde ist Schluß mit Frentzens tollem Einstand. HH dreht sich: „Ich war eigentlich gar nicht besonders schnell unterwegs. Doch urplötzlich ist mir einfach das Heck weggerutscht. Komplett mein Fehler", gesteht er völlig zerknirscht.

Währenddessen geht das Rennen in eine erste entscheidende Phase: Die Tankstopps von Senna und Schumacher stehen an. Zeitgleich schießen sie in der 21. Runde an die Box, Senna vor Schumacher, und kommen in umgekehrter Reihenfolge wieder raus. Michael führt. „Die einzige Möglichkeit, die zum Überholen blieb, war der Boxenstopp. Und diese Möglichkeit haben wir genutzt", sagt Schumacher später. Kaum wurde der Tankstopp von Formel-1-Zampano Bernie Ecclestone als zusätzliches Spannungsmoment durchgesetzt, wirkt er sich schon rennentscheidend aus.

Einmal an Senna vorbei, kann sich Schumacher absetzen. Senna gesteht nach dem Rennen: „Mein Wagen war in Ordnung, Michael war einfach schneller als ich."

Während die brasilianischen Fans langsam realisie-

Startaufstellung

Schumacher (Benetton)	**Senna** (Williams)
Hill (Williams)	**Alesi** (Ferrari)
Morbidelli (Arrows)	**Frentzen** (Sauber)
Häkkinen (McLaren)	**Wendlinger** (Sauber)
Katayama (Tyrrell)	**Verstappen** (Benetton)
Blundell (Tyrrell)	**Fittipaldi** (Arrows)
Barrichello (Jordan)	**Comas** (Larrousse)
Irvine (Jordan)	**Martini** (Minardi)
Brundle (McLaren)	**Berger** (Ferrari)
Bernard (Ligier)	**Panis** (Ligier)
Alboreto (Minardi)	**Herbert** (Lotus)
Lamy (Lotus)	**Beretta** (Larrousse)
Brabham (Simtek)	**Gachot** (Pacific)

Nicht qualifiziert:
Ratzenberger (Simtek), **Belmondo** (Pacific)

Der erste Start der Saison geht für Michael Schumacher daneben. Senna sticht vor Alesi in die S-Kurve nach Start und Ziel

Riesenfreude nach dem Sieg

Gemeinsam mit Sennas Bruder Leonardo verfolgt Damon Hill das Training des Titelfavoriten

Die jungen Wilden

In der 35. Runde des Grand Prix von Brasilien halten die Fernsehzuschauer den Atem an. Eddie Irvine rammt Jos Verstappen, Eric Bernard und Martin Brundle gleichzeitig von der Strecke. Der 29jährige Ire wird für drei Rennen gesperrt. Ayrton Senna schimpft: „Die jungen Fahrer riskieren zuviel."
Wer ist sie, die neue Generation der Formel 1? Von den 28 Fahrern, die in Brasilien an den Start gehen, sitzen sechs zum erstenmal im Cockpit eines Formel-1-Boliden.
Michael Schumacher ist ihr Vorbild, in seiner vierten Formel-1-Saison fast schon ein alter Hase. Er verkörpert den Typ des neuen Rennfahrers: schnell, austrainiert, ohne Respekt vor großen Namen. Der Formel-1-Pilot der 90er Jahre beginnt im Kindesalter im Kart das Feeling für Geschwindigkeit und Gleichgewichtsgefühl zu entwikkeln. Ihn interessiert die Rennsport-Tradition nur am Rande. Junge Fahrer wie Schumacher, Häkkinen oder Frentzen fallen vor Formel-1-Denkmälern auch nicht vor Ehrfurcht auf die Knie.
Mika Häkkinen, dessen Vater mit abendlichem Taxifahren für die Karriere des Sohnes dazuverdient hat, hat keinen Respekt. Als ihn Ayrton Senna in Aida wegen einer Startkarambolage zurechtweist, entgegnet der Finne gelassen: „Sorry, aber sowas kommt vor." Häkkinen fährt seine schnellen Runden mit einem Trick: Er bremst mit dem linken Fuß und braucht deshalb nur zwei Pedale in seinem McLaren. „Das hab' ich schon im Kart so gemacht. Linksbremsen ist mir in Fleisch und Blut übergegangen."
Rubens Barrichello ist neben der Rennstrecke von Interlagos aufgewachsen. „Die Rennstrecke war mein Spielplatz." Der 22jährige Brasilianer wirkt für Außenstehende ungewöhnlich reif. Barrichello bringt seinen Jordan-Hart oft ins Ziel. Die Fehlerquote ist niedrig. Sein Vater ist ein strenger Kritiker. Als Barrichello in Silverstone in der letzten Kurve, 500 Meter vor dem Ziel, einen Angriff auf Häkkinen startet, der mit Schrott endet, streiten sich Vater und Sohn Barrichello nach dem Rennen lautstark um die Schuldfrage. Sein Ingenieur Gary Anderson schwärmt von ihm: „Rubens hat alles zum Spitzenfahrer. 1993 war er noch zu sehr Kind, hat geglaubt, die Formel 1 sei ein Spiel. Sein Teamkollege Eddie Irvine hat ihm gezeigt, wie hart der Job sein kann. Besonders wenn man verliert."
Eddie Irvine ist ein unkonventioneller Vogel, der den Mund aufmacht, wenn ihm danach ist. Ursprünglich war er wegen des Unfalls in Brasilien nur für ein Rennen auf Eis gelegt worden. Aber weil er Kritik an der FIA äußert, muß er gleich drei Rennen zuschauen. Teamchef Eddie Jordan sagt über seinen Landsmann: „Irvines größtes Problem ist sein Selbstvertrauen. Er ist überzeugt, alle schlagen zu können."
David Coulthard avanciert 1994 zum neuen Musterknaben der Formel 1. Nach Sennas Tod gibt Williams seinem Testfahrer die Chance, der 23jährige Schotte nutzt sie. Er will nicht hinter Damon Hill herfahren und sagt selbstbewußt: „Michael Schumacher hat als Neuling auch seinen Teamkollegen gebügelt, und der muß mein Maßstab sein."
Christian Fittipaldi fährt zwar erst in seiner dritten Formel-1-Saison, spricht und denkt aber wie ein Formel-1-Veteran. „Ich will nicht, daß mein Rennauto mit mir fährt, sondern ich mit ihm. Wenn die Kiste schlecht liegt, werde ich nicht versuchen, mit Harakiri-Runden schnelle Zeiten zu erzwingen."
Ganz oben in den Wunschlisten der Teamchefs steht 1994 Heinz-Harald Frentzen. Der 27jährige Mönchengladbacher überzeugt mit dem Gasfuß seine Kritiker, die ihn zunächst für einen begabten Hallodri halten. Frank Williams will ihn nach Sennas Tod abwerben. Ron Dennis erkundigt sich bei Mercedes nach den Vertragsverpflichtungen des Sauber-Piloten. Benetton-Sportchef Tom Walkinshaw urteilt: „Der beste Formel-1-Einsteiger 1994."

Dramatischer Überschlag mit einem glimpflichen Ausgang

Duell: Beim Reifenwechsel verlier

ren, daß ihr Idol vor einer Niederlage steht, bahnt sich eine Katastrophe an. In der 35. Runde treffen Martin Brundle (7. Platz), Eric Bernard (überrundet), Eddie Irvine (8.) und ein schnell aufschließender Jos Verstappen (9.) aufeinander. Am Ende der Gegengeraden passiert es: Verstappen will Irvine links überholen. Der will ebenfalls links an Bernard vorbei. Verstappen muß ausweichen, kommt mit den linken Rädern aufs Gras, stellt sich quer. Sein Wagen berührt die Gefährte von Irvine und Bernard und schlägt einen gewaltigen Salto über Brundle weg.

Die neue Formel-1-Saison hat ihren ersten Monumental-Crash. Wie durch ein Wunder ist Brundles Gehirnerschütterung die schlimmste Folge. Ein Unfall, für den Eddie Irvine von der FIA mit einer Sperre von drei Rennen recht hart bestraft wird.

Als die Trümmer beiseite geräumt sind, interessiert nur noch eins: Gibt sich Senna geschlagen oder hat er noch einen Pfeil im Köcher?

Der Brasilianer schließt nach dem zweiten Tankstopp

enna die Führung an Schumacher

Lauda, Reutemann, Fittipaldi

zu Schumacher auf. Zehntel um Zehntel knabbert er am Vorsprung des Deutschen. Bis zur 56. Runde. In der passiert etwas, was dem brasilianischen Publikum das Blut in den Adern gefrieren läßt: Der Perfektionist Ayrton Senna macht einen Fehler, dreht sich und kommt quer zur Fahrtrichtung mitten auf der Straße zum Stehen. Aus.

Die brasilianischen Fans sind paralysiert und verlassen fluchtartig die Rennstrecke. Kaum einen interessiert mehr, das Schumacher das Rennen vor Hill und Alesi absolut souverän gewinnt: Er hat beide überrundet. Selbst der sensationelle vierte Platz ihres Landsmannes Rubens Barrichello ist kein Trostpflaster für die 100.000 Zuschauer. Brasilien ist nun einmal Senna-Land…

Schumacher hat das gesamte Feld überrundet. Hill zieht den Hut, Alesi spendet Applaus

Karl Wendlinger, im Training hinter Teamkollege Frentzen, holt den ersten Punkt für Sauber

GROSSER PREIS VON BRASILIEN — INTERLAGOS

Rennreport 1. Lauf - 27. März 1994

Platz	Fahrer	Team	Zieleinlauf
1.	Michael Schumacher	Benetton-Ford	1:35.38,759 Std.
2.	Damon Hill	Williams-Renault	1 Runde zurück
3.	Jean Alesi	Ferrari	1 Runde zurück
4.	Rubens Barrichello	Jordan-Hart	1 Runde zurück
5.	Ukyo Katayama	Tyrrell-Yamaha	2 Runden zurück
6.	Karl Wendlinger	Sauber-Mercedes	2 Runden zurück

Weitere

7. Herbert (2 Runden zurück), **8. Martini** (2 Runden zurück), **9. Comas** (3 Runden zurück), **10. Lamy** (3 Runden zurück), **11. Panis** (3 Runden zurück), **12. Brabham** (4 Runden zurück), **13. Senna** (16 Runden zurück - Dreher)

Ausfälle

Brundle (34 Runden, Unfall), **Irvine** (34, Unfall), **Verstappen** (34, Unfall), **Bernard** (33, Unfall), **Blundell** (21, Unfall), **Fittipaldi** (21, Getriebe), **Frentzen** (15, Dreher), **Häkkinen** (13, Elektrik), **Alboreto** (7, Motor), **Morbidelli** (5, Getriebe), **Berger** (5, Motor) **Beretta** (2, Unfall), **Gachot** (1, Unfall)

Aktueller WM-Stand

1. Schumacher (10), **2. Hill** (6), **3. Alesi** (4), **4. Barrichello** (3), **5. Katayama** (2), **6. Wendlinger** (1)

Konstrukteurs-WM

1. Benetton (10), **2. Williams** (6), **3. Ferrari** (4), **4. Jordan** (3), **5. Tyrrell** (2), **6. Sauber** (1)

Pacific

2. LAUF 17. APRIL 1994

AIDA

Tanaka International Circuit Aida

ZUSCHAUER
53.000

WETTER
leicht bewölkt, sehr warm

83 Runden à 3,703 km (307,349 km)
Rundenrekord: M. Schumacher in 1.14,023 min

Der Druck steigt. Williams erwartet Siege von Ayrton Senna

Startaufstellung

Senna (Williams)	**Schumacher** (Benetton)
Hill (Williams)	**Häkkinen** (McLaren)
Berger (Ferrari)	**Brundle** (McLaren)
Larini (Ferrari)	**Barrichello** (Jordan)
Fittipaldi (Arrows)	**Verstappen** (Benetton)
Frentzen (Sauber)	**Blundell** (Tyrrell)
Morbidelli (Arrows)	**Katayama** (Tyrrell)
Alboreto (Minardi)	**Comas** (Larrousse)
Martini (Minardi)	**Bernard** (Ligier)
Wendlinger (Sauber)	**Suzuki** (Jordan)
Beretta (Larrousse)	**Panis** (Ligier)
Herbert (Lotus)	**Lamy** (Lotus)
Brabham (Simtek)	**Ratzenberger** (Simtek)

Nicht qualifiziert:
Belmondo, Gachot (beide Pacific)

Williams Nullrunde

Es war einmal ein steinreicher japanischer Immobilienhändler, der keine Lust verspürte, die Picasso-Bestände der Welt aufzukaufen. Was machte er? Er baute sich seine eigene Rennstrekke. Und weil die Japaner nun einmal bedingungslose Formel-1-Fans sind, war klar, daß dieser Immobilienfritze nicht eher ruhen würde, bis daß der Grand-Prix-Zirkus sein Lieblingsspielzeug unter die breiten Walzen nahm. Das Problem war nur die Lage der Strecke, weit abseits von Japans Hauptverkehrsadern, in Aida, einem Städtchen mit 3600 Einwohnern.

Wie Hajima Tanaka - so heißt unser reicher Japaner - es angestellt hat, bleibt sein Geheimnis. Aber man kann getrost davon ausgehen, daß Formel-1-Boss Ecclestone bei der Zuteilung dieses Laufes nicht ärmer geworden ist.

Am Donnerstag vor dem Grand Prix ist ein Schnuppertraining auf der unbekannten Strecke angesetzt. Jeder ist gespannt, wie lang der Formel-1-Streckenrekord von 1:26 halten wird. Die Bestzeit hat unser reicher Hajima Tanaka nach vielen Runden auf einem privatem Tyrrell herausgefahren.

Natürlich übersteht der Rundenrekord nicht den ersten Testtag. Schumacher setzt sich mit 1:11,307 anderthalb Sekunden von Senna ab. Einstimmig wird die Strecke kritisiert. Zu eng, zu viele Kurven, ein Micky-Mouse-Kurs. Schumacher skeptisch:: „Ohne Goodwill fällt es selbst schwer, einen Simtek zu überholen."

Doch ganz so schlimm kann es nicht sein. Am Ende steht der Kerpener neben Senna in der ersten Reihe. Bevor die Lampe der grünen Startampel abkühlen kann, ist der Kampf Schumacher gegen Senna zu Ende.

Der Kerpener berichtet aus der ersten Reihe: „Ich hatte den Start meines Lebens. Auch Ayrton kam gut weg, dann aber drehten seine Räder stärker durch als meine und ich führte. In die erste Kurve fuhr ich extra vorsichtig herein. Senna blieb nichts anderes übrig, als es genauso zu machen. Kann sein, daß das den Mika etwas überraschte und er Ayrton deswegen leicht angestupst hat."

Der weitere Hergang ist schnell erzählt: Senna stellt sich quer und wird von Larini - der den bei Testfahrten verletzten Alesi ersetzt - mittschiffs getroffen. Beide stranden im Kiesbett.

Aus für Senna. Von Häkkinen touchiert, von Larini gerammt

Zwecks Unterscheidung vom Teamkollegen erhält Michaels Wagen rote Markierungen an der Front. Das Blaulicht der Formel 1...

Instruktionen. Das Streckenpersonal paukt Verhaltensregeln. 53.000 Zuschauer werden erwartet. Eintritt: 2.600 DM incl. Hotel

Senna sauer zur Rennleitung: „Wir haben zuviel junge Fahrer im Feld, die zuviel riskieren."

Schumacher, der den Unfall im Rückspiegel beobachtet, hat nur einen Gedanken: „Hoffentlich wird das Rennen nicht abgebrochen, dann wäre mein Super-Start für die Katz."

Doch keine Angst, das Rennen geht weiter und einem Start-Ziel-Sieg Schumachers steht nichts mehr im Wege. Von Christian Fittipaldi mal abgesehen. Der Brasilianer, der auf dem überraschend starken Arrows in die Punkteränge fährt, hindert Schumacher herb am Überrunden. Der entnervte Benetton-Pilot denkt über ein neues Helmdesign nach: „Ich kann mir nur vorstellen, daß Christian mich mit meinem Teamkollegen Jos verwechselt hat, mit dem er ja im harten Fight war. Sonst hätte das alles keinen Sinn gehabt."

Wenig später fällt der Zweitplazierte Hill aus. Probleme mit dem Getriebe begründen das totale Williams-Fiasko: Kein Punkt für den Superrennstall an diesem Wochenende.

Durch den Ausfall Hills kommt HH Frentzen erstmals in die Punkte. Der Mönchengladbacher beendet seinen zweiten Grand Prix hinter Berger, Barrichello und Fittipaldi auf einem feinen fünften Platz. Auch HHs Freund, Simtek-Pilot Roland Ratzenberger, der sich in Aida zum erstenmal für einen Grand Prix qualifizierte, kann sein Debütrennen beenden und wird Elfter. Ein Superergebnis für den neuen Rennstall.

Der große Gewinner des Wochenendes heißt ohne Zweifel Michael Schumacher. 20 Punkte stehen auf seinem Konto. Senna, der designierte Weltmeister, schaut dagegen auf zwei Nuller. Trotzdem wiegelt Schumacher ab: „Jetzt kommt Imola, eine schnelle Strecke. Ich bleibe auf dem Teppich. Ayrton Senna ist für mich immer noch der WM-Favorit."

Der Benetton B194

Das Auto, das allen davonfährt. Welche Vorteile hat der Wagen gegenüber der Konkurrenz? Vor allem natürlich einen: Michael Schumacher

Der neue japanische Hauptsponsor von Benetton ist nicht zu übersehen

Jubel: Schumacher, Berger und ein Brasilianer. Der hei

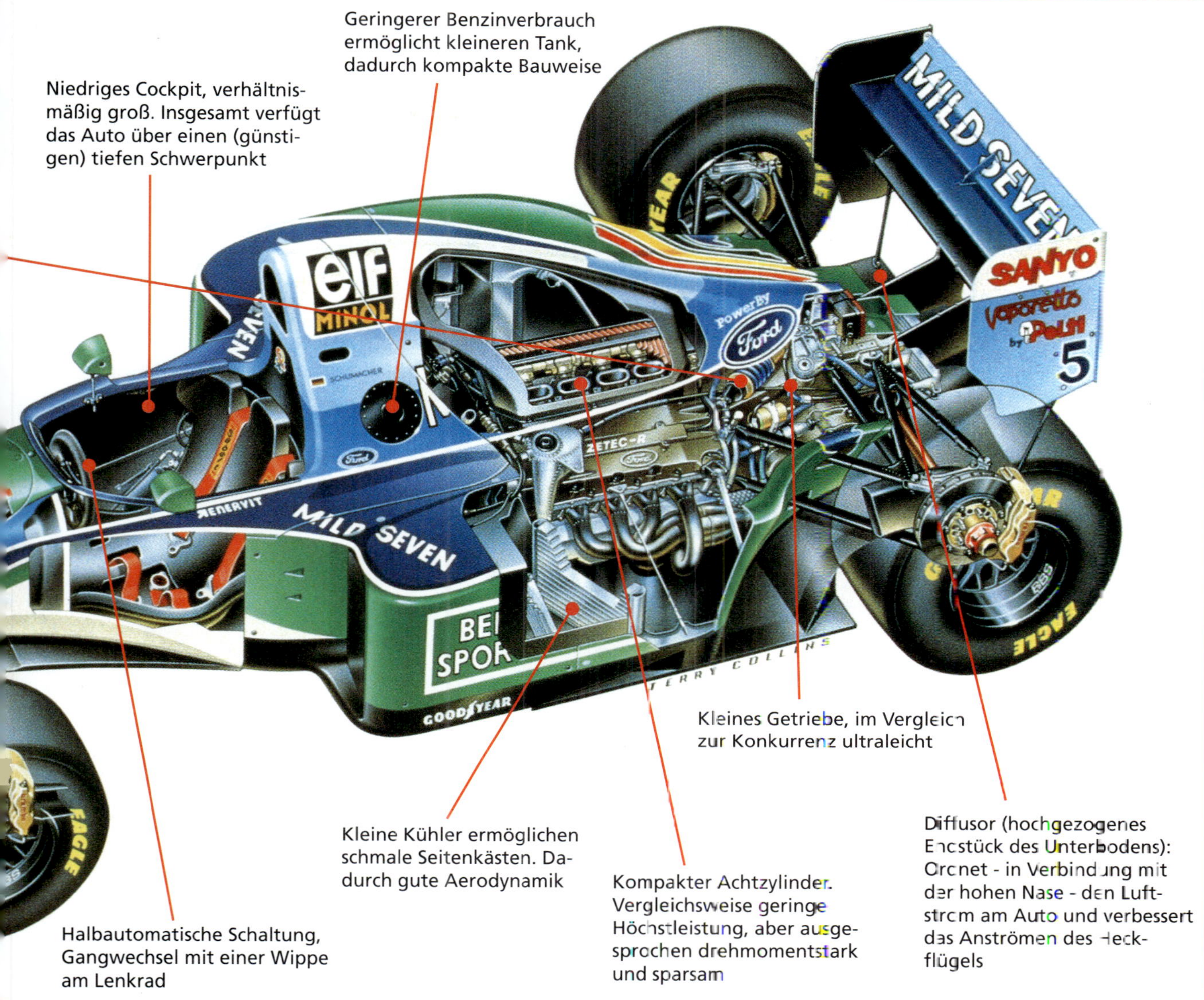

…bens Barrichello – nicht Senna

GROSSER PREIS PACIFIC

AIDA

Rennreport 2. Lauf - 17. April 1994

Platz	Fahrer	Team	Zieleinlauf
1.	Michael Schumacher	Benetton-Ford	1:46.01,693 Std.
2.	Gerhard Berger	Ferrari	1.15,300 min zur.
3.	Rubens Barrichello	Jordan-Hart	1 Runde zurück
4.	Christian Fittipaldi	Arrows-Ford	1 Runde zurück
5.	Heinz-Harald Frentzen	Sauber-Mercedes	1 Runde zurück
6.	Erik Comas	Larrousse-Ford	3 Runden zurück

Weitere

7. Herbert (3 Runden zurück), **8. Lamy** (4 Runden zurück), **9. Paris** (5 Runden zurück), **10. Bernard** (5 Runden zurück), **11. Ratzenberger** (5 Runden zurück)

Ausfälle

Morbidelli (69 Runden, Dreher), **Wendlinger** (69, Unfall), **Alboreto** (69, Unfall), **Brundle** (67, Motor), **Martini** (63, Dreher), **Verstappen** (54, Dreher), **Hill** (49, Kraftübertragung), **Suzuki** (44, Aufhängung vorn), **Katayama** (42, Motor), **Häkkinen** (19, Getriebe), **Beretta** (14, Elektronik), **Brabham** (2, Motor), **Senna** (0, Unfall), **Blundell** (0, Unfall), **Larini** (0, Unfall)

Aktueller WM-Stand

1. Schumacher (20), **2. Barrichello** (7), **3. Berger, Hill** (je 6), **5. Alesi** (4), **6. Fittipaldi** (3), **7. Frentzen, Katayama** (je 2), **9. Wendlinger, Comas** (je 1)

Konstrukteurs-WM

1. Benetton (20), **2. Ferrari** (10), **3. Jordan** (7), **4. Williams** (6), **5. Sauber, Arrows** (je 3), **7. Tyrrell** (2), **8. Larousse** (1)

San Marino

3. LAUF 1. MAI 1994

IMOLA

Autodromo Enzo e Dino Ferrari

58 Runden
à 5,040 km
(292,320 km)
Rundenrekord:
D. Hill in
1.24,335 min

ZUSCHAUER
100.000

WETTER
leicht bewölkt, schwül

Startaufstellung

Senna (Williams)	**Schumacher** (Benetton)
Berger (Ferrari)	**Hill** (Williams)
Lehto (Benetton)	**Larini** (Ferrari)
Frentzen (Sauber)	**Häkkinen** (McLaren)
Katayama (Tyrrell)	**Wendlinger** (Sauber)
Morbidelli (Arrows)	**Blundell** (Tyrrell)
Brundle (McLaren)	**Martini** (Minardi)
Alboreto (Minardi)	**Fittipaldi** (Arrows)
Bernard (Ligier)	**Comas** (Larrousse)
Panis (Ligier)	**Herbert** (Lotus)
de Cesaris (Jordan)	**Lamy** (Lotus)
Beretta (Larrousse)	**Brabham** (Simtek)
Gachot (Pacific)	

Nicht qualifiziert:
Belmondo (Pacific),
Barrichello (Jordan)

Roland Ratzenberger vor seinem zweiten Formel-1-Rennen...

Das schwarze Wochenende

Die Formel 1 verharrt in einem Tal von Niedergeschlagenheit und Entsetzen. Eine im Motorsport einmalige Serie ist schlagartig zu Ende gegangen: Seit 185 Rennen, seit dem Großen Preis von Kanada 1982, als der Osella-Pilot Riccardo Paletti bei einem Startunfall ums Leben kam, hat es keinen Toten mehr während eines Grand-Prix-Wochenendes zu beklagen gegeben.

Aber jetzt, eine Katastrophe nach der anderen. Im Freitags-Training ist der Jordan-Pilot Rubens Barrichello schwer verunglückt. Er ist die Variante Bassa zu schnell angegangen, sein Jordan geriet auf die Randsteine und stieg zu einem Horrorflug auf. Ein bewußtloser und im Gesicht stark blutender Barrichello wird ins nahe gelegene Medical-Center gebracht. Dort wacht er zur Erleichterung aller auf und fragt verwirrt: „Wo bin ich?"

Rubens Barrichello ist mit einer gebrochenen Nase,

Das letzte Foto von Ayrton

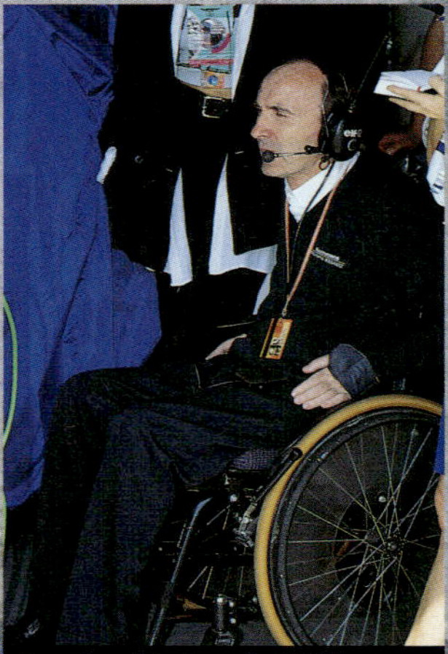
Geschockt: Frank Williams

Training: Barrichello verbraucht das letzte Quentchen Glück

Ayrton Senna wie ihn die Formel 1 kannte: Er führt das Feld an. Aus dieser Runde kommt der Brasilianer nicht lebend zurück

Unglaublich: Nach dem Startunfall erfolgt kein Rennabbruch

Schnittverletzungen im Gesicht und einem verstauchtem rechten Handgelenk davongekommen. Nicht nachvollziehbares Glück für jeden, der den Unfall gesehen hat.

24 Stunden später soll eben dieses Glück einem anderen fehlen. Simtek-Pilot Roland Ratzenberger hat über 300 km/h drauf, als sich ein Teil seines linken Frontflügels löst. Steuerlos schießt Ratzenberger mit der linken Seite in eine Mauer und schliddert bis zur Tosa-Kurve.

Danach Bilder wie vom Vortag. Wieder Ärzte und Sanitäter, wieder die Bergung eines Bewußtlosen, diesmal Herzmassage und Beatmung. Fassungslos starren Rolands Formel-1-Kollegen in den Boxen auf die Monitore. Michael Schumacher gibt zu: „Ich mußte den Monitor ausschalten, weil ich es einfach nicht mehr ansehen konnte.“ Roland Ratzenberger wird ins Medical-Center des Fahrerlagers gebracht, danach mit einem Helikopter ins Krankenhaus nach Bologna. Als der Österreicher eingeliefert wird, ist er bereits klinisch tot.

Die Formel 1 steht unter Schock.

Vor dem Start am Sonntag beraten sich Senna und Schumacher: „Es ist höchste Zeit, daß wir uns endlich über Sicherheitsfragen unterhalten.“ Man will eine Besprechung aller Fahrer einberufen, vor dem nächsten Rennen, in Monaco…

Die Startampel leuchtet rot, nur noch wenige Sekunden bis zum Start. Ayrton Senna und Michael Schumacher lauern in der Startlinie auf das grüne Signal. Doch was normalerweise der erregendste Augenblick eines Rennens ist, kann an diesem Tag weder Fahrer noch Zuschauer fesseln.

Grün. Benetton-Pilot JJ Lehto bleibt regungslos stehen. Die Fahrer hinter ihm schaffen es irgendwie, an dieser Blockade vorbeizuschießen. Bis auf Pedro Lamy: „Links öffnete sich eine Lücke, in die schoß ich hinein. Auf einmal tauchte Lehto vor mir auf.“

Die Kollision ist nicht zu vermeiden. Die rechten Räder von Lamys Lotus wirbeln durch die Luft. Sie fliegen bis in den Zuschauerbereich, eines sogar wie eine Granate

Barrichello kann nach dem spektakulären Crash noch lachen

Pedro Lamy kommt beim Startunfall mit dem Schrecken davon

Berger winkt ab. Nach Sennas Tod denkt er sogar an Rücktritt

Warum starb Ayrton Senna?

Formel-1-Arzt Sid Watkins ist als erster an der Unfallstelle. Er sagt später: „Senna hatte keine Chance. Er ist an irreparablen Kopfverletzungen gestorben."
Nach dem Unfall beginnen hitzige Diskussionen. Wieso ist Ayrton Senna in den Tod gefahren? Während der 34jährige Brasilianer in São Paulo wie ein heimgekehrter König beerdigt wird, beginnt in Bologna eine Untersuchungskommission mit der Analyse des Unfalls.
Immer wieder wird behauptet, die Lenksäule sei gebrochen, möglicherweise wegen eines Haarrisses. Doch einige Experten melden Zweifel an. Williams hat den Senna-Unfall in der Firma bis ins Detail nachgestellt, alle Telemetrie-Daten mit dem realen Crash verglichen. Man ist zu dem Schluß gekommen, daß es die Lenkung nicht gewesen sein kann. Konstrukteur Patrick Head gibt aber zu: „Senna ist in dieser Kurve kein Fahrfehler unterlaufen."
Dabei lassen sich die Unfallursachen einkreisen.

- Ein Reifenschaden oder eine gebrochene Aufhängung können nicht die Ursache gewesen sein. Das hätte man auf den Fernsehbildern erkannt.

Senna informiert sich vor Ort über den Unfall Ratzenbergers

Regungslos sitzt Senna in seinem demolierten Williams

- Ein Blackout Sennas ist auszuschließen, denn der dreifache Weltmeister hat sich mit einer Vollbremsung noch gegen den tödlichen Aufprall gewehrt, die Geschwindigkeit dabei von 310 auf 220 km/h reduziert. Patrick Head erklärt: „Ayrtons Pech war, daß das Auto über die Grasnarbe am Streckenrand gesprungen ist und er deshalb nicht die volle Verzögerung erzielen konnte."
- Auch das Servosystem der Lenkung geriet in Verdacht. Williams ließ es deshalb für Damon Hill beim zweiten Start ausschalten. Hill beteuert: „Ich wäre nicht gefahren, wenn ich Angst wegen der Lenkung hätte haben müssen."
- Viele Rennfahrer bevorzugen eine andere Theorie: Sennas Williams setzte auf einer Bodenwelle so stark auf, daß er aus der Fahrspur geriet, schlagartig den Kurs änderte. „So wie bei mir letztes Jahr in Estoril", vergleicht Ferrari-Pilot Gerhard Berger.

Was im Augenblick des Aufpralls passiert ist, bleibt im dunkeln. Williams-Techniker glauben, Senna sei vom rechten Vorderrad erschlagen worden. FIA-Präsident Max Mosley verrät, daß ein Aufhängungsteil Sennas Helm durchbohrte. Sid Watkins bestätigt: „Senna ist ausschließlich an seinen Kopfverletzungen gestorben. Er hatte sonst nichts."
Die Untersuchung dauert Monate. Die italienische Justiz bittet sogar das Massachusetts Institute of Technology (MIT) um Hilfe. Anhand der dürftigen TV-Bilder soll am Computer der Unfall rekonstruiert werden.

Ärzte und Helfer kämpfen an der Unfallstelle um Ayrton Sennas Leben. Er hat keine Chance...

über das haushohe Tribünendach. Neun Personen werden zum Teil schwer verletzt.

Die Zuschauer rechnen mit dem Abbruch des Rennens. Aber die Rennleitung schickt lediglich ein Pace-Car auf die Strecke. Während der Aufräumarbeiten reihen sich die Formel-1-Wagen hinter dem Sicherheitsauto ein, lassen sich fünf Runden lang um die Strecke führen.

Dann wird das Rennen wieder freigegeben. Senna führt vor Schumacher, und nach einer kleinen Lücke folgt Berger vor Hill.

Eine Runde später kommt es zur Katastrophe. In der Tamburello-Kurve spielt sich das Drama blitzartig vor Schumachers Augen ab. Er sagt später: „Sennas Wagen lag schon in der Runde zuvor an dieser Stelle sehr kritisch."

Im Scheitelpunkt der Kurve biegt Senna nach rechts ab und trifft mit voller Wucht auf eine Mauer. Den Zuschauern am Fernseher stockt weltweit der Atem, als der Wagen zurückgeschleudert wird. Alle warten darauf, daß sich der gelbe Helm bewegt, daß Senna aussteigt.

Endlos lange steht das Wrack. Ayrton Senna hängt ohne Bewußtsein in den Gurten. Das Rennen wird unterbrochen.

Während die Piloten ihre Autos bei Start und Ziel parken, kämpfen die Ärzte vor Ort um Sennas Leben. Schwerste Kopfverletzungen und eine große Blutlache unter Sennas Körper künden von der Vergeblichkeit ihres Tuns. Ein Helikopter fliegt den Brasilianer ins Maggiore-Krankenhaus nach Bologna.

Das Rennen wird nach knapp 40 Minuten neu gestartet. Aber wer schaut noch richtig hin? Für den Rennverlauf interessiert sich niemand mehr.

Berger beschleunigt Schumacher beim Start aus und führt. Doch nach dem ersten Tankstopp liegt Schumacher vorne und gibt die Führung bis zum Ziel nicht mehr ab. Der Österreicher gibt an der Box auf: „Irgendetwas stimmte mit dem Handling meines Autos nicht." Ferrari-Kollege Nicola Larini dagegen wird Zweiter: „Ein Traumergebnis, aber nicht an diesem Tag." Gleiches gilt für Mika Häkkinen, der erstmals einen McLaren-Peugeot in die Podiumsränge fahren kann.

Als würde alles noch nicht reichen, verliert der Minardi von Michele Alboreto nach einem Tankstopp in der Boxengasse ein fehlerhaft angezogenes Rad. Die umherfliegende Radmutter und das Rad verletzen fünf Mechaniker.

Ein Grand-Prix-Wochenende, auf das sich alle Fans gefreut hatten, entwickelt sich für alle Anwesenden zu einem apokalyptischen Alptraum, dessen trauriger Tiefpunkt noch ausstehen soll: Um 18.40 Uhr wird der Tod von Ayrton Senna bekanntgegeben.

Die Nachricht sorgt für Bestürzung bei vielen Menschen in der ganzen Welt. In Sennas Heimat weinen die Fans auf offener Straße. In Imola ist die Unfallstelle am Montag nach dem Rennen mit Blumen übersäht. Obwohl in Italien ein Feiertag ist, erscheinen einige Zeitungen mit Sonderausgaben.

Der 1. Mai 1994 geht als schwärzester Tag in die Formel-1-Geschichte ein.

Traurige Piloten: Schumacher siegt vor Larini und Häkkinen

Roland Ratzenberger

GROSSER PREIS VON SAN MARINO — IMOLA

Rennreport 3. Lauf - 1. Mai 1994

Platz	Fahrer	Team	Zieleinlauf
1.	Michael Schumacher	Benetton-Ford	1:28.28,642 Std.
2.	Nicola Larini	Ferrari	54,942 Sek. zur.
3.	Mika Häkkinen	McLaren-Peugeot	1.10,679 Min. zur.
4.	Karl Wendlinger	Sauber-Mercedes	1.13,658 Min. zur.
5.	Ukyo Katayama	Tyrrell-Yamaha	1 Runde zurück
6.	Damon Hill	Williams-Renault	1 Runde zurück

Weitere

7. Frentzen (1 Runde zurück), **8. Brundle** (1 Runde zurück), **9. Blundell** (2 Runden zurück), **10. Herbert** (2 Runden zurück), **11. Panis** (2 Runden zurück), **12. Bernard** (3 Runden zurück), **13. Fittipaldi** (4 Runden zurück)

Ausfälle

de Cesaris (49 Runden, Unfall), **Alboreto** (45, Radverlust hi. rechts), **Morbidelli** (40, Motor), **Martini** (37, Dreher), **Brabham** (27, Dreher), **Gachot** (23, Motor), **Beretta** (17, Motor), **Berger** (16, Aufgabe), **Senna** (5, Unfall), **Comas** (5, Handling), **Lehto** (0, Unfall), **Lamy** (0, Unfall)

Aktueller WM-Stand

1. Schumacher (30), **2. Barrichello, Hill** (je 7), **4. Berger, Larini** (je 6), **6. Wendlinger, Katayama, Häkkinen, Alesi** (je 4), **10. Fittipaldi** (3), **11. Frentzen** (2), **12. Comas** (1)

Konstrukteurs-WM

1. Benetton (30), **2. Ferrari** (16), **3. Williams, Jordan** (je 7), **5. Sauber** (6), **6. Tyrrell, McLaren** (je 4), **8. Arrows** (3), **9. Larrousse** (1)

Für viele war er der größte Rennfahrer überhaupt. – Weltmeister Michael Schumacher widmete Ayrton Senna seinen Titel

MONACO

4. LAUF 15. MAI 1994

MONTE CARLO

Circuit de Monte Carlo

78 Runden
à 3,328 km
(259,584 km)
Rundenrekord:
M. Schumacher
in 1.21,076 min

ZUSCHAUER
100.000

WETTER
warm, aufgelockert bewölkt

Karls Crash

Der Blick in Reihe eins der Startaufstellung läßt vielen Zuschauern Tränen in die Augen schießen. Die beiden Positionen sind leer.

Freigelassen in Gedenken an Ayrton Senna und Roland Ratzenberger. Die 24 Teilnehmer des Grand Prix von Monaco versammeln sich auf der Zielgeraden, um ihre toten Kollegen zu ehren. Und ihre Gedanken sind bei einem Dritten: Karl Wendlinger ringt nur wenige Kilometer entfernt, im Saint-Roch-Krankenhaus in Nizza, mit dem Tode.

Donnerstag, unmittelbar vor Abschluß des ersten freien Trainings des Monaco-Wochenendes. Sauber-Mercedes-Pilot Karl Wendlinger kommt aus dem Tunnel geschossen, bremst viel zu spät, stellt sich quer und prallt eingangs der Hafenschikane mit 150 km/h in die Leitplanken. Der bewußtlose Österreicher wird geborgen und ins Krankenhaus gebracht. Er wird tagelang im Koma liegen. Sauber-Mercedes zieht HH Frentzens Auto zurück. Mercedes-Rennleiter Norbert Haug: „Unsere Gedanken sind jetzt zu sehr bei Karl, als daß wir uns auf ein Rennen konzentrieren könnten. Der Rückzug ist kein Nein zur Formel 1, sondern ein Nein zu Monte Carlo."

Auf der Pole-position steht erstmals in seiner Karriere Michael Schumacher: „Eine Traumrunde, in der wirklich alles hundertprozentig gestimmt hat."

Unmittelbar nach dem Start kommt es zu zwei Unfällen. Im Mittelfeld wird Arrows-Pilot Gianni Morbidelli Opfer von Pierluigi Martini. Beide bleiben noch vor der ersten Kurve Ste. Devote liegen.

Genau dort passiert Sekunden später ein weiterer Unfall, der rennentscheidend sein kann. Damon Hill („Ich hatte den Start meines Lebens.") katapultiert sich an Berger vorbei. Er will in der ersten Kurve auch noch den Zweitplazierten Häkkinen überholen. Hill berührt den McLaren, der in der Auslaufzone strandet. Ein vor Wut schäumender Häkkinen: „Eine total bescheuerte Aktion, die ein spannendes Rennen verhindert hat. Ich hätte heute um den Sieg fahren können." Zur ausgleichenden Gerechtigkeit muß Hill seinen Williams wenig später mit gebrochener Lenkung abstellen.

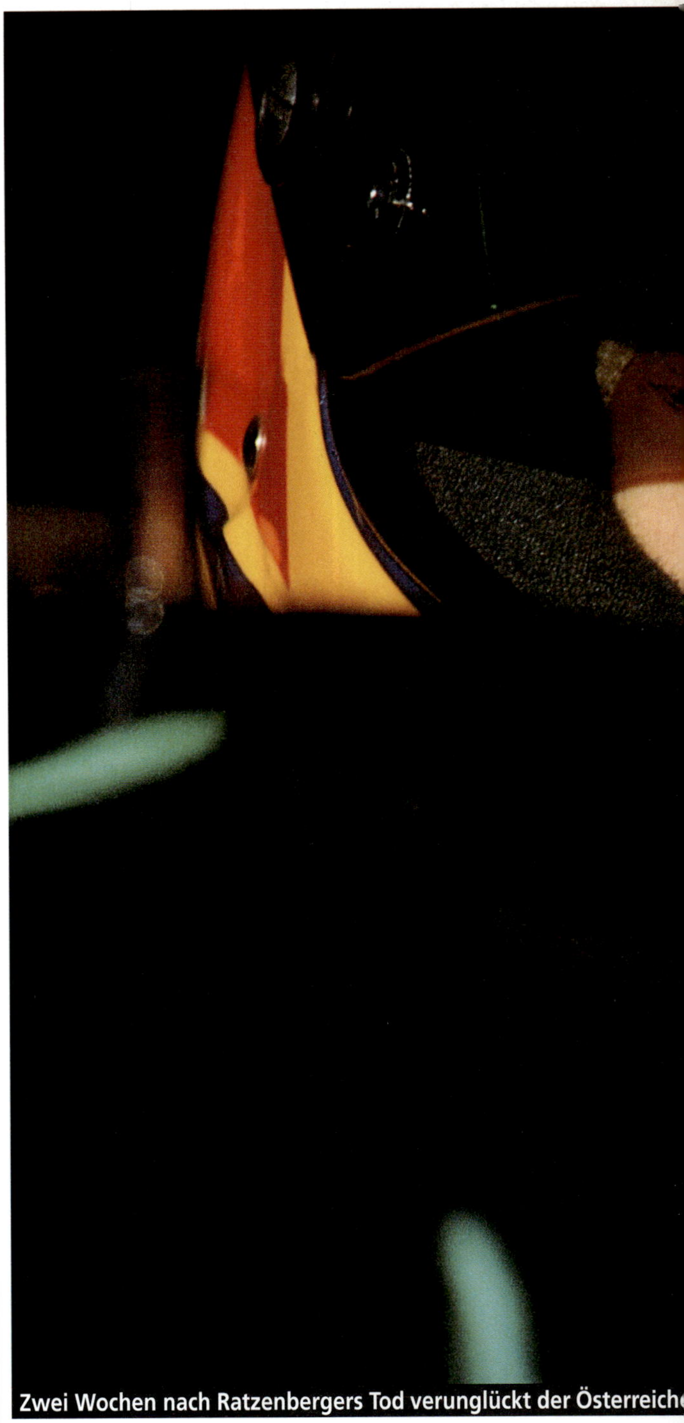

Zwei Wochen nach Ratzenbergers Tod verunglückt der Österreich

Bereits nach fünf Runden führt Schumacher mit 9,1 Sekunden vor Berger, dem Alesi, Fittipaldi, Brundle und Blundell folgen.

In der elften Runde setzt Schumacher zur ersten Überrundung an, in der 18.

Der Sauber wird geborgen. Spät

Startaufstellung

	Schumacher (Benetton)
Häkkinen (McLaren)	Berger (Ferrari)
Hill (Williams)	Alesi (Ferrari)
Fittipaldi (Arrows)	Morbidelli (Arrows)
Brundle (McLaren)	Martini (Minardi)
Blundell (Tyrrell)	Katayama (Tyrrell)
Alboreto (Minardi)	Comas (Larrousse)
de Cesaris (Jordan)	Barrichello (Jordan)
Herbert (Lotus)	Lehto (Benetton)
Beretta (Larrousse)	Lamy (Lotus)
Panis (Ligier)	Bernard (Ligier)
Brabham (Simtek)	Gachot (Pacific)
Belmondo (Pacific)	

arl Wendlinger. Er verbremst sich im Training, liegt 19 Tage im Koma. Fünf Monate später macht er wieder Testfahrten für Sauber

rzichtet das Team auf einen Start

schnappt er sich seinen Teamgefährten JJ Lehto.

Gefahr lauert für den Führenden in der Box. Die Formel 1 hat dort nämlich aus Sicherheitsgründen erstmals ein Tempolimit eingeführt. Während des Rennens gilt maximal 80 km/h in der Boxengasse. Michael Schumacher über die ungewohnte Beschränkung: „Das ist wirklich schwierig. Einerseits muß man auf sein Display mit der Tempoanzeige schauen, andererseits aber auch darauf, was sich in der Boxengasse tut. Beim ersten Stopp war ich um ein Haar zu schnell."

In der 42. Runde platzt Mark Blundells Yamaha-Motor und verliert in der Ste. Devote jede Menge Öl. Als erster gerät Michael Schumacher auf die Rutschbahn. Er schießt bis auf einen Millimeter an die Leitplanke heran und hat, wie er später sagt, „wirklich einen big moment."

Schlimmer ergeht es dem Zweitplazierten Berger, der auf dem Öl Richtung Auslaufzone rutscht. Er verliert zehn Sekunden, ehe er sich wieder einreihen kann. Das nutzt Martin Brundle, um den zweiten Platz zu übernehmen. Der Brite, der 1984 gemeinsam mit Senna in die Formel 1 kam, hat bei McLaren nur einen Race-to-race-Vertrag. Er hofft auf eine Festanstellung. Doch sein Chef Ron Dennis kühl: „Einen McLaren-Vertrag muß man sich verdienen."

Hinter Brundle fahren die Routiniers Berger, de Cesaris, Alesi und Alboreto in die Punkte. Kurz vor Rennende liefert Michael Schumacher einen weiteren Beweis seiner Souveränität: Der Kerpener läßt sich von seinem Teamkollegen Lehto überholen. „Ich wollte ihm einen Gefallen tun, damit er nicht zweimal überrundet ist. Außerdem waren dadurch beim Zieleinlauf beide Benetton im Fernsehen zu sehen."

Michael Schumacher nimmt den wertvollsten Pokal der Formel-1-Saison aus der Hand von Fürst Rainier in Empfang. Der Mann, der in den vergangenen fünf Jahren diesen Pokal bekommen hat, ist mittlerweile in seiner Heimatstadt São Paulo beigesetzt worden. Brasiliens Präsident Itamar Franco hat eine dreitägige Staatstrauer für den Volksheld Ayrton Senna angeordnet.

Alles andere als feurig: Auch 1994 ist das Traditionsteam Lotus nur ein Schatten früherer Tage

GROSSER PREIS VON MONACO — MONTE CARLO

Rennreport 4. Lauf - 15. Mai 1994

Platz	Fahrer	Team	Zieleinlauf
1.	Michael Schumacher	Benetton-Ford	1:49.55,372 Std.
2.	Martin Brundle	McLaren-Peugeot	1:50.32,650 Std.
3.	Gerhard Berger	Ferrari	1:51.12,196 Std.
4.	Andrea de Cesaris	Jordan-Hart	1 Runde zurück
5.	Jean Alesi	Ferrari	1 Runde zurück
6.	Michele Alboreto	Minardi-Ford	1 Runde zurück

Weitere

7. Lehto (1 Runde zurück), **8. Beretta** (2 Runden zurück), **9. Panis** (2 Runden zurück), **10. Comas** (3 Runden zurück), **11. Lamy** (5 Runden zurück)

Ausfälle

Herbert (68 Runden, Getriebe), **Belmondo** (53, Aufgabe), **Gachot** (49, Getriebe), **Fittipaldi** (47, Getriebe), **Brabham** (45, Unfall), **Blundell** (40, Motor), **Katayama** (38, Getriebe), **Bernard** (34, Dreher), **Barrichello** (27, Elektrik), **Hill** (0, Unfall), **Häkkinen** (0, Unfall), **Morbidelli** (0, Unfall), **Martini** (0, Unfall)

Aktueller WM-Stand

1. Schumacher (40), **2. Berger** (10), **3. Barrichello, Hill** (je 7), **5. Brundle, Larini, Alesi** (je 6), **8. Wendlinger, Katayama, Häkkinen** (je 4), **11. Fittipladi, de Cesaris** (je 3), **13. Frentzen** (2), **14. Comas, Alboreto** (je 1)

Konstrukteurs-WM

1. Benetton (40), **2. Ferrari** (22), **3. Jordan, McLaren** (10), **5. Williams** (7), **6. Sauber** (6), **7. Tyrrell** (4), **8. Arrows** (3), **9. Larousse, Minardi** (1)

Ist bei McLaren nur „Zeitarbeiter"

Gerhard Berger überrundet in de

Ron Dennis (M.) mit seinen Fahre

Ratlos: Mosley (M.) und Eccleston

artin Brundle. Er fährt auf einen hervorragenden zweiten Platz

Im dritten Anlauf gewinnt Schumacher das wichtigste Rennen

Ehrliche Trauer um den sechsmaligen Monaco-Sieger Senna

ngsamen Loews-Kurve Eric Bernard und wird am Ende Dritter

Traumkulisse Monte Carlo: Beste Sicht von den vielen Yachten

Hektische Änderungen

Nach den tödlichen Unfällen in Imola und dem schweren Sturz von Karl Wendlinger in Monte Carlo ist klar: Die Formel 1 muß abrüsten. FIA-Präsident Max Mosley tut das unter dem Druck der Öffentlichkeit etwas überstürzt. Er muß später viele seiner Änderungswünsche wieder zurücknehmen, weil sie nicht realisierbar sind.

- Zuerst werden den Autos die Frontflügel und der Unterboden gestutzt. Die Boliden haben dadurch 25 Prozent weniger Abtrieb.
- Dann wird Tankstellenbenzin eingeführt und die Staudruckwirkung der Lufthutze untersagt. Das verringert die Leistung um acht Prozent.
- Ab Hockenheim stört eine zehn Millimeter dicke Holzplatte den Luftstrom unter dem Auto. Sie reduziert die Bodenhaftung nochmal um sieben Prozent, verlangt geringeres Tempo.
- Parallel dazu wird an den Rennstrecken korrigiert. Gefährliche Kurven werden mit Schikanen entschärft, außerdem breite Auslaufzonen mit Kiesbetten geschaffen. In Silverstone, Monza und Estoril wird die Streckenführung geändert.

Fahrersprecher Berger

- Die Fahrer gründen wieder eine Gewerkschaft (GPDA). Ihre Vorsitzenden sind Gerhard Berger, Michael Schumacher, Christian Fittipaldi und Niki Lauda. Berger beruhigt die Rennsportpuristen, die um spektakuläre Kurven fürchten: „Die Umbauten waren wegen der Kürze der Zeit nur provisorisch. Für 1995 suchen wir dauerhafte Lösungen. Wir wollen schwierige Kurven, aber mehr und sinnvolleren Sturzraum." Der fehlte Ayrton Senna in der Tamburello-Kurve.

Eine Information des Bundesministeriums für Verkehr

2300 bei Verkehrsunfällen getötete junge Menschen zwischen 18 und 25 pro Jahr sind zuviel.

Wir

(Bundesministerium für Verkehr, Deutscher Verkehrssicherheitsrat, Deutsche Verkehrswacht) und die „4 Reeves"

tun was dagegen!

Was tut Ihr?

Er: He, das war
ein cooler Abend,
Fahr'n wir noch zu mir?
Oder nehmen wir bei Dir
noch Briefmarken ins Visier?
Mein Motiv ist exclusiv
und meine Form ist enorm,
wenn Du mich neckst, ganz relaxed.
Komm, meine Karre steht da vorn.

Sie: Moment mal, halblang,
Mr. Exclusiv.
Das mit dem Necken, würd'mir
schmecken,
doch fahren mit Dir, zu massiv.
4 Wodka Lemon sind locker viel zu
viel.

Gib mir den Schlüssel Deiner
Schüssel!
Das ist ein Tip und keine Bitte.
Mit dem Schlitten kriegst Du
bei mir keine Schnitte.

Er: Mir leuchtet nicht ganz ein,
was dieser krasse Vortrag soll.
Ich bin fit wie ein Turnschuh,
bin gut drauf und fühl mich toll.

Sie: Okay, ich sag's
Dir nochmal,
nimm das jetzt zu Protokoll:
Für mich bist Du grad richtig,
doch für's Auto hackevoll!

Biste hackevoll
Gibste hackevollgas
Mensch, was soll das?

Er: Hör zu, nach so'n paar
lächerlichen Drinks,
da fahr ich doch immer noch mit
links.
Ist mir das Steuer noch geheuer,
und noch längst kein Abenteuer.
Ich fahr seit allen Zeiten unfallfrei.
Glaubst Du im Ernst, ich war da
immer so ganz nüchtern dabei?
Außerdem gilt:

Mitgehangen, mitgefangen,
ohne Bangen, denn es ist noch
immer, immer gutgegangen.

Sie: Ich kannte mal einen,
der war sprüchemäßig
auch nicht grad von Pappe,
genauso dicke Lippe,
genauso große Klappe.
Klappe zu, Affe tot.
Einsam ist der Heldentod.
Denn sein letzter guter Wille,
war bremsen mit Promille.
Doch was ich brauche ist ein Held,
der zu mir hält, in dieser Welt.
Und zwar unbändig lebendig,
nicht am Baum zerschellt.

Er: Mir leuchtet nicht ganz ein,
was dieser krasse Vortrag soll.
Ich bin fit wie ein Turnschuh,
bin gut drauf und fühl mich toll.

Sie: Okay, ich sag's Dir nochmal,
nimm das jetzt zu Protokoll:
Für mich bist Du grad richtig,
doch für's Auto hackevoll!

Biste hackevoll
Gibste hackevollgas
Mensch, was soll das?
Breit am Lenker
Holt Dich der Henker

Biste hackevoll
Gibste hackevollgas
Mensch, was soll das?

CD der 4 Reeves

- **im Handel erhältlich**
- **Life on Tour**
- **bei VIVA**
- **im Kino**

Mädchen mögens gar nicht heiß

Viele jugendliche Mitfahrerinnen im Auto haben Angst vor der riskanten Fahrweise ihrer Begleiter, trauen sich aber häufig nicht, etwas zu sagen. Dabei ist die Angst berechtigt: Eine Untersuchung der Bundesanstalt für Straßenwesen hat ergeben, daß mehr als zwei Drittel der bei schwersten Unfällen im Zusammenhang mit Discotheken-Besuchen getöteten und schwerverletzten Pkw-Insassen Mitfahrer waren.

Mädchen und junge Frauen sollten aber bestärkt werden, den Fahrer positiv zu beeinflussen. Sie sind sich ihrer Möglichkeiten leider häufig zu wenig bewußt, obwohl junge Fahrer ihre Verhaltensweisen oftmals an den Reaktionen der Mädchen messen. Was das Autofahren betrifft, schneiden junge Frauen besser ab als ihre männlichen Altersgenossen. So sind sie beispielsweise deutlich weniger an schweren Unfällen beteiligt und haben gegenüber dem Auto und dem Fahren eine wesentlich realistischere und sicherheitsbewußtere Einstellung als junge Männer. Sie betrachten das Auto in erster Linie als Transportmittel. Deshalb ist es für sie eher unwahrscheinlich, daß sie ihr Auto dazu benutzen, sich selbst darzustellen, anderen zu imponieren oder gar Konflikte mit dem Gaspedal lösen zu wollen, wie das ihre männlichen Kollegen häufig tun.

Frauen trennen auch viel besser zwischen trinken und fahren. ■

Nach der Disco: Eine(r) für alle!

Freitag- bzw. Samstagnacht lauert auf deutschen Straßen besonders oft das tödliche Risiko. Denn wegen ihrer Freizeitinteressen sind junge Leute häufig Nachtschwärmer. Woche für Woche ereignen sich schwerste Unfälle nach Discobesuchen.

Allein in den Nächten zum Samstag bzw. Sonntag jeweils zwischen 22.00 Uhr und 04.00 Uhr – also in nur zwölf Stunden der Woche – verunglücken ein Fünftel aller getöteten Fahrer und ein Viertel aller getöteten Mitfahrer in der Altersgruppe der 18 - bis 24jährigen. Die Ursachen: Neben Übermüdung, Ablenkung und Fahrfehlern vor allem Alkohol. Die Mehrzahl dieser Unfälle hätte vermieden werden können, wenn ein paar Spielregeln beachtet worden wären.

Der Nüchterne sollte fahren (das kann auch die junge Frau mit Fahrerlaubnis sein); innerhalb der Clique wird vorher abgesprochen, wer am Abend fährt und nüchtern bleibt.

Damit jeder „mal darf", sollte an jedem gemeinsamen Abend ein anderer mit Fahrerlaubnis für die Freunde die Verantwortung übernehmen und sie sicher nach Hause bringen. Es gilt das Motto: „Einer für alle". ■

Rap gegen Rowdies

Interview mit Shary Reeves

Frage: *In Deinem Titel „Hackevollgas" wendest Du Dich gegen Alkohol am Steuer. Warum engagierst Du Dich?*

Shary: Wenn ich mir vorstelle, daß ein Typ nach der Disco gegen einen Baum fährt, weil er voll ist, und sein Mädchen als Beifahrerin drauf geht, flippe ich aus. Ich habe zwei gute Freunde durch solche Unfälle verloren. Ich mußte was tun.

Frage: *Rap gegen Rowdies im Auto?*

Shary: Song und Musik sind einige der wenigen Kommunikationsmittel, die bei der Zielgruppe, die wir meinen, ankommen. Ich hoffe, wir werden verstanden.

Frage: *Knallhart, Deine Botschaft im Song. Kommen Mädchen damit durch?*

Shary: Und ob. Wir Mädchen müssen Druck machen, wenn wir hier was erreichen wollen. Ich glaube, daß die meisten einsehen: Mit der geht nur was, wenn ich sie fair behandle. Unser Leben lassen wir von niemandem aufs Spiel setzen.

Jung – aber nicht verrückt

Junge Menschen insbesondere junge Fahranfänger leben im Straßenverkehr in den ersten Jahren nach dem Führerscheinerwerb gefährlich.

Das Risiko der zwischen 18- und 24jährigen, in einen Verkehrsunfall verwickelt zu werden, ist bei den Fahranfängern um ein Vielfaches höher als bei anderen Altersgruppen. Im Durchschnitt passiert alle sechs Minuten ein Unfall mit Personenschaden, verursacht von einem jungen Führerscheinbesitzer. 1993 endeten diese Unfälle für fast 2.300 junge Menschen zwischen 18 und 24 Jahren mit dem Tode.

Die Gründe für das erhöhte Unfallrisiko: Unerfahrenheit, mangelndes Gefahrenbewußtsein, hohe Risikobereitschaft, Imponiergehabe. Auch in anderen Mitgliedstaaten der Europäischen Union sind die Probleme ähnlich.

In Belgien beispielsweise versucht man, diesem Trend durch eine Kampagne „jeune – mais pas fou" (Jung – aber nicht verrückt) zu begegnen. Das Bundesministerium für Verkehr zieht am gleichen Strang mit dem Motto „Hacke Vollgas – Mensch was soll das?!" im Rahmen der mit dem Deutschen Verkehrssicherheitsrat e.V. gemeinsam durchgeführten Kampagne „Rücksicht kommt an". ■

SPANIEN

5. LAUF 29. MAI 1994

BARCELONA

Circuit de Catalunya
Montmelo

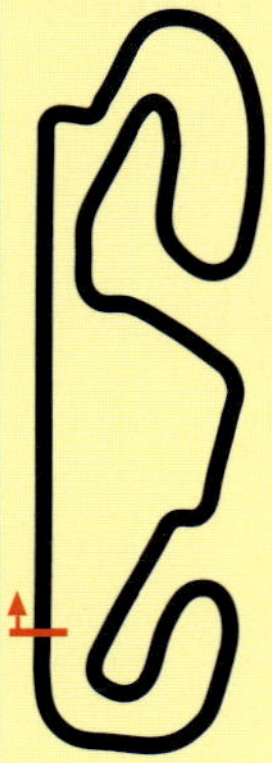

65 Runden
à 4,747 km
(308,555 km)
Rundenrekord:
M. Schumacher
in 1.25,155 min

ZUSCHAUER
55.000

WETTER
leicht diesig,
warm

Im Training landet Damon Hill im Kiesbett. Das Rennen beendet er erstmals vor Schumacher

Streik

Der Große Preis von Spanien wird ganz eindeutig in zwei Läufen ausgetragen. Der Hauptkampf findet neben der Strecke statt, und am Sonntag gibt es dann noch ein ganz passables Rahmenprogramm in Form eines Formel-1-Laufes.

Kommen wir zum Hauptereignis: In den Hauptrollen sehen wir Benetton-Chef Flavio Briatore und FIA-Präsident Max Mosley. Der Brite hatte nach den schweren Unfällen noch in Monaco eine umfangreiche Forderungsliste an Sicherheitsmaßnahmen aufgestellt. Wichtigste Änderung schon für Spanien waren verkürzte Frontflügel und verkleinerte Diffusoren. Erwünschte Wirkung: Verringerter Abtrieb in Höhe von 15 bis 20 Prozent, dadurch werden niedrigere Höchstgeschwindigkeiten erzwungen.

Als am Freitagmorgen das freie Training beginnt, kommt es zur Konfrontation. Nur die Teams von Ferrari, Sauber, Tyrrell, Minardi und Larrousse treten an, alle anderen Mannschaften boykottieren unter der Führung von Briatore den GP-Auftakt. Ihre Begründung: Die Formel-1-Boliden seien mit den Änderungen nicht ausreichend getestet und deswegen zu unsicher. Briatore läßt einen offenen Brief an Mosley kursieren, dessen Inhalt auf einen griffigen Nenner zu bringen ist: Mosley habe keine Ahnung von der Formel 1.

Mag ja sein, daß das stimmt. Aber auf dem Gebiet der juristischen Winkelzüge macht dem FIA-Präsidenten Mosley keiner was vor. Und weil Briatore die Unsicherheit der Wagen selbst eingestanden hat, schließt er das Benetton-Team kurzerhand vom Rennen aus.

Wieder Pech: Das Getriebe von Frentzens Sauber blockiert

Will streiken: Benetton-Boß Briatore (mit seiner Braut Julia)

Startaufstellung

Schumacher (Benetton)	**Hill** (Williams)
Häkkinen (McLaren)	**Lehto** (Benetton)
Barrichello (Jordan)	**Alesi** (Ferrari)
Berger (Ferrari)	**Brundle** (McLaren)
Coulthard (Williams)	**Katayama** (Tyrrell)
Blundell (Tyrrell)	**Frentzen** (Sauber)
Irvine (Jordan)	**Alboreto** (Minardi)
Morbidelli (Arrows)	**Comas** (Larrousse)
Beretta (Larrousse)	**Martini** (Minardi)
Panis (Ligier)	**Bernard** (Ligier)
Fittipaldi (Arrows)	**Herbert** (Lotus)
Zanardi (Lotus)	**Brabham** (Simtek)
Gachot (Pacific)	**Belmondo** (Pacific)

Nicht qualifiziert:
Montermini (Simtek)

Neuling David Coulthard fährt den Williams mit Sennas Nr. 2. Bergers Ausflug bleibt ohne Folgen

Und zwar so lange, bis Briatore klein beigibt. Es dauert nur kurze Zeit, bis Briatore das Gegenteil dessen behauptet, was er im Brief geschrieben hatte. Mosleys knackiger Kommentar: „Ich habe schon Formel 1 gemacht, da hat der Briatore noch T-Shirts verkauft."

Zum ersten Zeittraining kommen dann alle aus der Box. Der Streit scheint beigelegt – was sich im Laufe der Saison allerdings als gigantischer Irrtum herausstellen soll.

Nun das Rahmenprogramm: Als am Sonntag die Startampel auf grün springt, bahnt sich ein weiteres Mal die totale Schumacher-Monotonie an. Von der Poleposition aus fährt MS sein eigenes Rennen. Nach zehn Runden führt er mit 11,246 Sekunden. Hill, Häkkinen, Alesi, Barrichello und Lehto folgen in der Liga darunter. Im Anschluß daran der GP-Neuling aus Schottland, David Coulthard. Der Williams-Testfahrer darf überraschend den seit Sennas Tod verwaisten zweiten Williams fahren: „Die Entscheidung kam so kurzfristig, daß ich überhaupt keine Zeit hatte, nervös zu werden."

In der 21. Runde kommt der Führende an die Box. Seine Mannschaft erledigt den kleinen Service in 7,6 Sekunden. Schumacher braust wieder auf die Piste, ohne die Führung abgegeben zu haben. Umso verwunderlicher, daß Schumacher plötzlich von Johnny Herbert, dann von Olivier Panis überholt wird. Bei allem Respekt vor den beiden, aber mit denen hatte Schumacher dieses Jahr noch nie Probleme. In der 23. Runde zieht Häkkinen an ihm vorbei. Der Grand Prix hat einen neuen Leader, und Häkkinen und Peugeot verbuchen ihre ersten Führungskilometer in der Formel 1.

Wer nun einen sensationellen McLaren-Peugeot-Sieg erwartet, wird enttäuscht. In der 49. Runde explodiert Häkkinens Motor vehement. Und als ob das nicht reichen würde, zieht Teamkollege Brundle, mittlerweile auf Platz 3 liegend, in der 60. Runde eine gewaltige Feuerschleppe hinter sich her.

Michael verliert zeitweise bis zu drei Sekunden auf die Spitze. Aus der Box wird gemeldet, daß er Probleme mit der Schaltung habe. Wenn die Inboardkamera in Michaels Wagen auf Sendung

Duschorgie mit Tyrrell-Pilot Blundell, Schumacher und Hill

Die 5 im Fünften

In der 21. Runde des Grand Prix von Spanien spürt Michael Schumacher, daß etwas mit dem Benetton-Getriebe nicht stimmt: „Das Problem hat sich im zweiten Gang angekündigt. Er wollte nicht mehr rausgehen. Irgendwie konnte ich noch in den fünften Gang hochschalten, dann ging gar nichts mehr." Die Hydraulik für das halbautomatische Getriebe streikt.
Michael Schumacher muß das Rennen im fünften Gang zu Ende fahren. Daß er trotz des Handikaps Zweiter wird und zeitweise Rundenzeiten fährt, die schneller sind als die seiner Gegner mit allen sechs Gängen, läßt Zweifel aufkommen. Hat Schumacher wirklich nur einen Gang zur Verfügung gehabt? Ist der Benetton vielleicht mit einer illegalen Technik ausgerüstet, die das Getriebeproblem überspielen konnte?
Schumachers Renningenieur Pat Symmonds beteuert: „Wir konnten es selbst kaum glauben. Michael hat ab der 21. Runde nicht ein einziges Mal mehr geschaltet. Das zeigte uns die Telemetrie."
Michael Schumacher beteuert: „Am schlimmsten war das Anfahren aus der Box nach den Tankstopps. Ich bin mit schleifender Kupplung ganz langsam losgerollt und habe gebetet, daß der Motor nicht abstirbt."
Eine von Michael Schumachers größten Qualitäten ist seine Lernfähigkeit. Pat Symmonds verrät: „Michael hat blitzschnell neue Fahrtechniken entwickelt, um mit diesem Problem fertigzuwerden." Die Rundenzeiten beweisen das. Zunächst fährt der Deutsche sechs Sekunden langsamer um den Kurs als normal. Doch dann steigern sich die Zeiten kontinuierlich: Von 1.31 Minuten auf 1.29 und schließlich auf 1.26,3 Minuten im 38. Umlauf. Weil ihm der sechste Gang fehlt, ist Michael Schumacher auf der Geraden 25 km/h langsamer als gewohnt.
Der Benetton-Pilot gibt aber zu: „Barcelona ist mit seinen langgezogenen Kurven die einzige Strecke, auf der dieses Kunststück überhaupt möglich war." In der Stunde der Not erinnert sich Schumacher an alte Gruppe-C-Tugenden. Bei den Sportwagen galt es, Benzin zu sparen und trotzdem schnell zu sein. Um die schweren Kolosse spritsparend um die Kurven zu bewegen, mußten die Piloten die Ideallinie ändern. Schumacher: „Das gleiche habe ich in Barcelona auch gemacht. Je weiter die Kurvenradien, umso weniger wird das Auto abgebremst und muß dann auch nicht mehr beschleunigt werden."

Die Konkurrenz will das natürlich nicht glauben. Sie verdächtigt Benetton, eine Traktionskontrolle zu benutzen. Diese Technologie ist seit Saisonbeginn verboten. 1993 verwendete jedes Team eine Anti-Schlupf-Regelung. Dabei haben Sensoren an Vorder- und Hinterrädern anhand der Geschwindigkeitsdifferenz an den beiden Achsen den Schlupf der Antriebsräder berechnet. Diese Information wurde an den Bordcomputer geschickt. Der gab einen Befehl an Einspritzung und Zündung, bei bestimmten Zylindern solange Leistung zurückzufahren, bis wieder optimaler Vortrieb vorhanden war.
Ein paar Wochen später finden Elektronik-Spezialisten im Auftrag der Sportbehörde tatsächlich ein Computer-Programm in der Benetton-Blackbox, das es den Fahrern theoretisch ermöglicht hätte, automatisch zu starten. Ein solcher Prozeß beeinhaltet auch eine Traktionskontrolle. Die Sportbehörde kann Benetton jedoch nicht nachweisen, daß dieses System tatsächlich eingesetzt wurde.

Michael Schumacher zeigt mit überlegenen Siegen auch nach diesen Enthüllungen, daß er niemals auf illegale Technik angewiesen war.
Aber nicht alle elektronischen Fahrhilfen sind 1994 verboten. Das halbautomatische Getriebe ist mit bestimmten Einschränkungen weiterhin erlaubt. Der Fahrer drückt zum Schalten nur einen Knopf oder eine Wippe am Lenkrad. Eine Elektrohydraulik verdreht nach diesem Befehl die Schaltwalze so, daß die Schaltgabeln in den nächsthöheren oder -tieferen Gang einrasten. Beim Hochschalten unterbricht der Computer kurz die Zündung. Beim Runterschalten wird eine Hydraulik angesteuert, die einen genau dosierten Zwischengasstoß aktiviert und den Gangwechsel solange zurückhält, bis die Motordrehzahl stimmt. Teure Motorschäden durch Überdrehen nach Schaltfehlern sind damit Schnee von gestern. Ein Gangwechsel mit einem modernen Formel-1-Getriebe dauert im Schnitt 30 Millisekunden.

Wie kann ein Fahrer mit einem einzigen Gang so schnell sein wie Piloten mit sechs Gängen?

Trainingscrash: Montermini bricht sich im Simtek beide Füße

Michaels Verlobte Corinna berät mit Manager Willi Weber

geschaltet ist, erkennen die Fernsehzuschauer, daß er die Schaltknöpfe am Lenkrad überhaupt nicht mehr berührt.

Immerhin, er hält nach einigen Runden das Spitzentempo, folgt Hill wie ein Schatten als Zweiter ins Ziel. Der Brite Mark Blundell jubelt: Völlig überraschend kommt er mit seinem Tyrrell-Yamaha auf das Siegertreppchen. Während der Siegerehrung freuen sich viele, zum ersten mal in dieser Saison einen anderen Gewinner als Schumacher zu sehen.

Doch auf der anschließenden Pressekonferenz spricht schon keiner mehr vom Sieger, zumindest nicht vom Sieger Damon Hill. Denn der wahre Held des Rennens heißt einmal mehr Michael Schumacher. Was der deutsche Ausnahmefahrer der staunenden Öffentlichkeit präsentiert, klingt einfach unglaublich: „Seit der 21. Runde konnte ich nicht mehr schalten. Da gerade der fünfte Gang drin war, bin ich halt das ganze Rennen im fünften zu Ende gefahren."

Aufstieg: David Coulthard und seine Freundin werden von dem Williams-Angebot überrascht

GROSSER PREIS VON SPANIEN — BARCELONA

Rennreport 5. Lauf - 29. Mai 1994

Platz	Fahrer	Team	Zieleinlauf
1.	Damon Hill	Williams-Renault	1:36.14,374 Std.
2.	Michael Schumacher	Benetton-Ford	0.24,166 Min. zur.
3.	Mark Blundell	Tyrrell-Yamaha	1.26,969 Min. zur.
4.	Jean Alesi	Ferrari	1 Runde zurück
5.	Pierluigi Martini	Minardi-Ford	1 Runde zurück
6.	Eddie Irvine	Jordan-Hart	1 Runde zurück

Weitere

7. Panis (2 Runden zurück), **8. Bernard** (3 Runden zurück), **9. Zanardi** (3 Runden zurück), **10. Brabham** (4 Runden zurück), **11. Brundle** (6 Runden zurück, Getriebe)

Ausfälle

Lehto (53 Runden, Motor), **Häkkinen** (48, Motor), **Herbert** (41, Dreher), **Barrichello** (39, Dreher), **Fittipaldi** (35, Getriebe), **Coulthard** (32, Elektronik), **Gachot** (32, Heckflügel), **Berger** (27, Getriebe), **Morbidelli** (24, Tankverschluß), **Frentzen** (21, Getriebe), **Comas** (19, Kühlung), **Katayama** (16, Dreher), **Alboreto** (4, Motor), **Belmondo** (2, Dreher), **Beretta** (0, Nichtstarter/Motor)

Aktueller WM-Stand

1. Schumacher (46), **2. Hill** (17), **3. Berger** (10), **4. Alesi** (9), **5. Barrichello** (7), **6. Brundle, Larini** (je 6), **8. Blundell, Häkkinen, Katayama, Wendlinger** (je 4), **12. Fittipaldi, de Cesaris** (je 3), **14. Martini, Frentzen** (je 2), **16. Comas, Alboreto, Irvine** (je 1)

Konstrukteurs-WM

1. Benetton (46), **2. Ferrari** (25), **3. Williams** (17), **4. Jordan** (11), **5. McLaren** (10), **6. Tyrrell** (8), **7. Sauber** (6), **8. Arrows, Minardi** (je 3), **10. Larousse** (1)

KANADA

6. LAUF 12. JUNI 1994

MONTREAL

Circuit Gilles Villeneuve

69 Runden à 4,450 km (307,05 km)
Rundenrekord: M. Schumacher in 1.28,927 min

ZUSCHAUER
65.000

WETTER
wechselnd bewölkt, schwül, Nieselregen bei Rennmitte

Schotten-Power

Mit diesem Ausgang hat keiner gerechnet: Jordan gewinnt. Benetton, Ligier, Larrousse und Simtek (!) belegen die nächsten Plätze.

Dennoch, die Sensation hält sich in Grenzen. Denn nicht der sechste Lauf zur Formel-1-Weltmeisterschaft sieht diesen Einlauf, sondern das mittlerweile traditionelle Bootsrennen. Es wird alljährlich neben der Grand-Prix-Strecke auf der olympischen Ruderbahn von den Mechaniker-Crews ausgetragen.

Aufschlußreich sind dagegen die unterschiedlichen Auslegungen der zweiten Abrüstungsstufe, die vom FIA-Duo Mosley/Ecclestone verordnet worden ist. Die FIA verlangt nicht nur die Verwendung von Tankstellensprit. Sie will auch den Staudruck in den Lufthutzen unterbinden. Angestrebte Leistungsreduktion: Insgesamt rund 60 PS.

Die Lösungen dokumentieren die unterschiedlichen Mentalitäten. Das Sauber-Team stopft im vorauseilenden Gehorsam quasi die gesamte Lufthutze zu, während

„Als Einlage in einem Ferrari-Sandwich" fühlt sich Michael Schumacher beim Start. Dahinter machen Hill und Coulthard in den beid

sich das schlitzohrige Ferrari-Team auf kleine seitliche Öffnungsschlitze beschränkt.

Das Rennen selber kann nicht mit solchen Überraschungen aufwarten. Wiederum hat Michael Schumacher die Pole-position herausgefahren.

Der Start bringt sofort eine heikle Situation für den Pole-Setter: „Ich bin nicht so gut weggekommen. Plötzlich sind Alesi und Berger da. Der eine links, der andere rechts. Wohin ich auch gucke, überall sehe ich diese roten Renner – Ferrari-Sandwich und mich als Einlage.“

Schumacher schafft es, die Nase vorne zu halten. Er baut innerhalb weniger Runden seinen Vorsprung auf vier Sekunden aus. Hinter dem zweitplazierten Alesi bahnt sich ein spannender Kampf zwischen Berger, Coulthard, Hill und Barrichello an. Dann überschlagen sich die Ereignisse. In Runde fünf verabschiedet sich mit Brundle der erste McLaren-Peugeot mit Motorschaden, in Runde sechs

Startaufstellung

Schumacher (Benetton)	Alesi (Ferrari)
Berger (Ferrari)	Hill (Williams)
Coulthard (Williams)	Barrichello (Jordan)
Häkkinen (McLaren)	Irvine (Jordan)
Katayama (Tyrrell)	Frentzen (Sauber)
Morbidelli (Arrows)	Brundle (McLaren)
Blundell (Tyrrell)	de Cesaris (Sauber)
Martini (Minardi)	Fittipaldi (Arrows)
Herbert (Lotus)	Alboreto (Minardi)
Panis (Ligier)	Lehto (Benetton)
Comas (Larrousse)	Beretta (Larrousse)
Zanardi (Lotus)	Bernard (Ligier)
Brabham (Simtek)	Gachot (Pacific)

Nicht qualifiziert:
Belmondo (Pacific)

illiams mächtig Druck. Bis zum Rennende bleiben die fünf vorne

Hill ist sauer auf Coulthard, der ihm acht Runden davonfährt

Berger im Tiefflug. Er hat im Eifer eine Schikane übersehen

Erholung beim traditionellen Bootsrennen der Boxenteams

Wendlingers Helm in der Box: Karl ist aus dem Koma erwacht

Während des Trainings beobachtet Michael am Monitor die Konkurrenz. Jean Alesi macht ihm die Pole-position streitig. Aber am En

rutscht Sauber-Mercedes-Pilot HH Frentzen in einen Reifenstapel: „Ich bin in der neuen Schikane auf die Randsteine geraten, und das war es dann auch schon."

Währenddessen kommt es zwischen den Williams-Fahrern zu einem erbitterten Duell. Hill könnte schneller fahren, Coulthard läßt ihn aber nicht vorbei.

In Runde neun hat die Teamleitung ein Einsehen und pfeift den selbstbewußten Schotten zurück. Ein verärgerter Hill mault später: „Ich kann ja verstehen, das Coulthard sich profilieren will, aber so habe ich den Anschluß an Schumacher verloren." Einmal an seinem Teamkollegen vorbei, stürzt sich Hill auf Berger und ringt ihn fünf Runden später nieder.

Die Spitzenteams entscheiden sich für nur einen Tankstopp. Schumacher erledigt ihn in 10,4 Sekunden, ohne dabei die Führung zu verlieren.

Gefahr droht dem Kerpener von Kamikaze-Katayama. Der dreht sich einmal in der 42. Runde – mit einem beherzten Neustart als Geisterfahrer – und dann noch einmal in der 47. Runde. Katayama gesteht reumütig: „Solly, nicht mein Tag heute."

Dem kann Schumacher nicht widersprechen: „Plötzlich stand Katayama vor mir quer in der Kurve. Ich war mir nicht sicher, kommt der jetzt mehr innen oder mehr außen zum Stehen. Ich entschied mich für innen und mußte dann ganz schnell auf

Jubiläum: De Cesaris vor seinen 2

GROSSER PREIS VON KANADA — MONTREAL

Rennreport 6. Lauf - 12. Juni 1994

Platz	Fahrer	Team	Zieleinlauf
1.	Michael Schumacher	Benetton-Ford	1:44.31,887
2.	Damon Hill	Williams-Renault	0.39,660 Min. zur.
3.	Jean Alesi	Ferrari	1.13,388 Min. zur.
4.	Gerhard Berger	Ferrari	1.15,609 Min. zur.
5.	David Coulthard	Williams-Renault	1 Runde zurück
6.	JJ Lehto	Benetton-Ford	1 Runde zurück

Weitere

7. Barrichello (1 Runde zurück), **8. Herbert** (1 Runde zurück), **9. Martini** (1 Runde zurück), **10. Blundell** (2 Runden zurück), **11. Alboreto** (2 Runden zurück), **12. Panis** (2 Runden zurück), **13. Bernard** (3 Runden zurück), **14. Brabham** (4 Runden zurück), **15. Zanardi** (7 Runden zurück)

Ausfälle

Häkkinen (61 Runden, Motor), **Beretta** (57, Motor), **Morbidelli** (50 Getriebe), **Gachot** (47, Öldruck), **Comas** (45, Kupplung), **Katayama** (44, Dreher), **Irvine** (40, Unfall), **de Cesaris** (24, Öldruck), **Frentzen** (5, Unfall), **Brundle** (3, Elektrik)

Aktueller WM-Stand

1. Schumacher (56), **2. Hill** (23), **3. Berger, Alesi** (13), **5. Barrichello** (7), **6. Brundle, Larini** (je 6), **8. Wendlinger, Katayama, Häkkinen, Blundell** (je 4), **12. Fittipaldi, de Cesaris** (je 3), **14. Frentzen, Martini , Coulthard** (je 2), **17. Comas, Alboreto, Irvine, Lehto** (je 1)

Konstrukteurs-WM

1. Benetton (57), **2. Ferrari** (32), **3. Williams** (25), **4. Jordan** (11), **5. McLaren** (10), **6. Tyrrell** (8), **7. Sauber** (6), **8. Arrows, Minardi** (3), **10. Larousse** (1)

eicht es nicht ganz für Ferrari

and-Prix. Ins Ziel kommt er nicht

außenherum umschalten. Solche Situationen sorgen dafür, daß man bis zum Schluß konzentriert bleibt.“

Gegen Rennende häufen sich die Ausfälle: Arrows-Pilot Gianni Morbidelli, lange Zeit hervorragender Vierter, bleibt mit Getriebeschaden liegen. Mika Häkkinen beklagt einen – na, was sonst? – Motorschaden. Alesi beweint den Ausfall aller Gänge bis auf den zweiten und die Fernsehzuschauer den Totalausfall des Regisseurs, der in der letzten Runde den Kampf von Fittipaldi, Barrichello, Lehto und Blundell um Platz sechs verpennt. Michaels Teamgefährte: „Vor mir drehte sich Barrichello, hinter mir Blundell, plötzlich war ich Siebter hinter Fittipaldi.“

Was immer noch nicht ganz der Endstand sein soll. Denn nach Rennende wird Fittipaldi disqualifiziert. Sein Wagen hat zwei Kilo Untergewicht. So rutscht Lehto mit einem Pünktchen in die Ränge.

Zu wenig Auslaufzonen. Schikanen zwingen zum Bremsen

Gewohntes Bild: Schumi vor Hill, Dritter wird diesmal Alesi

Fittipaldi fährt ein Superrennen. Aber der Arrows ist zu leicht

FRANKREICH

7. LAUF 3. JULI 1994

MAGNY-COURS

Circuit de Nevers

72 Runden à 4,250 km
(306,0 km)
Rundenrekord:
D. Hill in 1.19,678 min

Das war knapp: Schumacher umkreist in Runde 28 die Havaristen Morbidelli und Panis

Nigel-Pleite

Schnupperkurs: Die Briten Mansell und Hill werden Kollegen

Die Sensation des Wochenendes steht neben Damon Hill in der ersten Reihe, hat gut und gerne fünf Kilo Übergewicht und in der Formel 1 eigentlich gar nichts mehr zu suchen. Die Rede ist von Nigel Mansell, dem amtierenden IndyCar-Meister.

Formel-1-Zampano Bernie Ecclestone und das Williams-Team wissen, daß dem Grand-Prix-Zirkus langsam die Stars ausgehen. Mit vielen Dollar-Millionen soll Nigel Mansell wieder zurückgeholt werden. Und tatsächlich hat Mansells US-Team Newmann-Haas seinen Fahrer nach komplizierten Vertragsverhandlungen freigegeben.

Williams Motorenlieferant Renault hat zumindest für den Heim-Grand-Prix endlich mal wieder einen Lieferanten für positive Schlagzeilen. Und zur Feier des Ereignisses packen die Franzosen spezielle Trainingsmotoren aus dem Transporter, die die Williams dann auch in die erste Startreihe katapultieren.

Doch als der offizielle FIA-Starter die grüne Ampel drückt, sind alle Anstrengungen von Williams-Renault bereits Makulatur. Von Startplatz drei macht Michael Schumacher einen Start, jenseits von Gut und Böse: „Ehrlich gesagt hatte ich Angst, einen Frühstart hingelegt zu haben. Ich bin volles Risiko eingegangen. Um konkret zu sein, ich bin nicht beim Erscheinen von Grün losgefahren, sondern als die rote Ampel ausging."

Michaels Konkurrenten finden diesen Start weniger schön. Verstärkt kommt das Gerücht auf, der Benetton habe eine Traktionskontrolle…

So gut Michaels Start ist, so wenig kann er sich vom verbissen ringenden Damon Hill absetzen. Bis zur 22. Runde gibt es zwischen den beiden ein Duell auf Biegen und Brechen. Schumacher begeistert: „Das war Motorsport pur, ein Kampf permanent am Limit." Hill britisch cool: „Wir haben gekämpft, ausgeteilt und eingesteckt. Dazu sind Rennen da."

Die unterschiedliche Tankstrategie entscheidet das Duell. Hill hat zwei Stopps eingeplant, Schumachers Benetton-Crew ändert noch während des Rennens von zwei auf drei Stopps.

Beide kommen gleichzeitig zu ihrem ersten Stopp rein. Danach ist Schumacher im Vorteil. Sein Wagen ist leichter und er muß nicht so sehr auf seine Reifen achten. Unaufhaltsam zieht er Hill davon.

Fußball-WM: Stolzer Irvine

Die Wunderwaffe Mansell dümpelt derweil nach einem unplanmäßigen Reifenwechsel auf Platz sechs. Vor ihm liegen Jean Alesi und Rubens Barrichello.

Allerdings nicht mehr lange. Alesi, auf der Jagd nach Teamgefährte Berger, dreht sich in der Kurve vor Start und Ziel. Als er seinen Ferrari wieder in Rennrichtung rumwerfen will, knallt er voll in den heranstürmenden und völlig schuldlosen Barrichello rein. Der Brasilianer entäuscht: „Was soll ich sagen? Ohne diese Aktion hätte ich heute wieder auf dem Treppchen landen können."

Daß Mansell dadurch zwei Plätze weiter nach vorne rutscht, bringt ihm auch

Torpedo: Zanardi steuert den brennenden Lotus in den Kies...

... und bringt sich mit einem Salto aus der Gefahrenzone

Startaufstellung

	Hill (Williams)
Mansell (Williams)	Schumacher (Benetton)
Alesi (Ferrari)	Berger (Ferrari)
Irvine (Jordan)	Barrichello (Jordan)
Verstappen (Benetton)	Häkkinen (McLaren)
Frentzen (Sauber)	de Cesaris (Sauber)
Brundle (McLaren)	Panis (Ligier)
Katayama (Tyrrell)	Bernard (Ligier)
Martini (Minardi)	Blundell (Tyrrell)
Fittipaldi (Arrows)	Herbert (Lotus)
Comas (Larrousse)	Alboreto (Minardi)
Morbidelli (Arrows)	Zanardi (Lotus)
Brabham (Simtek)	Beretta (Larrousse)
Gounon (Simtek)	

Nicht qualifiziert:
Gachot, Belmondo (beide Pacific)

1992 hat Mansells rote 5 signalisiert: Bahn frei für den Champ. Die rote 2 nutzt dem Briten nichts, die blaue 5 ist schneller

Der Sauber-Mann

Es war im November 1993. Peter Sauber machte mit Motorenkonstrukteur Mario Illien Urlaub auf einer Insel im australischen Great Barrier Riff. Auf der ganzen Insel gab es nur einen Münzfernsprecher. Ein Hoteldiener ließ Peter Sauber ausrichten, unbedingt in Stuttgart anzurufen. Die frohe Botschaft vom anderen Ende der Welt lautete: Mercedes ist ab 1994 offiziell als Motorenlieferant von Sauber in der Formel 1 vertreten. Der Schweizer schluchzte vor Freude. Ein Lebenstraum hatte sich erfüllt.

Und so sah die Strategie aus: Mercedes liefert über die High-Tech-Filiale Illmor in England kostenlos Motoren und bezahlt die Entwicklung. Sauber ist für die Finanzierung des Teams und die Organisation der Rennsaison zuständig. Mit Karl Wendlinger und Heinz-Harald Frentzen sollten Mercedes-Eigengewächse den Sprung in die Weltelite schaffen.

Die Botschaft, die der schwäbische Weltkonzern mitteilen wollte, war: Durch bescheidenes Auftreten und kontinuierliche Aufbauarbeit bis zum Topteam zu reifen - mit dem Endziel WM-Titel. Peter Sauber meinte im Überschwang der Gefühle noch: „Wenn wir unsere Leistung nicht bringen, nimmt sich Mercedes die Freiheit heraus, auch andere Teams mit Motoren zu beliefern." Der 51jährige Schweizer konnte in Australien 1993 nicht ahnen, daß er schon Monate später an seine Worte erinnert werden würde.

Das Unheil begann mit Hauptsponsor Broker. Die schwäbischen Tagträumer Jörg Schlegel und Thomas Weber verkauften Sauber und Mercedes eine abenteuerliche Idee: Sponsoring in einer Größenordnung von 30 Millionen Mark über ein noch zu gründendes Wirtschaftsmagazin. Weil den Mercedes-Finanzexperten diese Versprechungen spanisch vorkamen, bot Finanzvorstand Dr. Gerhard Liener seine Hilfe an. Der Plan war, die Sponsorsumme über ein Dreiecksgeschäft mit dem amerikanischen Versicherungsriesen Prudential Services aufzubringen. Prudential sollte gemeinsam mit Broker bei Warentermingeschäften tätig werden, außerdem an Kommissionen bei Aktiengeschäften der Daimler Benz AG mitverdienen. Einen Teil des Gewinns sollte an Sauber zurückfließen.

Der Deal klappte jedoch nicht so, wie er sollte. Als Mitte April die erste Abstandszahlung über 16,5 Millionen Mark fällig war, ging bei Sauber nur ein ungedeckter Scheck ein.

Mittlerweile war die Motorsportlobby bei Mercedes durch die tragischen Ereignisse in Imola und Monte Carlo konzernintern unter Druck geraten. Die Formel 1 kostete Geld, brachte aber nur Negativschlagzeilen: Tote, Schwerverletzte. Außerdem verhärtete sich der Verdacht, bei Broker Betrügern auf den Leim gegangen zu sein. Hinzu kam eine sportliche Stagnation bei Sauber. Der Teamchef, persönlich vom schweren Unfall seines Piloten Karl Wendlinger getroffen, gab zu: „Wir konnten als relativ unerfahrenes Team auf die Regeländerungen nicht so schnell reagieren wie unsere Gegner."

Und Mercedes-Chef Helmut Werner, sein Kollege Jürgen Hubbert und Motorsportchef Norbert Haug traten die Flucht nach vorne an: Erfolg um jeden Preis in Zusammenarbeit mit einem Topteam. Williams sagte zugunsten von Renault ab. McLaren fand einen Weg, sich aus dem Vierjahresvertrag mit Peugeot freizusprengen. Mercedes hatte seinen Wunschpartner, doch Sauber blieb auf der Strecke. Der langjährige Partner mußte sich Äußerungen gefallen lassen, wie die, daß er für den harten Job Formel 1 nicht geeignet sei.

Mit einem Aufwärtstrend im letzten Drittel der Saison bewies der Rennstall das Gegenteil. Doch da war alles schon zu spät. Der Nobelkonzern verzichtete noch auf die Rückzahlung von Bürgschaften in Höhe von 65 Millionen Mark. Damit war die Ehe Sauber-Mercedes geschieden.

Peter Sauber (l.) und Motorenbauer Mario Illien: Die Partnerschaft der Schweizer scheiterte

Broker ist broken: Nach dem Skandal fährt HH Frentzen mit neuem Design über die Strecke

nichts mehr. In der 46. Runde rollt der schnauzbärtige Brite aus: defekte Hydraulikpumpe. Zum Abschied überrascht er alle mit der Feststellung: „Es war ein großartiges Wochenende."

Wirklich großartig wird es dagegen für die Sauber-Truppe, die gerade schwere Tage durchgemacht hat: Hauptsponsor „Broker" erweist sich als Windei ohne müde Mark; der Geschäftsführer sitzt in U-Haft. Die Deutsch-Schweizer Truppe präsentiert sich in einem neuen Fahrzeug-Design. Der neue Geldgeber Tissot wird auf Anhieb mit einem vierten Platz von Heinz-Harald Frentzen und einem sechsten von Andrea de Cesaris belohnt.

Besonders bemerkenswert ist die Leistung von Heinz-Harald: „Aus irgendwelchen Gründen gab der Motor bei Vollgas nur 88 Prozent der Leistung ab."

Hundertprozentig ist dagegen die Leistung des Siegers. Als das Rennen zu Ende ist, steigt trotz der 34 Grad im Schatten ein staubtrockener Michael Schumacher aus dem Auto. Ein ebenso geschaffter wie neidvoller Damon Hill kann es nicht fassen: „Du kannst kein normaler Mensch aus Fleisch und Blut sein…"

Ex-FISA-Chef Balestre applaudiert den Führenden der WM-Wertung: Schumacher, Hill, Berger

Willkommene Abkühlung bei glühender Hitze: Feuerwehrleute sprühen Wasser ins Publikum

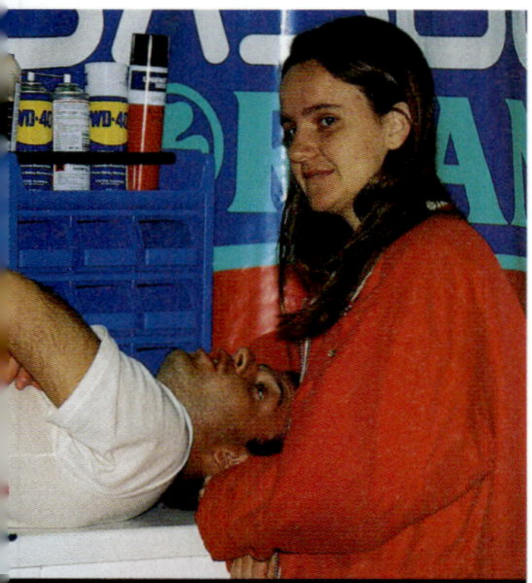
Trost: Barrichellos Schwester

GROSSER PREIS VON FRANKREICH — MAGNY-COURS

Rennreport 7. Lauf - 3. Juli 1994

Platz	Fahrer	Team	Zieleinlauf
1.	Michael Schumacher	Benetton-Ford	1:38.35,704 Std.
2.	Damon Hill	Williams-Renault	12,642 Sek. zur.
3.	Gerhard Berger	Ferrari	52,765 Sek. zur.
4.	Heinz-Harald Frentzen	Sauber-Mercedes	1 Runde zurück
5.	Pierluigi Martini	Minardi-Ford	2 Runden zurück
6.	Andrea de Cesaris	Sauber-Mercedes	2 Runden zurück

Weitere

7. Herbert (2 Runden zurück), **8. Fittipaldi** (2 Runden zurück), **9. Gounon** (4 Runden zurück), **10. Blundell** (5 Runden zurück), **11. Comas** (6 Runden zurück, Getriebe)

Ausfälle

Katayama (53 Runden, Dreher), **Häkkinen** (48, Motor), **Mansell** (45, Getriebe-Hydraulik), **Alesi** (41, Unfall), **Barrichello** (41, Unfall), **Bernard** (40, Getriebe), **Beretta** (36, Motor), **Brundle** (29, Motor), **Morbidelli** (28, Unfall), **Panis** (28, Unfall), **Brabham** (28, Getriebe), **Verstappen** (25, Unfall), **Irvine** (24, Getriebe), **Alboreto** (21, Motor), **Zanardi** (20, Motor)

Aktueller WM-Stand

1. Schumacher (66), **2. Hill** (29), **3. Berger** (17), **4. Alesi** (13), **5. Barrichello** (7), **6. Brundle, Larini** (je 6), **8. Frentzen** (5), **9. Wendlinger, Martini, Katayama, Häkkinen, Blundell, de Cesaris** (je 4), **15. Fittipaldi** (3), **16. Coulthard** (2), **17. Comas, Alboreto, Irvine, Lehto** (je 1)

Konstrukteurs-WM

1. Benetton (67), **2. Ferrari** (36), **3. Williams** (31), **4. Jordan** (11), **5. Sauber, McLaren** (je 10), **7. Tyrrell** (8), **8. Minardi** (5), **9. Arrows** (3), **10. Larousse** (1)

ENGLAND

8. LAUF 10. JULI 1994

SILVERSTONE

Circuit Silverstone

60 Runden à 5,056 km
(303,36 km)
Rundenrekord:
D. Hill in 1.27,100 min

ZUSCHAUER
120.000

WETTER
leicht
bewölkt,
warm

Schwarzfahrer

Sie ist nun wirklich nicht die spannendste Runde eines Rennens, doch beim Großen Preis von England ist sie rennentscheidend. Die sogenannte Aufwärmrunde, in der das Startfeld vom Vorstart zur entgültigen Startaufstellung rollt. Dabei soll den Fahrern die Möglichkeit gegeben werden, Reifen und Motoren auf Temperatur zu bringen und das letzte Mal alle Systeme zu checken. Diese Aufwärmrunde läuft nach einem bestimmten Regelwerk ab. Eine dieser Regeln besagt, daß kein Fahrer während dieser Runde seine Position verlassen darf. Was Überholmanöver somit ausschließt.

Genau zu solch einem Manöver kommt es aber. Und das nicht irgendwo versteckt im Mittelfeld, sondern im wahrsten Sinne „erste Reihe Mitte“. Pole-position-Mann Damon Hill geht mit betont niedriger Geschwindigkeit in die Aufwärmrunde. Michael Schumacher gibt beherzt Gas und überholt den Briten: „Hill wurde abrupt langsamer. Um hinter ihm zu bleiben, hätte ich bremsen müssen. Ich wollte aber meine Reifen nicht ruinieren und habe ihn deshalb überholt. Ehrlich gesagt wußte ich gar nicht, daß das in diesem Fall verboten ist.“

Trotzdem, es ist ein klarer Reglementverstoß. Die Aufwärmrunde wird wiederholt. Hill-Kollege David Coulthard würgt während

Feuriger Start von Martin Brundle im McLaren: Der Peugeot-Motor als Hauptdarsteller in „Flammendes Inferno, Teil 2“. Einzige Folg

der Rotphase seinen Renault-Motor ab, was den Siebtplazierten dazu zwingt, nach Wiederholung der gesamten Startprozedur aus der letzten Reihe zu starten.

Das Feld der Formel-1-Boliden hat sich noch nicht über die Startlinie geschoben, da muß das britische Publikum schon auf zwei seiner Stars verzichten. Der Ire Eddie Irvine rollt während der zweiten Aufwärmrunde mit Motorschaden aus, und den Engländer Martin Brundle erwischt es beim Start. Sein Peugeot-Motor hüllt sich in eine gigantische Qualmwolke.

Hill hat einen phantastischen Start, Schumacher etabliert sich auf dem zweiten Platz, gefolgt von Berger, Barrichello, Alesi und Verstappen. Die beiden Spitzenreiter schenken sich nichts und wechseln sich mit den schnellsten Runden ab.

Doch die wahre Dramatik kommt erst in Runde 14 auf. Das Benetton-Team wird darüber informiert, daß Michael Schumacher wegen der Fehler in der Aufwärmrunde eine Fünf-Sekunden-Strafe erhält. Allen ist klar, daß Schumacher in den nächsten drei Runden an die Box kommen muß um seine Zeitstrafe abzusitzen.

Erst in der 16. Runde, eine Runde nach Hill, kommt Schumacher an die Box – allerdings nur, um sich Sprit und neue Reifen zu holen. Benetton macht einmal mehr den schnellsten Boxenstopp und Schumacher geht als Führender wieder auf die Piste. Daß das nicht lange gut gehen kann, ist allen klar. In der 21. Runde ist es soweit: Michael Schumacher bekommt die schwarze Flagge zusammen mit seiner Startnummer 5 gezeigt. Eindeutige Aussage der schwarzen Flagge: Sofort an die Box kommen und die Weisungen der Rennleitung entgegennehmen.

Drei Runden lang wird die schwarze Flagge gezeigt, dreimal fährt Michael Schumacher daran vorbei. Nachträgliche Entschuldigungen des WM-Führenden: „Die Stelle, an der die schwarze Flagge gezeigt wurde, fahre ich mit Tempo 280. Außerdem hing ich zu diesem Zeitpunkt voll beim Berger im Getriebe. Da habe ich auf alles geachtet, bloß nicht auf irgendwelche Flaggen und Schilder.“ Konkurrent Damon Hill dagegen: „Also ich habe die schwarze Flagge gesehen.“

Hinter den Kulissen kommt es zur Einigung. Teamchef Flavio Briatore verhandelt hektisch mit Bernie Ecclestone. Ergebnis des Gipfel-Treffens: Schumacher wird zur Zeitstrafe hereinkommen, dafür verschwindet die schwarze Flagge.

Kleine Überraschung am Rande: Ferrari, schon im Training auffallend stark, stellt mit Gerhard Berger, wenn auch nur für drei Run

das prompte Aus für den Briten

Superstart für Barrichello: Von PLatz 6 schießt er vor auf vier

Kurz vor dem Ziel torpedieren sich Barrichello und Häkkinen

Startaufstellung

Hill (Williams)	Schumacher (Benetton)
Berger (Ferrari)	Alesi (Ferrari)
Häkkinen (McLaren)	Barrichello (Jordan)
Coulthard (Williams)	Katayama (Tyrrell)
Brundle (McLaren)	Verstappen (Benetton)
Blundell (Tyrrell)	Irvine (Jordan)
Frentzen (Sauber)	Martini (Minardi)
Panis (Ligier)	Morbidelli (Arrows)
Alboreto (Minardi)	de Cesaris (Sauber)
Zanardi (Lotus)	Fittipaldi (Arrows)
Herbert (Lotus)	Comas (Larrousse)
Bernard (Ligier)	Beretta (Larrousse)
Brabham (Simtek)	Gounon (Simtek)

Nicht qualifiziert:
Gachot, Belmondo (beide Pacific)

Hill im Glück

Die Engländer nennen ihn einen Underdog. Der 34jährige Engländer gibt für die Massenmedien wenig her. Sein einziges Markenzeichen ist sein Name. Er ist der Sohn des zweifachen Ex-Weltmeisters Graham Hill.
Damon Hill ist ein Biedermann. Ihm fehlt das Theatralische eines Nigel Mansell, die Durchtriebenheit eines Alain Prost, das Magische eines Ayrton Senna. Sie alle waren zeitweilig seine Teamkollegen. Er stand immer im Schatten der anderen. Auch sein Fahrstil entfacht keine Jubelstürme. Damon Hill fährt unspektakulär, immer einen sauberen Strich. Er ist kein Zauberer am Lenkrad wie Jean Alesi, er hat nicht die fahrerische Genialität eines Michael Schumacher. Als ihn die Massenblätter des Landes vor dem Heim-Grand-Prix in Silverstone aus dem Williams-Team schreiben wollen, wird Damon Hill zum ersten Mal laut: „Was wollt ihr eigentlich? Ich bin Zweiter in der WM, habe Nigel Mansell geschlagen und im letzten Jahr Alain Prost dreimal besiegt. Was soll ich denn noch alles tun, um euch zu gefallen?"
In Silverstone ist diese Frage berechtigt. Damon Hill sahnt vor 120.000 Zuschauern ab: Pole-position, schnellste Runde, Sieg. Sein Gegner Michael Schumacher mit der schwarzen Flagge gedemütigt.
Damon Hill feiert den Sieg mit seiner Mutter Bette bei ein paar Gläsern Bier. „Auf so einen Tag wartest du dein ganzes Leben. Und wenn er dann da ist, kannst du es kaum glauben."
Am Abend des Grand Prix von England stellt der Sieger bei der traditionellen Fahrerlager-Party auch noch sein Talent als Gitarrist unter Beweis. Damon, der in seiner Jugend einmal Mitglied einer Punk-Band war, spielt „Johnny, be good". Am Schlagzeug sitzt Eddie Jordan, Johnny Herbert singt.

Damons Vater Graham war es nie vergönnt, den englischen Grand Prix zu gewinnen. Obwohl Graham Hill im Gegensatz zu seinem Sohn eine Stimmungskanone und Mittelpunkt jeder Gesellschaft war, ähneln sich die Karrieren von Vater und Sohn. Beide sind Späteinsteiger. Damon Hill fing erst im Alter von 23 mit Autorennen an. Davor träumte er von einer Laufbahn als Motorradfahrer. Beide werden in den Formel-1-Analen auch nicht als Fahrergenies geführt, wohl aber als unermüdliche Arbeiter.
Beide verloren ihre Teamkollegen. 1968 starb Graham Hills Stallrivale bei Lotus, Jim Clark. 1994 verunglückte Damon Hills Teamkollege Ayrton Senna. Die Erinnerung verschlägt ihm noch die Stimme: „Es war das fürchterlichste Rennen meines Lebens. Eines Tages, wenn die Zeit reif ist, werde ich erzählen, was wirklich passiert ist."
Damon Hill hat kein Leben auf Rosen gehabt. Der Vater war 1975 bei einem Flugzeugabsturz umgekommen, da war Damon gerade 15 Jahre alt. Rennfahrer fuhren zu Zeiten von Graham Hill (WM 1962 und 1968) noch um die Ehre, nur in zweiter Linie ums Geld. Und das, was der Vater damals verdient hatte, hatte er auch durchgebracht. Damons Mutter mußte sogar die Pokale verkaufen.
Erst mit 25 versuchte Damon, nach einem Wirtschaftsstudium, über die Formel Ford den Einstieg in den Automobilsport. Er schaffte auch den Aufstieg in die Formeln 3 und 3000, es reichte aber nie zu einem Titel.
Michael Schumachers Fehler in Silverstone macht Damon Hill plötzlich zum Titelaspiranten. Der Londoner will nichts davon wissen: „Die Sperren und Disqualifikationen waren ausgleichende Gerechtigkeit für Michaels Fehler und die Zweifel an der Legalität seines Benetton."
Dieser Spruch bringt Schumacher auf die Palme. Er kontert: „Ich hatte vor Damon Hill noch nie Respekt, weder als Rennfahrer noch als Mensch."

Der größte Tag im Leben eines Briten: Aus der Hand von Prinzessin Diana nimmt Damon Hill den Siegerpokal in Empfang

den, zum ersten Mal seit Imola wieder den Spitzenreiter. Berger fällt zwar mit Motorschaden aus, Alesi landet aber immerhin auf dem dritten Platz: „Ich bin während des ganzen Wochenendes nicht mit meiner Abstimmung zurecht gekommen."

Zurecht kommen einige Fahrer dann auch nicht mit der letzten Runde. Ausgerechnet in der drehte sich Heinz-Harald Frentzen. Der sichtlich peinlich berührte Mönchengladbacher: „Ich konnte nicht mehr in die Punkte kommen. Trotzdem bin ich bis zur letzten Runde 100 Prozent gefahren, weil ich das als Übung gut gebrauchen kann."

Mit 100 Prozent Einsatz fahren auch Mika Häkkinen und Rubens Barrichello in die letzte Kurve. In der schießen sie sich gegenseitig herb ab. Weil alle anderen eine Runde zurückliegen, kommen die beiden dennoch in die Punkte.

Zum zweitenmal in der Saison steht Michael Schumacher „nur" auf der zweiten Stufe des Siegerpodestes. Damon Hill genießt den Jubel von den Rängen.

Derweil werden hinter den Kulissen die Messer gewetzt. Bernie Ecclestone muß wegen seines Deals mit Flavio Briatore herbe Kritik einstreichen. Das Benetton-Team wird wegen „Unkenntnis der Regeln" zu 25.000 Dollar Geldstrafe verurteilt.

Briatore freut sich zu früh über das milde Urteil. Im Nachhinein werden Michael die gewonnenen sechs WM-Punkte aberkannt. Schlimmer noch: Er wird mit zwei Rennen Sperre bestraft.

Das nächste Rennen ist sein Heim-Grand-Prix in Hockenheim. Tagelang zittern die Fans. Das erschütterte Benetton-Team grübelt: Bei einem Einspruch darf Michael zwar in Hockenheim und Ungarn fahren. Aber die Strafe kann danach höher - oder niedriger - ausfallen.

Eine Woche vor dem 9. Lauf sagt Michael die erlösenden Worte: „Ich fahre in Hockenheim - für meine Fans."

Lange Gesichter: Laute Kritik, keine Punkte, Prozeß am Hals

Kiesbettkönig Verstappen bleibt nach seinem Ausflug im Training nur der zehnte Startplatz

GROSSER PREIS VON ENGLAND — SILVERSTONE

Rennreport 8. Lauf - 10. Juli 1994

Platz	Fahrer	Team	Zieleinlauf
1.	Damon Hill	Williams-Renault	1:30.03,640 Std.
2.	Michael Schumacher	Benetton-Ford	0.18,778 min zur.*
3.	Jean Alesi	Ferrari	1.08,128 min zur.
4.	Mika Häkkinen	McLaren-Peugeot	1.40,659 min zur.
5.	Rubens Barrichello	Jordan-Hart	1.41,751 min zur.
6.	David Coulthard	Williams-Renault	1 Runde zurück

Weitere

7. Katayama (1 Runde zurück), **8. Frentzen** (1 Runde zurück), **9. Verstappen** (1 Runde zurück), **10. Fittipladi** (2 Runden zurück), **11. Martini** (2 Runden zurück), **12. Herbert** (2 Runden zurück), **13. Panis** (2 Runden zurück), **14. Bernard** (2 Runden zurück), **15. Beretta** (2 Runden zurück), **16. Brabham** (3 Runden zurück), **17. Gounon** (3 Runden zurück)

Ausfälle

Alboreto (48 Runden, Motor), **Berger** (32, Motor), **Blundell** (20, Getriebe), **Comas** (12, Motor), **de Cesaris** (11, Motor), **Morbidelli** (5, Benzinleitung), **Zanardi** (4, Motor), **Brundle** (0, Motor), **Irvine** (0, Motor)

Aktueller WM-Stand

1. Schumacher (66), **2. Hill** (39), **3. Alesi** (19), **4. Berger** (17), **5. Barrichello** (10), **6. Häkkinen** (8), **7. Brundle, Larini** (je 6), **9. Frentzen, Katayama** (je 5), **11. Wendlinger, Martini, Blundell, Coulthard, de Cesaris** (je 4), **16. Fittipladi** (3), **17. Comas, Alboreto, Irvine, Lehto** (je 1)

Konstrukteurs-WM

1. Benetton (67), **2. Williams** (43), **3. Ferrari** (42), **4. Jordan, McLaren** (je 14), **6. Sauber** (10), **7. Tyrrell** (9), **8. Minardi** (5), **9. Arrows** (3), **10. Larousse** (1)

* Nachträglich disqualifiziert

DIE MACHER DER FORMEL 1

Bernie Ecclestone

Lenkt die Geschicke der FOCA: „Mr. E", Bernie Ecclestone

Der Motor der Formel 1 läuft in London. In einem Geschäftshaus mit gläserner Fassade am Prince's Gate, ganz in der Nähe des Hyde Parks, residiert Bernie Ecclestone. Der Brite ist Gründer und Lenker der Teamvereinigung FOCA. Von einem luxuriös eingerichteten Büro aus zieht er die Fäden. Die Immobilie, in der sich die Geschäftsräume befinden, hat Ecclestone 1988 vom Waffenhändler Adnan Kashoggi erworben. Zur Arbeit fährt Mr. E, wie ihn seine 60 Mitarbeiter hochachtungsvoll nennen, mit dem Fahrstuhl. Ecclestone bewohnt mit seiner Frau und den beiden Kindern im selben Haus ein Appartement.

Ohne Ecclestone und seine Firmen geht im Milliardengeschäft Formel 1 nichts. Ob Werbe- und Vermarktungslizenzen, TV-Rechte oder die Verteilung von Tickets an Teams, Journalisten oder VIPs – an ihm geht kein Weg vorbei. Von jedem Fahrervertrag hat er eine Kopie. Zieht ein Team einen Sponsor an Land, ist er stets informiert oder hilft sogar bei dem Deal. Wenn es der Popularitätssteigerung seines Sports dient, investiert Ecclestone auch mal einen Teil seines Millionenvermögens in die Formel 1. So soll er 1994 die Rückkehr von Nigel Mansell zu Williams mitfinanziert haben.

Den Motorsport lernte der inzwischen 64jährige Ecclestone als (wenig erfolgreicher) Rennfahrer kennen, seinen Geschäftssinn entwickelte er beim Handel mit Immobilien. Als Chef des Brabham-Teams begann er 1971 mit dem Umbau der Formel 1. Der extrem kurzsichtige Ecclestone bewies Weitblick: Er schloß die Teams in der FOCA zusammen und schuf so einen starken und gewinnorientierten Gegenpart zum damaligen Weltverband FISA.

Neben Geld weiß Ecclestone auch mit der Macht umzugehen. Er war am Aufstieg seines Freundes Max Mosley zum FIA-Präsidenten nicht unbeteiligt und ist inzwischen selbst einer der Vizepräsidenten des Weltverbandes. Zu den FIA-Sitzungen nach Paris fliegt „Mr. E" im eigenen Lear-Jet.

Max Mosley

Seit 1993 Präsident der FIA: der 52jährige Max Mosley

Vom Thron des Automobil-Weltverbandes FIA blickt Max Mosley auf eine erfolgreiche und steile Karriere zurück, die eng mit der Laufbahn seines Freundes Bernie Ecclestone verbunden ist. Ebenso wie der FOCA-Boss versuchte sich der junge Mosley als Rennfahrer, mußte aber ebenfalls einsehen, daß er nicht das Zeug zum Champion hat. Anschließend wechselte auch er in die Rolle des Teamchefs – 1969 als einer von vier Gründern des Formel-1-Stalls March. Doch davon hatte er 1977 endgültig die Nase voll. Der gelernte Jurist wurde bei der FOCA die rechte Hand des früheren Fahrrad- und Gebrauchtwagenhändlers Ecclestone und gewann mit ihm Anfang der 80er Jahre den Machtkampf mit dem damaligen Automobilsport-Weltverband FISA und dessen Funktionär Balestre. Damals wurde beiden klar, daß der selbstherrliche Funktionär Balestre der Formel 1 auf Dauer schaden würde. Nach gründlicher Vorbereitung hinter den Kulissen wurde Mosley 1991 mit 43 zu 29 Stimmen an die FISA Spitze gewählt. In der Formel-1-Politik keimten plötzlich Begriffe wie „Demokratie" oder „Glasnost" auf. Dennoch kehrte Mosley mit eisernen Besen. 1993 löste er die FISA auf und gliederte sie in den mächtigen Automobil-Weltverband FIA ein. Zugleich erhielt die FIA in Paris einfachere Strukturen und einen neuen Präsidenten: Max Mosley.

1994, nach den Unfällen von Senna, Ratzenberger und Wendlinger, setzte Mosley einschneidende Reglementsänderungen durch, die sogar für eine zeitweise Abkühlung des Verhältnisses zu Ecclestone sorgten.

Ohne Zweifel hätte Mosley auch in der „richtigen" Politik Karriere gemacht. Doch das verhinderte die politische Vergangenheit seines Vaters Sir Oswald Mosley, der in den 30er und 40er Jahren englischer Faschistenführer war. Etwas Gutes hatte es für Sohn Max dennoch: Da seine Eltern fliehen mußten, wuchs Mosley in Frankreich und Deutschland auf, spricht beide Sprachen fließend und ist ein weltoffener Kosmopolit. **G.S.**

DEUTSCHLAND

9. LAUF 31. JULI 1994

HOCKENHEIM

Hockenheimring

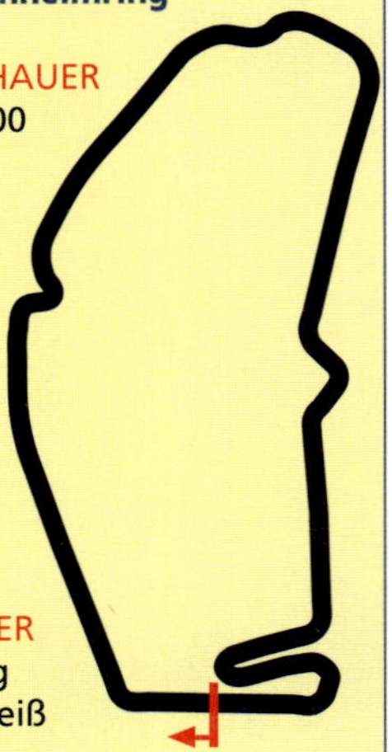

ZUSCHAUER
150.000

WETTER
sonnig
und heiß

45 Runden
à 6,823 km(307,035 km)
Rundenrekord:
D. Coulthard in 1.46,211 min

Startaufstellung

Berger (Ferrari)	**Alesi** (Ferrari)
Hill (Williams)	**Schumacher** (Benetton)
Katayama (Tyrrell)	**Coulthard** (Williams)
Blundell (Tyrrell)	**Häkkinen** (McLaren)
Frentzen (Sauber)	**Irvine** (Jordan)
Barrichello (Jordan)	**Panis** (Ligier)
Brundle (McLaren)	**Bernard** (Ligier)
Herbert (Lotus)	**Morbidelli** (Arrows)
Fittipaldi (Arrows)	**de Cesaris** (Sauber)
Verstappen (Benetton)	**Martini** (Minardi)
Zanardi (Lotus)	**Comas** (Larrousse)
Alboreto (Minardi)	**Beretta** (Larrousse)
Brabham (Simtek)	**Gounon** (Simtek)

Nicht qualifiziert:
Belmondo, Gachot (beide Pacific)

Feuerball

Die erste Runde hat es in sich: Als Staub und Qualm sich gelegt haben, bietet sich dem Betrachter ein Bild der Zerstörung. Zwei Tatorte, nur wenige Meter voneinander getrennt, sind mit insgesamt zehn Wracks übersät.

Unmittelbar hinter der Startlinie liegen Alessandro Zanardis Lotus, Andrea de Cesaris' Sauber sowie die beiden Minardis von Michele Alboreto und Pierluigi Martini. Zanardi: „Ich startete hervorragend, doch als ich einen Vordermann überholen wollte, rammte mich Andrea."

Das alles ist aber nur ein kleines Scharmützel gegen das, was sich nur wenige Meter weiter vor der ersten Kurve abspielt. Sauber-Pilot Heinz-Harald Frentzen, der mitten im Geschehen ist, sieht die Sache so: „Mark Blundell kam vor mir wegen durchdrehender Räder nicht so gut weg. Also setzte ich mich neben ihn. Plötzlich sehe ich aber Mika Häkkinen mit stehenden Rädern quer über die Bahn schießen und gehe voll in die Bremsen. Blundell bremst ebenfalls, bekommt aber einen Rempler von Eddie Irvine so unglücklich ab, daß sein Hinterrad mein Vorderrad berührt. Und schon stehe ich im Kiesbett."

Ein ganz normaler Boxenstopp: Jos Verstappen kommt planmäßig

Frentzen befindet sich da in bester Gesellschaft: Die zitierten Mika Häkkinen und Mark Blundell stecken fest. Außerdem bleiben die beiden Jordan von Irvine und Barrichello, sowie der Lotus von Johnny Herbert auf der Strecke – diesmal leider nur im übertragenen Sinn. Als einer der Hauptschuldigen wird Mika Häkkinen ausgemacht. Die FIA sperrt ihn für ein Rennen.

Ein Rennabbruch wäre die logische und von allen erwartete Konsequenz. Aber Formel-1-Starter Roland Bruynseraede, der für eine solche Maßnahme zuständig wäre, sieht keinerlei

unde zwölf an die Box. Plötzlich steht alles in Flammen. Der Unfall bringt die ganze F1-Szene, vor allem aber Benetton,ins Gerede

Handlungsbedarf: „Die Strecke war an keiner Stelle durch die Wracks versperrt.“

Teamchef Peter Sauber, der innerhalb von Sekunden unter den Augen des kritischen Mercedes-Vorstands beide Autos verloren hat, hält dagegen: „Dieses Rennen hätte gestoppt werden müssen. Einerseits im Inter-

HH Frentzen hat auch in Hockenheim kein Glück. Bei Sauber stehen die Zeichen auf Sturm

Das heiße Gefecht zwischen Schumacher und Berger dauert nur 20 Runden: Motorschaden

Einer von elf: Barrichello übersteht die Startrunde nicht. Das Rennen verliert an Spannung

Der Sündenbock: Mika Häkkinen darf beim nächsten Rennen zuschauen. Für ihn fährt Alliot

esse der Sicherheit. Aber auch im Interesse des Sports und der Zuschauer."

In der Tat, das Rennen hat für die 150.000 Zuschauer viel an Spannung verloren. Elf Fahrer sind nach wenigen Sekunden schon aus dem Rennen, darunter Publikumsliebling HH Frentzen und sein Teamkollege de Cesaris. Von den ersten vier der Startaufstellung – Berger, Alesi, Hill, Schumacher – bleiben nach der ersten Runde auch ohne Beteiligung an den beiden Unfällen nur zwei Fahrer übrig: Alesi rollt noch in der Startrunde mit einem Elektrikschaden aus. Und Hill bricht vor der dritten Schikane ein Überholmanöver mit Katayama mit dem Ergebnis ab, daß er ihm ins Auto rauscht und sich dabei die Lenkstange verbiegt. Hill fährt die Box an und muß warten. Dort steht nämlich David Coulthard, dessen Wagen sich bei der Massenkarambolage die Nase gebrochen hat.

Derweil jagt an der Spitze ein einsames deutschsprachiges Duo um die Kurven: Berger fightet gegen Schumacher. Der Ferrari V12 hat zwar deutlich mehr PS als der Ford V8, trotzdem kann Berger den Benetton nicht abschütteln. Michael startet sogar einen Angriff auf den Österreicher, den der nur mit einigem Rumgezacke abwehren kann. Schumacher vorsichtig: „Sagen wir mal, das war an der Grenze."

Jenseits aller Grenzen geigt am Feldende Damon Hill einher. Nach einem dreiminütigen Boxenstopp ist er wieder im Rennen und fährt nun eine Rekordrunde nach der anderen.

Ende einer Dienstfahrt: Mika Häkkinen schießt nach dem Start quer durchs Feld und reißt mehrere Kollegen mit ins Verderben

In der zehnten Runde geht Schumacher an die Box. Sein Tankstopp ist makellos und blitzschnell. Daß das nicht unbedingt selbstverständlich ist, zeigt sich zwei Runden später. Teamkollege Jos Verstappen kommt zum Tanken rein. Wenige Sekunden später ist er im Zentrum eines gigantischen Feuerballs.

Was nach Einführung der neuen Tankregel allgemein befürchtet worden ist, heute passiert es: Ein Mechaniker setzt das Ventil verkantet auf, ein feiner Sprühregen aus Benzin überzieht den Benetton, auch den heißen Motor, und schon steht alles in Flammen.

Glück im Unglück: Das Feuer erstickt blitzschnell unter dem Löschpulver. Bilanz der Beinahe-Katastrophe: Vier Mechaniker mit leichten Verbrennungen und ein sichtlich geschockter Jos Verstappen: „Ich sah die Flammen und geriet in Panik. Ich bekam den Gurt nicht auf und hatte einfach Angst, daß ich nicht schnell genug rauskomme."

Schneller raus als ihm lieb ist kommt Michael Schumacher. Und zwar aus dem Rennen. In Runde 20 rollt der Publikumsliebling langsam an die Box: Motorschaden. „Ich habe tagelang

Autogrammjagd: Frentzen im Mittelpunkt der Fangemeinde

Der jüngste Schumacher-Fan

Panis profitiert von den vielen Ausfällen und wird Zweiter

Bergers neunter GP-Sieg in seiner Karriere

Mit modifiziertem Chassis holt Ferrari endlich wieder einen Sieg. 1990 feierten Prost und Mansell in Jerez einen Doppelerfolg

gebraucht, um diese Enttäuschung zu verarbeiten", sagt Schumi später. So sehr hatte er gehofft, als erster Deutscher den Heimat-Grand-Prix zu gewinnen.

Die Enttäuschung auf den Rängen ist nicht zu übersehen. Tausende rollen ihre Deutschlandfahnen ein. Erst nach und nach entscheiden sich die Fans dafür, Gerhard Berger anzufeuern. Der jagt in der glühenden Hitze einem ungefährdeten Sieg entgegen – dem ersten Ferrari-Sieg nach 58 sieglosen Rennen.

Hinter ihm sind nur noch sieben Wagen im Feld. Außer Hill folgen ihm ausschließlich Fahrer aus Teams, die kaum mit Siegerpunkten rechnen konnten. Olivier Panis und Eric Bernard rollen fast zeitgleich über die Ziellinie. Das Ligier-Team, gerade von Flavio Briatore gekauft, flankiert bei der Siegerehrung Berger. Geschlossen läuft das Arrows-Team mit Fittipaldi und Morbidelli auf den Plätzen vier und fünf ein, und für den Larrousse-Piloten Comas schaut noch ein sechster Platz heraus.

Damon Hill kommt nach dramatischem Kampf als letzter ins Ziel – immerhin noch als Achter.

GROSSER PREIS VON DEUTSCHLAND — HOCKENHEIM

Rennreport 9. Lauf - 31. Juli 1994

Platz	Fahrer	Team	Zieleinlauf
1.	Gerhard Berger	Ferrari	1:22.37,272 Std.
2.	Olivier Panis	Ligier-Renault	0.54,779 min zur.
3.	Eric Bernard	Ligier-Renault	1.05,042 min zur.
4.	Christian Fittipaldi	Arrows-Ford	1.21,609 min zur.
5.	Gianni Morbidelli	Arrows-Ford	1.30,544 min zur.
6.	Erik Comas	Larrousse-Ford	1.45,445 min zur.

Weitere

7. Beretta (1 Runde zurück), **8. Hill** (1 Runde zurück)

Ausfälle

Gounon (39 Runden, Motor), **Brabham** (37, Getriebe), **Schumacher** (20, Motor), **Brundle** (19, Motor), **Coulthard** (17, Elektrik), **Verstappen** (15, Brand), **Katayama** (6, Gaszug), **Alesi** (0, Elektrik), **Blundell** (0, Unfall), **Häkkinen** (0, Unfall), **Zanardi** (0, Unfall), **Herbert** (0, Unfall), **Barrichello** (0, Unfall), **Irvine** (0, Unfall), **Martini** (0, Unfall), **Alboreto** (0, Unfall), **de Cesaris** (0, Unfall), **Frentzen** (0, Unfall)

Aktueller WM-Stand

1. Schumacher (66), **2. Hill** (39), **3. Berger** (27), **4. Alesi** (19), **5. Barrichello** (10), **6. Häkkinen** (8), **7. Brundle, Fittipaldi, Larini, Panis** (je 6), **11. Frentzen, Katayama** (je 5), **13. Wendlinger, Martini, Bernard, Blundell, Coulthard, de Cesaris** (je 4), **19. Comas, Morbidelli** (je 2), **21. Alboreto, Irvine, Lehto** (je 1)

Konstrukteurs-WM

1. Benetton (67), **2. Ferrari** (52), **3. Williams** (43), **4. Jordan, McLaren** (je 14), **6. Sauber, Ligier** (je 10), **8. Tyrrell** (9), **9. Arrows** (8), **10. Minardi** (5), **11. Larrousse** (2)

Ganz schön kurvig…

Flavio Briatore im Tief

UNGARN

10. LAUF 14. AUG. 1994

MOGYOROD

Hungaroring Mogyorod

ZUSCHAUER 85.000

WETTER leicht bewölkt, sonnig warm

77 Runden à 3,968 km (305,536 km) Rundenrekord: M. Schumacher, 1.20,881 min

Startaufstellung

Schumacher (Benetton)	**Hill** (Williams)
Coulthard (Williams)	**Berger** (Ferrari)
Katayama (Tyrrell)	**Brundle** (McLaren)
Irvine (Jordan)	**Frentzen** (Sauber)
Panis (Ligier)	**Barrichello** (Jordan)
Blundell (Tyrrell)	**Verstappen** (Benetton)
Alesi (Ferrari)	**Alliot** (McLaren)
Martini (Minardi)	**Fittipaldi** (Arrows)
de Cesaris (Sauber)	**Bernard** (Ligier)
Morbidelli (Arrows)	**Alboreto** (Minardi)
Comas (Larrousse)	**Zanardi** (Lotus)
Brabham (Simtek)	**Herbert** (Lotus)
Beretta (Larrousse)	**Gounon** (Simtek)

Nicht qualifiziert: **Gachot, Belmondo** (beide Pacific)

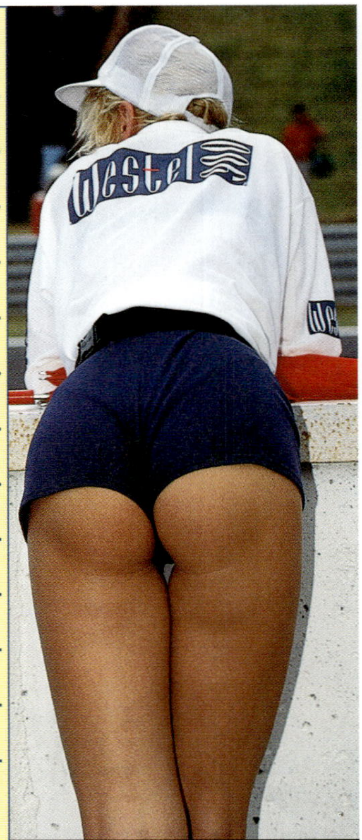

Pralle Spannung vor dem Start

Die Antwort

Schumachers vierte Poleposition ist Gold wert. Denn ähnlich wie in Aida oder Monaco ist der Hungaroring vor den Stadttoren von Budapest eine Strecke, auf der das Überholen so gut wie unmöglich ist.

Dementsprechend wichtig ist der Startplatz, dementsprechend wichtig ist aber auch der Start. Und der scheint dem Mann auf der Pole gründlich in die Hose zu gehen.

Klar, im Vergleich zu dem Ligier-Piloten Olivier Panis verpennen alle den Start. Was der Franzose hinlegt, ist für ihn „der beste Start meines Lebens." Alle anderen sehen darin einen Frühstart vom feinsten. Aber er muß als gelungen gelten – schon deshalb, weil er von der Rennleitung nicht geahndet wird.

Michael Schumacher kommt einfach nicht optimal in die Gänge. Damon Hill kann am Kerpener vorbeiziehen. Sogar David Coulthard von der dritten Startposition attackiert heftig.

Als wollte Michael bei seinen zahlreichen Fans am Hungaroring etwas gutmachen, zelebriert er in der ersten Kurve eine motorsportliche Delikatesse. Er zieht außen an dem führenden Hill vorbei: „Ich hatte noch vom letzten Jahr her ein ähnliches Manöver mit Berger in Erinnerung. Ich wußte, daß die innere Spur dreckiger ist als die äußere. Genau das wollte ich ausnutzen. Es hat geklappt."

Nicht immer klappt alles im Leben. Das demonstrieren die Jordan-Brüder Barrichello und Irvine eine Kurve später. Sie wollen zeitgleich mit Katayama um die Kurve. Mit dem Erfolg, daß genau wie auf dem Hockenheimring nach der ersten Runde beide Jordan bereits geparkt sind. Beide Fahrer fühlen sich – wie immer in solchen Fällen – völlig schuldlos. Aber das ist mit Sicherheit nur einer: Ukyo Katayama. „Dabei hatte ich mir nach meinen fünften Startplatz soviel vorgenommen," klagt der Japaner später.

Schumacher kommt aus der ersten Runde mit 0,978 Sekunden Vorsprung auf Hill zurück, ein Abstand, der bis zur fünften Runde stagniert: „In Runde zwei, drei und vier bin ich nur so herumgerutscht. Ich dachte schon, es wären die Reifen. In Wirklichkeit war es aber der Belag, der sich dauernd änderte."

Gefahr erkannt, Gefahr gebannt. Ab der fünften Runde zieht Schumacher seinem Verfolger locker davon.

Alesi, der einen Superstart hatte und sich direkt von Platz 13 auf Platz sieben katapultierte, kämpft hinter Panis und vor Frentzen um Platz sechs. Vor dieser Gruppe liegen Berger (4.) und Brundle (5.). Farblos bleibt Brundles McLaren-Teamkollege Philippe Alliot, der Häkkinen ersetzen soll. Der Finne ist wegen des Hockenheim-Unfalls gesperrt.

Als Michael Schumacher in der 17. Runde zum ersten seiner geplanten drei Tankstopps hereinkommt, wird er in gewohnt perfekter Manier

Die Fans sind unerschütterlich. Sie stärken Michael Schumacher nach der heftigen Kritik und dem harten Urteil den Rücken

Coulthard, bedrängt von Bernard und Beretta. Der Schotte bleibt als Schatten an Hill. In Runde 60 knallt er in die Leitplanke

in 7,5 Sekunden abgefertigt. Innerhalb dieser Sekunden hat sich die gesamte Spekulation darüber, ob Benetton nur wegen der ausgebauten Tankfilter so schnell nachtanken konnte, auf ein Normalmaß reduziert.

Ein Wochenende der verbrannten Erde verzeichnet man bei Ferrari und Sauber. Beide Teams buchen Totalausfälle. Jean Alesi bleibt an fünfter Stelle mit einem Schaden an der Getriebeelektronik liegen, 14 Runden später Gerhard Berger, mittlerweile ebenfalls auf Platz fünf, mit Motorschaden.

Bei Sauber dreht sich Andrea de Cesaris ins Aus („Geht voll auf meine Rechnung."). HH Frentzen dreht sich ebenfalls – das geht allerdings auf die Rechnung eines defekten Drehzahlsensors, der das Getriebe die falschen Gänge einlegen läßt.

In der 60. Runde macht das neue Wunderkind David Coulthard einen seiner seltenen Fehler und brettert mit seinem Williams in die Leitplanken.

Und für die Endphase hat sich dann der führende Schumacher noch etwas ganz besonderes einfallen lassen. Über Funk will er von seiner Mannschaft wissen, wie weit der überrundete Teamkollege Verstappen zurückliegt. Das Team antwortet: Eine Runde und neun Sekunden. Er möge aber keine Faxen machen und sich auf seinen Sieg konzentrieren.

Schumacher macht es auf seine Art. Später erzählt er: „Ich ließ mich zurückfallen, damit Jos sich wieder zurückrunden konnte."

Der Coup, den Teamkollegen vorbeiziehen zu lassen, erweist sich als Volltref-

Dämon Damon in der Box. Die Anspannung ist gewaltig: Michael ist so viele Punkte voraus...

Trotz hoher Preise und Wirtschaftskrise: Die Fans kommen

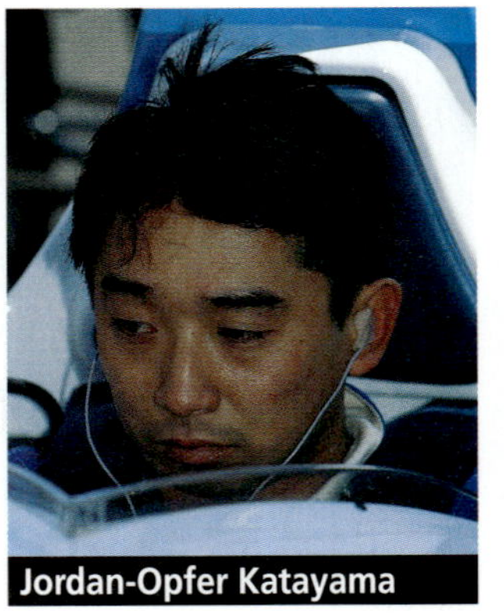
Jordan-Opfer Katayama

GROSSER PREIS VON UNGARN — MOGYOROD

Rennreport 10. Lauf - 14. August 1994

Platz	Fahrer	Team	Zieleinlauf
1.	**Michael Schumacher**	**Benetton-Ford**	**1:48.00,185 Std.**
2.	**Damon Hill**	**Williams-Renault**	**0.20,827 min zur.**
3.	**Jos Verstappen**	**Benetton-Ford**	**1.10,329 min zur.**
4.	**Martin Brundle**	**McLaren-Peugeot**	**1 Runde zurück**
5.	**Mark Blundell**	**Tyrrell-Yamaha**	**1 Runde zurück**
6.	**Olivier Panis**	**Ligier-Renault**	**1 Runde zurück**

Weitere

7. Alboreto (2 Runden zurück), **8. Comas** (2 Runden zurück), **9. Beretta** (2 Runden zurück), **10. Bernard** (2 Runden zurück), **11. Brabham** (3 Runden zurück), **12. Berger** (5 Runden zurück), **13. Zanardi** (5 Runden zurück), **14. Fittipaldi** (8 Runden zurück)

Ausfälle

Coulthard (59 Runden, Unfall), **Alesi** (58, Getriebe), **Martini** (58, Dreher), **Frentzen** (39, Drehzahlsensor), **Herbert** (34, Elektrik), **de Cesaris** (30, Unfall), **Morbidelli** (30, Unfall), **Alliot** (21, Kühler), **Gounon** (9, Aufgabe), **Katayama** (0, Unfall), **Barrichello** (0, Unfall), **Irvine** (0, Unfall)

Aktueller WM-Stand

1. Schumacher (76), **2. Hill** (45), **3. Berger** (27), **4. Alesi** (19), **5. Barrichello** (10), **6. Brundle** (9), **7. Häkkinen** (8), **8. Panis** (7), **9. Fittipaldi, Blundell, Larini** (je 6), **12. Frentzen, Katayama** (5), **14. Bernard, Wendlinger, Martini, Verstappen, Coulthard, de Cesaris** (je 4), **20. Comas, Morbidelli** (je 2), **22. Alboreto, Irvine, Lehto** (je 1)

Konstrukteurs-WM

1. Benetton (81), **2. Ferrari** (52), **3. Williams** (49), **4. McLaren** (17), **5. Jordan** (14), **6. Ligier, Tyrrell** (11), **8. Sauber** (10), **9. Arrows** (8), **10. Minardi** (5), **11. Larrousse** (2)

fer. Brundle bleibt in der letzten Runde mit einem Elektrikschaden liegen, Verstappen geht an ihm vorbei. Zum erstenmal steht der junge Holländer auf dem Treppchen – Michael sei Dank.

Damon Hill wird, wie bislang immer im Duell mit Michael Schumacher, die Nummer zwei.

Nach diesem zehnten Rennen liegt der Deutsche mit 76 Punkten 31 Zähler vor Damon Hill. Aber jeder Punkt ist Gold wert! Wie ein Damoklesschwert hängt über Michael und dem Benetton-Team das Urteil der FIA: Zwei Rennen Sperre. Benetton hat Berufung eingelegt, Michael hofft noch auf eine Reduzierung der harten Strafe. Die Verhandlung ist für den 30. August in Paris angesetzt. Schumacher: „Dieser Sieg war die richtige Antwort auf alle Beschuldigungen und Verdächtigungen der letzten Zeit."

Familientreffen: HHs Vater und Schwester drücken Daumen

Ein WM-Punkt für Panis (r.) und Ligier. Bernard wird Zehnter

Boxenstopp für Brundle. McLaren hat Technik-Probleme

Michael Schumacher schwebt über dem Boden, Damon Hill hängt durch: Ständig stiehlt ihm der schnelle German die Show

Belgien

11. Lauf 28. Aug. 1994

SPA

Circuit de Spa-Francorchamps

WETTER
leicht bewölkt, mäßig warm

ZUSCHAUER
83.000

RUNDENINFO
44 Runden
à 7,001 km
(308,044 km)
Rundenrekord:
D. Hill in 1.57,117 min

Ein Sieger, dem das Glück in den Augen steht. Aber Michael Schumacher freut sich zu früh: Er wird später disqualifiziert

Schade, schade. In der elften Runde dreht sich HH Frentzen nach einer entfesselten Jagd ins Aus. Irvine kommt knapp vorbei

Die Fans sind sich einig: Bernie Ecclestone nach Hause...

... und Mosley zum Augenarzt. Man steht zu Schumis Team

Feuerschutz nach Hockenheim. „Tankwarte" bei McLaren

Verhobelt

Die Rennstrecke von Spa liegt in einer Gegend, in der das Wetter Kapriolen schlägt. Doch was sich Petrus für dieses Wochenende hat einfallen lassen, setzt neue Maßstäbe: alle Trainingssitzungen und das Warm-up am Sonntag finden auf nasser oder feuchter Strecke statt. Aber pünktlich zu Rennbeginn scheint die Sonne. Die ganze komplizierte Abstimmungsarbeit eines ganzen Rennwochenendes reduziert sich auf die eine mickrige Runde zur Startaufstellung. So wird das Set-Up zum Glücksspiel, das - zumindest einem Fahrer - noch großes Pech bringen wird.

Rubens Barrichello läßt das alles kalt.Der junge Brasilianer genießt die erste Pole-Position seiner Karriere. Und nutzt sie auch aus: Vor seinem Kollegen aus der ersten Startreihe, Michael Schumacher, sticht der Jordan-Pilot in die Haarnadelkurve La Source.

Am Ende der langen Bergaufgeraden ist Schluß mit Lustig. Schumacher zieht an Barrichello vorbei, wenig später kann auch der von fünfter Position gestartete Alesi den Brasilianer vernaschen. Die Fans fangen an, sich auf ein Duell Schumacher/Alesi zu freuen. Sie werden bitter enttäuscht. In der dritten Runde rollt der glücklose Franzose unmittelbar hinter Start und Ziel aus: Motorschaden.

Die Formel-1-Fans an den Bildschirmen bekommen schnell einen neuen Star des Rennens gezeigt. Der Übertragungs-Regisseur hat geschaltet, verabschiedet sich

Startaufstellung

	Barrichello (Jordan)
Schumacher (Benetton)	Hill (Williams)
Irvine (Jordan)	Alesi (Ferrari)
Verstappen (Benetton)	Coulthard (Williams)
Häkkinen (McLaren)	Frentzen (Sauber)
Martini (Minardi)	Berger (Ferrari)
Blundell (Tyrrell)	Brundle (McLaren)
Morbidelli (Arrows)	de Cesaris (Sauber)
Bernard (Ligier)	Panis (Ligier)
Alboreto (Minardi)	Alliot (Larrousse)
Herbert (Lotus)	Brabham (Simtek)
Comas (Larrousse)	Katayama (Tyrrell)
Fittipaldi (Arrows)	Gounon (Simtek)
Adams (Lotus)	

Nicht qualifiziert:
Gachot, Belmondo (beide Pacific)

Mika Häkkinen holt als Zweiter endlich mal wieder ein paar Punkte für McLaren-Peugeot

Brett des Anstoßes: Die Holzplatte unter Michael Schumachers Benetton ist an einer Stelle 2,6 Millimeter zu dünn.

Chancenlos: Die Simtek-Piloten Brabham und Gounon

Barrichello im Glück: Presserummel wegen der Pole-position

vom Spitzenreiter und zeigt rundenlang einen entfesselten Frentzen. Wie er in der zweiten Runde Irvine überholt, wie er Angriffe Gerhard Bergers parieren kann, wie er in der sechsten Runde Jos Verstappen stehen läßt und wie er dann Druck auf Rubens Barrichello macht. Der Deutsche fährt, daß es die helle Freude ist. Leider nur bis zur elften Runde. In der dreht sich der Mönchengladbacher bei der Einfahrt in die neue Schikane vor Eau Rouge. Er bleibt so unglücklich mit dem Chassis auf dem Randstein sitzen, daß beim Neustart die Räder im leeren drehen. Frentzen ist völlig geknickt: „Ich weiß, was heute möglich gewesen wäre, der Motor war eine Pracht."

Nur eine Runde länger schafft es Gerhard Berger. Mit qualmendem Motor verabschiedet sich der Österreicher aus dem Rennen, nicht ohne vorher jedoch noch für eine Schrecksekunde zu sorgen. Berger kommt aus der Bus-Stop-Schikane raus und will eigentlich nur noch ausrollen. Bis er erkennt, daß der Schwung noch bis zur Box reichen könnte. Berger zackt über die Wiese Richtung Boxeneinfahrt. Um Haaresbreite verfehlt er den ordnungsgemäß reinfahrenden Brundle. Berger später schuldbewußt: „Dieses Manöver war gefährlich." Die FIA sieht das genauso und reagiert mit einem Rennen Sperre auf Bewährung.

Die nächste Herzschlag-Aktion liefert der Führende Michael Schumacher: Mit 23 Sekunden Vorsprung auf den zweiten, Hill, ohne Druck und ohne Fremdeinwirkung leistet sich der Benetton-Pilot einen seiner seltenen Fehler: „Ich wählte von Anfang an eine andere Linie als meine Kollegen. Das ging eine Zeitlang gut, doch dann wurde meine Spur immer dreckiger. Plötzlich bin ich einfach weggeschmiert. Ich selbst war am meisten überrascht."

Jedoch nicht so überrascht, als daß er mit seinem Benetton nicht doch noch einen blitzsauberen 360-Grad-Dreher hinlegt. Mit nur wenigen Sekunden Verlust fährt Schumacher ungerührt weiter.

Währenddessen sorgt David Coulthard für Aufsehen. Der zweite Mann im Williams-Team kann sich rundenlang vor Teamkollege Hill behaupten. Erst ein schiefstehender Heckspoiler und dann ein festsitzender vierter Gang kann den Schotten bremsen. Trotzdem rettet sich das Talent noch hinter Schumacher, Hill, Häkkinen und Verstappen auf den fünften Platz.

Fünf Stunden nach Rennende erfährt Coulthard, daß sein fünfter Platz in Wirklichkeit ein Vierter ist: Denn Michael Schumacher wird wegen eines zu dünnen Holzbrettes am Unterboden disqualifiziert. An der dünnsten Stelle fehlen 2,6 Millimeter von den geforderten neun. Für den gefrusteten Schumacher steht fest: „Das lag doch nur an den fehlenden Abstimmungsmöglichkeiten. Außerdem bin ich bei meinem Dreher über die Curbs geräubert." Für die Benetton-Kritiker steht genauso fest: Nach Traktionskontrolle, schwarzer Flagge, und Benzin-Filter ein weiterer Betrugsversuch. Benetton kommt nicht aus den Schlagzeilen...

"Eau Rouge", die kritischste Kurve, durch eine Schikane enschärft. Noch liegt Barrichello vorn

Richtungsschwierigkeiten: Simtek-Fahrer Gounon bietet dem Lotus-Neuling Adams (l.) die Stirn

GROSSER PREIS VON BELGIEN — SPA-FRANCORCHAMPS

Rennreport 11. Lauf - 28. August 1994

Platz	Fahrer	Team	
1.	Damon Hill	Williams-Renault	1:28.47,170 Std.
2.	Mika Häkkinen	McLaren-Peugeot	51,381 Sek. zur.
3.	Jos Verstappen	Benetton-Ford	1.10,453 min zur.
4.	David Coulthard	Williams-Renault	1.45,78 min zur.
5.	Mark Blundell	Tyrrell-Yamaha	1 Runde zurück
6.	Gianni Morbidelli	Arrows-Ford	1 Runde zurück

Weitere

7. Panis (1 Runde zurück), **8. Martini** (1 Runde zurück), **9. Alboreto** (1 Runde zurück), **10. Bernard** (2 Runden zurück), **11. Gounon** (2 Runden zurück), **12. Herbert** (3 Runden zurück), **13. Irvine** (4 Runden zurück, Lichtmaschine)

Ausfälle

Fittipaldi (33 Runden, Motor), **Brabham** (29, Radverlust links hi.), **de Cesaris** (27, Gaszug), **Brundle** (24, Unfall), **Barrichello** (19, Unfall), **Katayama** (18, Motor), **Adams** (15, Dreher), **Berger** (11, Motor), **Alliot** (11, Motor), **Frentzen** (10, Dreher), **Comas** (3, Motor), **Alesi** (2, Motor)

Aktueller WM-Stand

1. Schumacher (76), **2. Hill** (55), **3. Berger** (27), **4. Alesi** (19), **5. Häkkinen** (14), **6. Barrichello** (10), **7. Brundle** (9), **8. Verstappen, Blundell** (8), **10. Panis, Coulthard** (je 7), **12. Fittipaldi, Larini** (je 6), **14. Frentzen, Katayama** (5), **16. Bernard, Wendlinger, Martini, de Cesaris** (je 4), **20. Morbidelli** (3), **21. Comas** (2), **22. Alboreto, Irvine, Lehto** (je 1)

Konstrukteurs-WM

1. Benetton (85), **2. Williams** (62), **3. Ferrari** (52), **4. McLaren** (23), **5. Jordan** (14), **6. Tyrrell** (13), **7. Ligier** (11), **8. Sauber** (10), **9. Arrows** (9), **10. Minardi** (5), **11. Larrousse** (2)

ITALIEN

12. LAUF 11. SEP. 1994

MONZA

Autodromo Nationale di Monza

53 Runden
à 5,799 km
(307,361 km)
Rundenrekord:
D. Hill in
1.25,930 min

ZUSCHAUER
90.000

WETTER
leicht bewölkt, warm

Startaufstellung

Alesi (Ferrari)	**Berger** (Ferrari)
Hill (Williams)	**Herbert** (Lotus)
Coulthard (Williams)	**Panis** (Ligier)
Häkkinen (McLaren)	**de Cesaris** (Sauber)
Irvine (Jordan)	**Verstappen** (Benetton)
Frentzen (Sauber)	**Bernard** (Ligier)
Zanardi (Lotus)	**Katayama** (Tyrrell)
Brundle (McLaren)	**Barrichello** (Jordan)
Morbidelli (Arrows)	**Martini** (Minardi)
Fittipaldi (Arrows)	**Lehto** (Benetton)
Blundell (Tyrrell)	**Alboreto** (Minardi)
Dalmas (Larrousse)	**Comas** (Larrousse)
Gounon (Simtek)	**Brabham** (Simtek)

Nicht qualifiziert:
Gachot, Belmondo (beide Pacific)

Zuschauer Schumi

Er hätte in die Motorsportgeschichte eingehen können. Zumindest in die italienische. Jean Alesi, der Tifosi liebstes Kind, auf einem Ferrari mit der Nummer 27 - der Nummer des unvergessenen Gilles Villeneuve. Er hat sich auf der legendären Rennstrecke von Monza die Pole-position erkämpft. Hätte Alesi dieses Rennen gewonnen, er hätte Präsident werden können oder Papst oder Ferrari-Pilot auf Lebenszeit.

Doch es kommt alles ganz anders. Denn am Anfang stehen die Zeichen auf Dramatik. Im Warm-up stellt sich Gerhard Berger beim Anbremsen der Roggia-Schikane bei Tempo 300 quer und rast rückwärts in einen Reifenstapel. Während der Bergung und der Behandlung des benommenen Österreichers wird munter weitergerast. Ärzte, Sanitäter, Streckenposten und Gerhard Berger, alle bewegen sich in der Auslaufzone wie auf einem Präsentierteller, zum Abschuß freigegeben für die herandonnernden Boliden. Berger entsetzt: „Ein mörderisches Gefühl."

Rechtzeitig zu Rennbeginn ist Gerhard Berger wieder dabei, die ferrarirote erste Startreihe ist gesichert.

Der Start geht völlig in die Hose. Zwar kommen Alesi und Berger gut weg, doch in der ersten Schikane geht es hinter den beiden zur Sache. Der sensationell von vierter Stelle gestartete Johnny Herbert liegt schon an dritter Stelle, als er von Eddie Irvine berührt wird. Herbert stellt sich quer und wird zur Schikane in der Schikane. Neben Herbert und Irvine werden noch fünf weitere Wagen in die Karambolage einbezogen: David Coulthard, Andrea de Cesaris, Erik Comas, Olivier Panis und Pierluigi Martini. „Eddie ist ein Idiot, der in der Formel 1 nichts zu suchen hat", giftet Williams-Pilot Coulthard.

Die Rennleitung reagiert diesmal anders als drei Rennen zuvor am Hockenheimring. Es wird abgebrochen, ein Neustart anberaumt.

Gerhard Berger riskiert alles, um i

Der geht dann auch reibungslos über die Bühne. Aber schon in der ersten Runde schießen sich Verstappen, Morbidelli und Zanardi aus dem Rennen. Alesi sticht vor Berger und Hill in die erste Kurve. Berger steht unter Druck, verfehlt sogar einmal die Schikane. Alesi setzt sich ab, fast bis zu 10 Sekunden - die Tifosi jubeln.

Bis zur 14. Runde. Der Franzose kommt in die Boxengasse zum Tankstopp. Als er wieder anfahren will, macht Jean einen gigantischen Anfängerfehler. Er ver-

Jede Kurve eingeprägt: Hill

Jos Verstappens Benetton macht frühzeitig den Abflug

Ferrari knapp am Sieg vorbei. Hill

r ersten Reihe zu stehen. Der Trainings-Ausflug ins Kiesbett geht glimpflicher aus als sein Crash beim Warm-up

gißt die Kupplung zu treten. Was das Getriebe mit sofortiger Explosion quittiert.

Apropos Explosion. Bei Sauber haben die Mercedes-Triebwerke die Leistungsentwicklung einer Handgranate. In der 23. Runde wird Frentzen auf seinem fünften Platz durch einen kapitalen Motorschaden gestoppt, kurz zuvor ereilt Teamkollege Cesaris das gleiche Schicksal. HH ist gefrustet: „Dabei war das Chassis heute ganz hervorragend."

Kein Tag also für die Deutschen. Erst recht nicht,

Sekunden nach dem Start liegen sieben Wagen im Kies. Das Feld wird zurückbeordert

ewinnt vor Berger und Häkkinen

Start Nr. 2 gelingt. Die Ferraris halten unter dem Jubel der Tifosi 14 Runden lang die Spitze

Ferrari auf dem Sprung

Am Sonntag früh vor dem Grand Prix von Italien ist die Ferrari-Welt noch in Ordnung. Jean Alesi und Gerhard Berger stehen in der ersten Startreihe. Ferrari ist in Monza eine Religion. Die Tifosi lärmen schon Stunden vor dem Start. Jean Alesi hat ihnen in einer großen Schlagzeile in Italiens Sportecho „Gazetta dello Sport" versprochen: „Heute gewinne ich."
Zwei Stunden vor dem Rennen beobachtet Gerhard Berger seinen heißblütigen Kollegen beim Studieren der Tagespresse belustigt: „Schau dir unseren Kleinen an. Der genießt jede Zeile, die über seine Trainingsbestzeit geschrieben wurde." 140 Minuten später ist Jean Alesi außer sich vor Wut. Er führt den Grand Prix bis zu seinem ersten Boxenstopp überlegen an. Dann unterläuft ihm beim Anfahren nach dem Tanken ein Flüchtigkeitsfehler. Beim Einlegen des ersten Ganges tritt er zu spät auf die Kupplung. Das Ferrari-Getriebe verliert alle Zähne seiner Gangräder. Alesi springt wutentbrannt aus dem Cockpit, demoliert die Inneneinrichtung des Ferrari-Transporters mit Fußtritten, wirft den Helm in eine Ecke, die Handschuhe in eine andere, schnappt sich seinen Bruder José und rast mit ihm noch vor Rennende auf der Autostrada in Richtung Frankreich. José Alesi: „Jean hat sich erst hinter Genua wieder abgeregt."
Gerhard Bergers zweiter Platz ist nur ein schwacher Trost für die Hoffnung auf einen Heimsieg. Doch trotz der Pleite in Monza kann Ferrari die Saison 1994 als Erfolg verbuchen. Unter dem neuen Teamchef Jean Todt setzt sich der Aufwärtstrend fort. Nach 58 sieglosen Rennen gewinnt

Sonnen im Ruhm. Jean Alesi holt in Monza seine erste F1-Pole

Der zur Saisonmitte überarbeitete Ferrari: Ein Benetton in rot

Gerhard Berger in Hockenheim und erlöst alle Ferraristi.
Nach dem Sieg von Alain Prost 1990 in Jerez war das Traditionsteam aus Maranello in die schlimmste Krise seiner sonst so ruhmreichen Geschichte gerutscht. Interne politische Grabenkämpfe, ein Kommen und Gehen in der Ingenieursabteilung und strategische Fehlentscheidungen machen Ferrari vier Jahre lang zum Statisten.
Als Jean Todt Mitte 1993 zum Rennleiter ernannt wird, räumt er auf mit alten Seilschaften und Traditionen. Die Rennabteilung wird auf 320 Mann gestrafft.
Hondas Ex-Chefkonstrukteur Osamu Goto gibt der Motorenabteilung neue Impulse. Gustav Brunner übernimmt die Leitung des Technikbüros in Maranello. Der Österreicher wird 1994 zum Ausputzer für den Flop, den Starkonstrukteur John Barnard abliefert. Der eigenwillige Engländer wird einmal mehr vom Windkanal genarrt. Seine Mitarbeiter interpretieren die Daten falsch. Prompt ist der Ferrari 412 T eine aerodynamische Mißgeburt. Die Seitenkästen sind zu lang und zu flach, die Flügel funktionieren nicht.
Gustav Brunner nimmt die Basis des Barnard-Autos und modelliert einen Benetton in rot drumherum. Das revolutionäre Getriebe erhält ein Titangehäuse, was im Heck sieben Kilo spart. Damit verbessert sich die Gewichtsverteilung. Höhere und kürzere Seitenkästen verbessern nicht nur den Luftstrom zum Heck des Autos, sie optimieren auch die Motorkühlung.
Die Motorabteilung liefert pünktlich zu Hockenheim ein komplett neues Triebwerk ab. Der Ferrari V12 mit 75 Grad Zylinderwinkel leistet 830 PS bei 15 500 U/min. Damit ist er der stärkste Motor der Formel 1. Gerhard Berger bemängelt: „Ich hätte lieber etwas weniger Leistung oben herum, dafür ein besseres Drehmoment beim Beschleunigen. Doch da kämpfen wir gegen alte Traditionen. Für einen echten Ferrari-Motorentechniker zählt nur die Spitzenleistung."
Während Jean Alesi als Testfahrer unbrauchbar ist, arbeitet Gerhard Berger Tag und Nacht, um den Ferrari wieder zum Siegerauto zu machen. Sein Flehen um mehr Leistung in niedrigen Drehzahlbereichen hat beim drittletzten Rennen in Jerez Erfolg. Ferrari präsentiert dem Österreicher erstmals einen drehmomentfreudigen Motor. Für die Zukunft bremst Berger seinen Optimismus. Ab 1995 wird das Hubraumlimit von 3,5 auf drei Liter gesenkt. Das benachteiligt die Zwölfzylindermotoren. Gerhard Berger fürchtet deshalb, daß Ferrari auch im nächsten Jahr vom falschen Motorkonzept gebremst wird.

wenn man bedenkt, daß deren prominentester Vertreter Michael Schumacher, noch nicht einmal antreten darf. Vor dem Fernseher sieht Schumacher zu, wie der erste Lauf seiner Zwei-Rennen-Sperre über die Bühne geht.

Michael drückt dem Österreicher Gerhard Berger die Daumen. Aber der verliert seine Führung beim Boxenstopp. Die Ferrari-Crew ist fünf Sekunden langsamer als die Williams-Mechaniker. Damit fällt Berger auf den dritten Platz zurück. Coulthard tanzt Hill sogar vier Runden vor der Nase herum. In der 28. Runde muß er sich allerdings der Stallregie ergeben und Hill vorbeiziehen lassen.

In Monaco äußert sich Michael enttäuscht über seine Teamkollegen Lehto und Verstappen. Beide kommen im Rennen nicht über eine Statistenrolle hinaus. Schumacher: „Ich hatte schon gehofft, daß sie mich in meinem Kampf um den Titel unterstützen können. Das ist leider nicht der Fall.“ Doch die Sache hat auch etwas Gutes für ihn: Aller Welt wird vor Augen geführt, wo Benetton ohne den Kerpener stehen würde. Nämlich im Nirgendwo.

Genau dort steht plötzlich auch David Coulthard. In der letzten Runde rollt der bis dahin zweitplazierte Williams-Pilot vor der Parabolica aus: Benzinmangel. Tragisch, wenn ausgerechnet ein Schotte Opfer des Geizes wird ...

Gerhard Berger schießt mit knapp fünf Sekunden Abstand hinter Hill durchs Ziel. Michael sieht es mit versteinerter Miene. Sein Abstand zum Verfolger ist auf elf Punkte geschmolzen.

JJ Lehto und seine Kollegen freuen sich: Karl Wendlinger kommt sichtlich erholt nach Monza

Coulthard macht es Teamkollege Hill wieder nicht leicht. Erst auf Boxenbefehl geht er vom Gas

GROSSER PREIS VON ITALIEN — MONZA

Rennreport 12. Lauf - 11. September 1994

Platz	Fahrer	Team	Zieleinlauf
1.	Damon Hill	Williams-Renault	1:18.02,754 Std.
2.	Gerhard Berger	Ferrari	4,930 Sek. zur.
3.	Mika Häkkinen	McLaren-Peugeot	25,640 Sek. zur.
4.	Rubens Barrichello	Jordan-Hart	50,634 Sek. zur.
5.	Martin Brundle	McLaren-Peugeot	1.25,575 min zur.
6.	David Coulthard	Williams-Renault	1 Runde zur.

Weitere

7. Bernard (1 Runde zurück), **8. Comas** (1 Runde zurück), **9. Lehto** (1 Runde zurück), **10. Panis** (2 Runden zurück)

Ausfälle

Brabham (46 Runden, Bremsscheibe v.r.), **Katayama** (45, Unfall), **Fittipaldi** (43, Motor), **Irvine** (41, Motor), **Blundell** (39, Unfall), **Martini** (30, Unfall), **Alboreto** (28, Getriebe), **Frentzen** (22, Motor), **de Cesaris** (20, Motor), **Gounon** (20, Getriebe), **Dalmas** (18, Unfall), **Alesi** (14, Getriebe), **Herbert** (13, Lichtmaschine), **Verstappen** (0, Unfallfolgen), **Morbidelli** (0, Unfall), **Zanardi** (0, Unfallfolgen)

Aktueller WM-Stand

1. Schumacher (76), **2. Hill** (65), **3. Berger** (33), **4. Alesi** (19), **5. Häkkinen** (18), **6. Barrichello** (13), **7. Brundle** (11), **8. Blundell, Coulthard, Verstappen** (je 8), **11. Panis** (7), **12. Fittipaldi, Larini** (je 6), **14. Frentzen, Katayama** (je 5), **16. Bernard, Wendlinger, Martini, de Cesaris** (je 4), **20. Morbidelli** (3), **21. Comas,** (2), **22. Alboreto, Irvine, Lehto** (je 1)

Konstrukteurs-WM

1. Benetton (85), **2. Williams** (73), **3. Ferrari** (58), **4. McLaren** (29), **5. Jordan** (17), **6. Tyrrell** (13), **7. Ligier** (11), **8. Sauber** (10), **9. Arrows** (9) **10. Minardi** (5), **11. Larrousse** (2)

Williams Doppelschlag

Schumacher-Sperre, die zweite. Der WM-Führende sitzt wieder mit RTL-Mann Willy Knupp vor dem Fernseher. Das Benetton-Team hat ohne ihn auch diesmal nichts zu bestellen. Jos Verstappen steht auf Startplatz 10, JJ Lehto auf dem 14. Platz.

Die Pole-position hat Gerhard Berger. Der Österreicher setzt sie auch prompt in einen tadellosen Start um. Hinter ihm beschleunigt David Coulthard seinen Teamkollegen Damon Hill aus.

Coulthard kann die zweite Position halten, aber er kommt einfach nicht näher an Berger heran. Der Schotte bleibt cool: „Gerhards Speed war sensationell. Aber ich war mir sicher, daß er dieses Tempo nicht halten konnte. Schon wegen der Reifen nicht.“

Die Überlegungen bleiben theoretisch. In Runde acht zieht ein Getriebeschaden den Ferrari aus dem Verkehr - plötzlich führt Rekrut Coulthard vor Offizier Hill.

Der Schotte macht keine Anzeichen, an der Reihenfolge irgendetwas zu ändern. Ganz im Gegenteil, er baut seinen Vorsprung auf 10 Sekunden aus. Hill entschuldigend: „Mein erster Satz Reifen war nicht optimal.“

In der 26. Runde macht Hill Schluß mit der unwürdigen Situation und nimmt sich den Schotten zur Brust. Ausgerechnet in der neuen Spitzkehre, in der sich Hill im Freitagstraining nach einer leichten Kollision mit Irvine überschlagen hatte. „Damit hatte ich an dieser Stelle echt nicht gerechnet,“ kommentiert Coulthard das Überholmanöver anerkennend.

Jetzt führt Hill vor Coulthard und - Frentzen. Der Mönchengladbacher gibt einmal mehr eine glänzende Vorstellung, obwohl er mit vollem Tank und entsprechend hohem Gewicht auf die Reise gegangen ist.

PORTUGAL

13. LAUF 25. SEP. 1994

ESTORIL

Autodromo Fernanda Pires da Silva, Circuito do Estoril

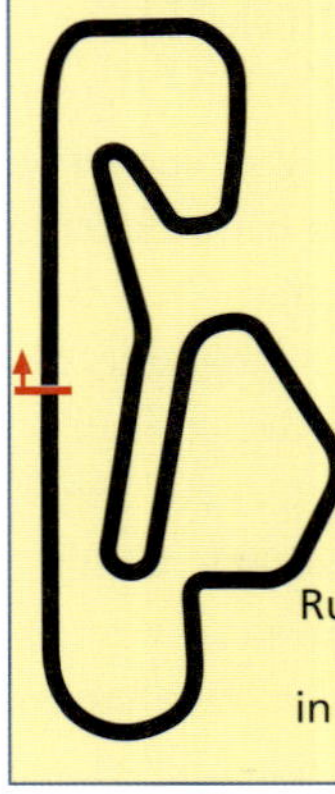

ZUSCHAUER
150.000

WETTER
sonnig
und heiß

45 Runden
à 6,823 km
(307,035 km)
Rundenrekord:
D. Coulthard
in 1.46,211 min

Paul Tracy besucht Benetton

Siegesfahne für Hill. Noch ein Punkt Rückstand auf Schumi

Topspeed-Messung: Coulthard und Hill sind gleich schnell

Startaufstellung

Berger (Ferrari)	**Hill** (Williams)
Coulthard (Williams)	**Häkkinen** (McLaren)
Alesi (Ferrari)	**Katayama** (Tyrrell)
Brundle (McLaren)	**Barrichello** (Jordan)
Frentzen (Sauber)	**Verstappen** (Benetton)
Fittipaldi (Arrows)	**Blundell** (Tyrrell)
Irvine (Jordan)	**Lehto** (Benetton)
Panis (Ligier)	**Morbidelli** (Arrows)
de Cesaris (Sauber)	**Martini** (Minardi)
Alboreto (Minardi)	**Herbert** (Lotus)
Bernard (Ligier)	**Comas** (Larrousse)
Dalmas (Larrousse)	**Brabham** (Simtek)
Adams (Lotus)	**Gounon** (Simtek)

Nicht qualifiziert:
Gachot, Belmondo (beide Pacific)

Vor Portugals herber Gebirgskulisse fährt David Coulthard – hier vor Herbert – sein letztes Williams-Rennen. Mansell kommt

Nach Feindberührung mit Eddie Irvine überschlägt sich Hill – im Training. „Es war meine Schuld", gibt der spätere Winner zu

Frentzen: „Ich hatte mir eine Ein-Tank-Stopp-Strategie zurechtgelegt. Ich wußte, daß ich sehr reifenschonend fahre, also mußte die Rechnung aufgehen."

Die Rechnung geht auf. Ab Runde 27 liegt HH auf Position 3, schnell genug, um mit alten Reifen Alesi auf frischen die Stirn zu bieten. Was leider nichts daran ändert, daß in der 32. Runde Schluß ist: Getriebeschaden. HH ringt mit der Fassung: „Heute hätte ich Vierter werden können, vielleicht sogar Dritter!"

Den dritten Platz erbt nun Alesi, um ihn in der 29. Runde wegzuwerfen. Bei dem Versuch, Simtek-Pilot David Brabham zu überholen, geht der Franzose zu ungestüm vor und wird von Brabham ins Aus gedrückt.

Das Rennen beginnt fad zu werden. Ganz traurig wird es für JJ Lehto, der seinen Benetton ohne Fremdeinwirkung in die Planken wirft. Lehtos weitere Formel-1-Karriere wird immer unwahrscheinlicher. Sein Benetton-Kollege Verstappen kommt immerhin auf den fünften Platz.

Vor Verstappen erreicht Barrichello den vierten und Mika Häkkinen den dritten Platz. Der Finne erleichtert: „Die Peugeot-Motoren scheinen standfester zu werden." Das sind die Motoren von der französischen Hauptkonkurrenz schon lange. Williams-Renault feiert einen blitzsauberen Doppelsieg. Nur 0,6 Sekunden trennen die beiden.

Hill gibt sich extracool über die letzten beiden Rennen: „Frank Williams erwartete von mir zwei Siege. Ich gab sie ihm".

Sein Glück ist Michaels Frust: Der Vorsprung des Kerpeners schmilzt nach diesem Rennen auf einen winzigen Punkt.

Rubens Barrichello (hinten) fährt wiederum ein starkes Rennen, überrundet hier Dalmas und Morbidelli (l.). Er wird Vierter

Geizt nicht mit Talent: Der Schotte David Coulthard

Unterkühlte Gratulation: Nur 0,6 Sekunden trennen David Coulthard in Estoril von Hill (l.)

Eines hat David Coulthard all seinen Kollegen in der Formel 1 bereits voraus: er besitzt ein eigenes Museum. In seinem schottischen Heimatdörfchen Twynholm hat sein Vater eine alte Lagerhalle eingerichtet, in der sich die Stationen von Davids Karriere ausmachen lassen. Dort stehen neben seinen Helmen, Fahreranzügen und Trophäen auch die früheren Fahrzeuge des Jung-Rennfahrers - vom Kart bis zum Formel-3000-Boliden. Eigentlich würde sich auch Coulthards erstes Formel-1-Auto dort gut machen, doch ob Frank Williams dem 23jährigen das edle Stück überlassen wird, ist mehr als ungewiß.

Verdient hätte er es. David Coulthard gilt als die Entdeckung der Saison 1994. Das einzig Traurige an seinem kometenhaften Aufstieg ist der Anlaß für sein Grand-Prix-Debüt. Testfahrer Coulthard war zur Stelle, als Frank Williams nach dem Tod von Ayrton Senna einen Ersatzmann brauchte. Bei der Suche nach einem etablierten Fahrer hatte der Teamchef zunächst wenig Erfolg. HH Frentzen blieb Sauber treu, Nigel Mansell konnte (vorerst) die Indy-Cars nicht sausen lassen, andere waren nicht gut genug. So bestritt Coulthard ein Rennen nach dem anderen und machte von sich reden. Zeitweise war er schneller als Teamkollege Hill, ordnete sich aber brav der Stallregie unter. Anderen Teamchefs war der Dritte der Formel-3000-EM 1993 ohnehin längst aufgefallen. Mit dem hervorragenden zweiten Platz beim Portugal-GP verabschiedete sich Coulthard vorläufig aus der Formel 1, er mußte das Cockpit für Mansell räumen. Somit konnte der sympathische Knabe mit den breiten Wangenknochen in Ruhe die Anfragen von Benetton, McLaren und Jordan prüfen.

Starkes Debüt: Coulthard (l.)

GROSSER PREIS VON PORTUGAL — ESTORIL

Rennreport 13. Lauf - 25. September 1994

Platz	Fahrer	Team	Zieleinlauf
1.	Damon Hill	Williams-Renault	1:41.10,165 Std.
2.	David Coulthard	Williams-Renault	0,603 Sek. zur.
3.	Mika Häkkinen	McLaren-Peugeot	20,193 Sek. zur.
4.	Rubens Barrichello	Jordan-Hart	28,003 Sek. zur.
5.	Jos Verstappen	Benetton-Ford	29,385 Sek. zur.
6.	Martin Brundle	McLaren-Peugeot	52,702 Sek. zur.

Weitere

7. Irvine (1 Runde zurück), **8. Fittipaldi** (1 Runde zurück), **9. Morbidelli** (1 Runde zurück), **10. Bernard** (1 Runden zurück), **11. Herbert** (1 Runde zurück), **12. Martini** (2 Runden zurück), **13. Alboreto** (2 Runden zurück), **14. Dalmas** (2 Runden zurück), **15. Gounon** (4 Runden zurück), **16. Adams** (4 Runden zurück)

Ausfälle

Blundell (61 Runden, Motor), **Lehto** (60, Dreher), **de Cesaris** (54, Differential), **Alesi** (38, Unfall), **Brabham** (36, Unfall), **Frentzen** (31, Getriebe), **Comas** (27, Aufhängung hinten), **Katayama** (26, Getriebe), **Berger** (7, Getriebe)

Aktueller WM-Stand

1. Schumacher (76), **2. Hill** (75), **3. Berger** (33), **4. Häkkinen** (22), **5. Alesi** (19), **6. Barrichello** (16), **7. Coulthard** (14), **8. Brundle** (12), **9. Verstappen** (10), **10. Blundell** (8), **11. Panis** (7), **12. Fittipaldi, Larini** (je 6), **14. Frentzen, Katayama** (je 5), **16. Bernard, Wendlinger, Martini, de Cesaris** (je 4), **20. Morbidelli** (3), **21. Comas,** (2), **22. Alboreto, Irvine, Lehto** (je 1)

Konstrukteurs-WM

1. Williams (89), **2. Benetton** (87), **3. Ferrari** (58), **4. McLaren** (34), **5. Jordan** (20), **6. Tyrrell** (13), **7. Ligier** (11), **8. Sauber** (10), **9. Arrows** (9) **10. Minardi** (5), **11. Larrousse** (2)

Europa

14. Lauf 16. Okt. 1994

JEREZ

Autodromo di Velocidad Jerez de la Frontera
69 Runden à 4,428 km (305,532 km)
Rundenrekord: M. Schumacher in 1.25,040 min

ZUSCHAUER
35.000

WETTER
bewölkt, warm

Schumacher und Hill beim Fototermin, den ihnen Bernie Ecclestone nach den verbalen Attacken verordnet hat. Der Deutsche nimm

Startaufstellung

Schumacher (Benetton)	Hill (Williams)
Mansell (Williams)	Frentzen (Sauber)
Barrichello (Jordan)	Berger (Ferrari)
Herbert (Ligier)	Morbidelli (Arrows)
Häkkinen (McLaren)	Irvine (Jordan)
Panis (Ligier)	Verstappen (Benetton)
Katayama (Tyrrell)	Blundell (Tyrrell)
Brundle (McLaren)	Alesi (Ferrari)
Martini (Minardi)	de Cesaris (Sauber)
Fittipaldi (Arrows)	Alboreto (Minardi)
Zanardi (Lotus)	Bernard (Lotus)
Comas (Larrousse)	Noda (Larrousse)
Brabham (Simtek)	Schiattarella (Simtek)

Nicht qualifiziert:
Gachot, Belmondo (beide Pacific)

Comeback

Das Imperium schlägt zurück. Schumachers Zwei-Rennen-Sperre ist abgelaufen, der Immer-Noch-WM-Führende darf wieder mitspielen. Und geht sofort in die Offensive. Allerdings diesmal auf eine Art, die für Schumacher untypisch ist.

Der Kerpener eröffnet einen verbalen Schlagabtausch der eher herben Art mit Konkurrent Damon Hill: „Ich habe den Respekt vor dem Briten verloren, sowohl vor dem Menschen, als auch vor dem Rennfahrer." Damon Hill kontert und ätzt was von „Michaels unreifen Versuchen, mich aus der Ruhe zu bringen." Die Journalisten der einschlägigen Medien sind zufrieden, die einträchtigen Zeiten unter den Fahrern scheinen beendet, es darf wieder mit Schlamm geworfen werden. Bernie Ecclestone verdonnert die beiden Titel-Konkurrenten zu einem Fototermin.

Das Rennen eröffnet Schumacher mit einer überzeugenden Pole-position. Aber Hill gelingt ein Konter, er kann am Benetton-Piloten vorbeiziehen. Schumacher wird im wahrsten Sinne auf dem falschen Fuß erwischt: „Das Startzeichen ließ ein wenig zu lange auf sich warten, mein Auto fing schon an zu rollen. Ich mußte kurz auf die Bremse, genau in dem Augenblick, als die Ampel auf grün sprang."

Daß ein Start nicht nur angehenden Meistern, sondern auch Ex-Weltmeistern mißlingen kann, dafür steht Nigel Mansell. Der 41jährige hat für die letzten drei Rennen bei Williams festgemacht und möchte sich für die nächste Saison empfehlen. Was ihm mit dem Start nicht gelingt. Mit wild qualmenden Reifen bleibt er erst einmal stehen und wird hurtig von dem Mann auf Startplatz 4, HH Frentzen, weggeschnupft.

Frentzen startet mit seinem vierten Platz von der besten Startposition, die je ein Sauber-Pilot erreicht hat. Und das, obwohl ihn eine Lebensmittelvergiftung beinahe aus dem Gefecht gezogen hätte: „Irgendwie hat es doch noch geklappt. Meine Mechaniker haben mir eine Rolle Klopapier ins Cockpit gehängt, so daß für alle Fälle vorgesorgt war."

Ganz ohne fremde Hilfe zieht Damon Hill an der Spitze davon, Schumacher hat Mühe, das Tempo zu halten: „Irgendwas stimmte

Box(en)besuch: Henry Maske und Willy Knupp bei Schumi

in und bedankt sich heftig

Superstart von Damon Hill. Schumacher kommt als Zweiter vor Frentzen in die erste Kurve

Top beim Boxenstopp. Team Benetton ist das Maß aller Dinge

Die falsche Taktik kostet Frentzen den Sprung aufs Treppchen

an meinem Auto nicht, ich glaube, es waren die Reifen. Gut, daß mich die Box früher als vorgesehen zum Tankstopp reingerufen hat."

Der Stopp klappt mit 6,8 Sekunden perfekt, was man von Hills Stopp in der 18. Runde nicht behaupten kann. Als der Brite wieder das Rennen aufnimmt, ist aus einem soliden Vorsprung ein Fünf-Sekunden-Rückstand geworden. Von da an sind die beiden Plätze an der Spitze zementiert.

Doch hinter den beiden gibt es auch noch ein Rennen. In der Anfangsphase kann sich ein glänzender Frentzen vor Mansell, Barrichello und Berger auf Platz drei behaupten. Nur um später ein Opfer seiner Ein-Tankstopp-Strategie zu werden. Nach dem Halt an der Box fällt er auf Platz sieben zurück. Von der undankbaren Position wird er erst durch den Ausfall von Barrichello erlöst.

Nigel Mansell hat beim ersten seines Formel-1-Dreierblocks noch nicht wieder Fuß gefaßt. Eine ganze Runde verliert er in der Box, um seinem bei einer Rempelei lädierten Williams eine neue Nase verpassen zu lassen. In der 48. Runde dreht er sich als 15. von der Piste.

Mika Häkkinens Peugeot-Motor hält diesmal durch, auch die Nerven des Finnen. Er kämpft sich einmal mehr auf den dritten Platz vor. Keine Freunde macht sich Häkkinen, als er zwei Runden lang den führenden Michael Schumacher beim Überrunden blockiert. Der Kerpener bemüht sich hinterher um Zurückhaltung: „Das Rennen war zu 99 Prozent perfekt, das fehlende Prozent hieß Mika Häkkinen. Ich muß mich mal in Ruhe mit ihm darüber unterhalten."

Michaels Zieleinlauf ist ein deutlicher Sieg. 24 Sekunden vor Hill donnert er an der schwarz-weiß-karierten Fahne vorbei. Für drei Wochen, bis zum Großen Preis von Japan hat der Benetton-Fahrer ein bißchen mehr Ruhe im Kampf um die Weltmeisterschaft. Er hat seinen Ein-Punkte-Vorsprung auf fünf Punkte ausbauen können.

GROSSER PREIS VON EUROPA — JEREZ

Rennreport 14. Lauf - 16. Oktober 1994

Platz	Fahrer	Team	Zieleinlauf
1.	Michael Schumacher	Benetton-Ford	1:40.26,689 Std.
2.	Damon Hill	Williams-Renault	24,689 Sek. zurück
3.	Mika Häkkinen	McLaren-Peugeot	1.09,648 min zur.
4.	Eddi Irvine	Jordan-Hart	1.18,446 min zur.
5.	Gerhard Berger	Ferrari	1 Runde zurück
6.	Heinz-Harald Frentzen	Sauber-Mercedes	1 Runde zurück

Weitere

7. Katayama (1 Runde zurück), **8. Herbert** (1 Runde zurück), **9. Panis** (1 Runde zurück), **10. Alesi** (1 Runden zurück), **11. Morbidelli** (1 Runde zurück), **12. Barrichello** (1 Runde zurück), **13. Blundell** (1 Runde zurück), **14. Alboreto** (2 Runden zurück), **15. Martini** (2 Runden zurück), **16. Zanardi** (2 Runden zurück), **17. Fittipaldi** (3 Runden zurück), **18. Bernard** (3 Runden zurück), **19. Schiatarella** (5 Runden zurück)

Ausfälle

Mansell (47 Runden, Dreher), **Brabham** (42, Motor), **de Cesaris** (37, Gaszug), **Comas** (37, Lichtmaschine), **Verstappen** (15, Dreher), **Noda** (10, Getriebe), **Brundle** (8, Motor)

Aktueller WM-Stand

1. Schumacher (86), **2. Hill** (81), **3. Berger** (35), **4. Häkkinen** (26), **5. Alesi** (19), **6. Barrichello** (16), **7. Coulthard** (14), **8. Brundle** (12), **9. Verstappen** (10), **10. Blundell** (8), **11. Panis** (7), **12. Fittipaldi, Frentzen, Larini** (je 6), **15. Katayama** (5), **16. Bernard, Wendlinger, Martini, Irvine, de Cesaris** (je 4), **21. Morbidelli** (3), **22. Comas** (2), **23. Alboreto, Lehto** (je 1)

Konstrukteurs-WM

1. Benetton (97), **2. Williams** (95), **3. Ferrari** (60), **4. McLaren** (38), **5. Jordan** (23), **6. Tyrrell** (13), **7. Ligier, Sauber** (je 11), **9. Arrows** (9), **10. Minardi** (5), **11. Larrousse** (2)

So hätten es die Hill-Fans gern

Elefantenhochzeit: McLaren-Mercedes

Wenige Tage nach dem Großen Preis von Europa lenkt ein Ereignis zeitweise von der mit Spannung erwarteten Finalrunde ab. 200 Journalisten strömen ins Mercedes-Museum. Dort verkündet der Automobilgigant sein Motorsportkonzept für die kommenden Jahre.

Im Vordergrund steht natürlich die Formel-1-Zukunft der Schwaben, die von 1995 an untrennbar mit einem Mann verbunden sein wird: Ron Dennis. Bei der Pressekonferenz sitzt der Brite dort, wo er schon immer weilen wollte – Schulter an Schulter mit den Topmanagern des Automobilbaus. Mit einem höflich milden Lächeln lauscht er den Ausführungen von Daimler-Benz-Chef Helmut Werner und Jürgen Hubbert, PkW-Vorstand bei Mercedes-Benz.

Dennis hat es mal wieder geschafft. Für diese Elefantenhochzeit löst er nach nur wenigen Monaten den auf drei Jahre datierten Ehevertrag mit Peugeot. Ohne den Ansatz von Röte in seinem Gesicht erklärt Dennis auf dem Podium: „Wir haben uns in völliger Harmonie getrennt."

Wieder einmal hat Dennis das, was er will – wie so oft. 1983 warb Dennis seinem Konkurrenten Williams den Hauptsponsor TAG ab. Das Unternehmen finanzierte den Bau eines F1-Motors bei Porsche. Mit dem Triebwerk wurde McLaren in den folgenden drei Jahren Weltmeister. 1987 gewann Dennis Honda als exklusiven Motorenpartner, obwohl die Japaner gerade mit Williams (Nelson Piquet) Weltmeister geworden waren.

Dem Boß des erfolgreichsten Formel-1-Teams ist Mercedes regelrecht in die Arme gelaufen. Für einen Konzern, der den Anspruch erhebt, die besten Autos der Welt zu bauen, kann es in der Königsklasse des Automobilsports nur ein Ziel geben: Siege. Nach den beiden mäßigen Sauber-Jahren weiß man, daß im Formel-1-Geschäft längst keine Lernjahre mehr gestattet sind. Daß mit der McLaren-Kooperation der Erwartungsdruck um ein Vielfaches gestiegen ist, muß Daimlers Führungsriege nicht erklärt werden. Stattdessen arbeitet man mit Partner Dennis längst am „Dream Team" mit den drei M: **M**ercedes, **M**cLaren, **M**ichael. Der Weltmeister wäre Ende 1995 zu haben.

Der Frontenwechsel in der Formel 1 ist für Mercedes die Spitze eines gigantischen Plans. Die Schwaben sind Initiatoren der größten konzertierter Aktion in der Geschichte des Motorsports. Schließlich engagiert man sich 1995 nicht nur in der Formel 1, sondern auch in der US-Indy-Car-Serie mit dem derzeit besten Rennstall. (Bitte lesen Sie auch Seite 103.)

Die dritte Säule des Konzepts bleibt die DTM.

Motorsport-Elefantenrunde: H. W. Aufrecht, R. Penske, H. Werner, R. Dennis, J. Hubbert

Peugeot zu Jordan

McLaren ist 1994 nur zweite Wahl. Der Erfolgsrennstall der 80er Jahre muß die Kinderkrankheiten der neuen Motorenentwicklung ausbaden. Den V10-Triebwerken von Peugeot mangelt es zu Beginn der Saison nicht nur an Leistung, sondern auch an Zuverlässigkeit.

Im Laufe der Saison deutet sich zwar ein leiser Aufwärtstrend an. Parallel zum Fünfventilmotor hat Peugeot einen Vierventiler entwickelt. Das zeigt, mit welchem Aufwand die Franzosen operieren. Bis zum Saisonende legen die Peugeot-Motoren in fünf Evolutionsstufen 80 PS zu.

Als der Flirt zwischen McLaren und Mercedes bei Peugeot ruchbar wird, fällt dort eine Grundsatzentscheidung: Kein Rückzug aus der Formel 1. Peugeot-Rennleiter Jean-Pierre Jabouille wird mit Eddie Jordan handelseinig: Peugeot liefert 1995 an Jordan.

Immer schneller dreht sich das Motorenkarussell – vor allem gestartet durch Flavio Briatores Deal mit Renault: Der derzeit beste Rennmotor der Formel 1 wird 1995 nicht nur die Williams vorwärtsjagen, sondern auch die Benettons. Es sollen Motoren mit identischer Entwicklungsstufe sein.

Gleichzeitig geht der Ford-Zetec-Motor, mit dem Michael Schumacher am Saisonende in Adelaide den Weltmeistertitel holt, an Sauber. HH Frentzen freut sich.

Partner 1995: Jean-Pierre Jabouille (l.) und Eddie Jordan

Wasserschlacht

Die meisten Journalisten gehen davon aus: In Japan wird die WM entschieden. Schumacher gewinnt, Hill wird ein Opfer seiner Nerven.

Anzeichen gibt es genug. Schon wie der Brite in den Tagen vor dem Start durchs Fahrerlager läuft: Bleich im Gesicht, auf der Stirn ein großes sorgenvolles Falten-L für Looser, im Gespräch mit englischen Fachjournalisten so empfindlich, daß er sie kurzerhand aus der Box wirft. Das krasse Gegenteil ist Michael Schumacher. Sonnengebräunt, locker und entschlossen: „Ich konnte sogar erstmals in Asien sofort gut schlafen. Es gibt keine Probleme mit dem Jet-lag."

Mit dem Training gibt es auch keine Probleme. Die Reihenfolge lautet Schumacher vor Hill und – Frentzen. Der Suzuka-Spezialist aus Mönchengladbach freut sich über den besten Startplatz der Saison. Neben Frentzen lauert Nigel Mansell, der nach zwei Ausfällen bei zwei Starts um seinen Vertrag für 1995 bangt.

Sonntagmittag. Es gießt aus Kübeln. Dennoch sitzen 160.000 gutgelaunte Japaner am Streckenrand, viele von ihnen sind aus durchweichten Schlafsäcken gekrochen und freuen sich, eine der 250-Dollar-Karten erwischt zu haben – ausgelost aus fünf Millionen Bewerbern.

Michael Schumacher legt einen spektakulären Start hin. Pünktlichst zum Aufleuchten der grünen Startampel schert der Benetton-Pilot in einem wilden Schlenker nach rechts und hüllt Konkurrent Hill sofort in dichte Gischt. Schumacher kess: „Ich hatte beim Start wheelspin und da die Strecke leicht seitlich abfällt, hat es mich unfreiwillig nach rechts gezogen." So ein Pech. Hill sieht es nach dem Rennen locker: „Michael hat mich nicht geschnitten, das muß im TV wilder ausgesehen haben, als es tatsächlich war."

Das Rennen wird zur Groteske. Selbst auf dem Bildschirm sind kaum zwei Autos hintereinander zu er-

Berger hat sich schon warm angezogen, Alesi macht auf cool

JAPAN

15. LAUF 6.NOV. 1994

SUZUKA

Suzuka International Racing Course

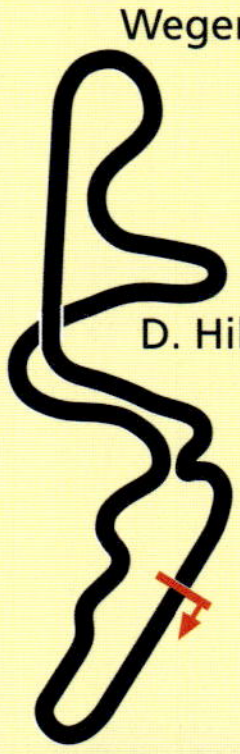

Wegen Unterbrechung verkürzt auf 50 Runden à 5,864 km (293,2 km)
Rundenrekord: D. Hill in 1.56,597 min

ZUSCHAUER
160.000

WETTER
anfangs heftiger Regen, später nachlassend

Startaufstellung

Schumacher (Benetton)	**Hill** (Williams)
Frentzen (Sauber)	**Mansell** (Williams)
Herbert (Benetton)	**Irvine** (Jordan)
Alesi (Ferrari)	**Häkkinen** (McLaren)
Brundle (McLaren)	**Barrichello** (Jordan)
Berger (Ferrari)	**Morbidelli** (Arrows)
Blundell (Tyrrell)	**Katayama** (Tyrrell)
Lehto (Sauber)	**Martini** (Minardi)
Zanardi (Lotus)	**Fittipaldi** (Arrows)
Panis (Ligier)	**Lagorce** (Ligier)
Alboreto (Minardi)	**Comas** (Larrousse)
Noda (Larrousse)	**Brabham** (Simtek)
Salo (Lotus)	**Inoue** (Simtek)

Nicht qualifiziert:
Gachot, Belmondo (beide Pacific)

Waschküche Suzuka: Unter teilweise katastrophalen Bedingungen

gehen die 26 Fahrer mit gemischten Gefühlen an den Start. Dreizehn kommen ins Ziel, acht Autos werden von der Strecke gespült

kennen. Man ahnt, was die Fahrer durchmachen, die durch die gewaltigen Fontänen hindurchjagen müssen.

Leader Schumacher hat es noch am besten. Nach der ersten Runde ist er bereits 1,784 Sekunden vor Hill. Frentzen, Herbert, Alesi und Mansell folgen auf den Plätzen.

Die dritte Runde. Es wird immer schlimmer. Der Ausläufer eines mittleren Taifuns läßt Suzuka-Land untergehen. Schumacher: „Ich war von meiner Box schon über Funk über die katastrophalen Verhältnisse bei Start und Ziel gewarnt worden. Ich dachte, dritter Gang und Tempo 180 müßten angemessen sein. Doch als ich die Bescherung dann tatsächlich sah, wußte ich, daß auch das noch viel zu schnell war. Die nächsten 200 Meter waren reines Glück."

Weniger Glück haben Herbert, Katayama und Inoue, die bei Start und Ziel von der Strecke schießen. Herbert geschockt: „Horror, diese Dreher wollten nicht aufhören und ich wurde dabei noch nicht einmal langsamer."

Die Rennleitung übt sich im tätigen Unterlassen. Statt des Safety-Cars kommt erst einmal gar nichts, dann wird zumindest die gelbe Flagge gezeigt. Schumacher sammelt das Feld hinter sich ein: „Ich hatte schon im ersten Gang Aquaplaning. Weil unter gelber Flagge keiner überholen durfte, habe ich halt das ganze Geschehen eingebremst. Eigentlich müßte ich das Gehalt für den Safety-Car-Piloten gleich mitkassieren."

Erst in Runde 4 fährt das Safety-Car auf die Strecke,

Driving in the rain. Schumacher hat den besten Start, das Feld „schwimmt" durch die Gischt

führt das Feld mit Tempo 100 sechs Mal um den überfluteten Kurs. In der zehnten Runde geht es weiter. Sowohl mit dem Rennen, als auch mit den Abflügen. Lagorce, Alboreto und Martini drehen sich ins Aus. Gerhard Berger meldet einen Elektrikschaden als Rückzugsgrund. In der 14. Runde crasht Morbidelli, wenig später und an derselben Stelle Martin Brundle, der einen neben Morbidellis Arrows stehenden Streckenposten niedersäbelt. Als der mit gebrochenem rechten Bein liegenbleibt, hat die Rennleitung ein Einsehen und hält die rote Flagge raus. Schumacher (unschlüssig) und Mansell (für Abbruch) steigen aus, Hill bleibt im Cockpit. Er will fahren. Nach 20minütiger Diskussion geht es mit zwei Rennen gleichzeitig weiter: Eins sieht man, eins findet auf dem Zeitencomputer statt.

Der aktuelle Rennverlauf wird zu den Zeiten des ersten Laufes addiert. Und aus dem hat Schumacher ein Zeitpolster von 7,7 Sekunden herübergerettet. Permanent zeigt nun der Computer andere Positionen an, als der tatsächliche Rennverlauf wiedergibt. Alesi und Mansell zum Beispiel fighten auf der Strecke wie die Irren miteinander, während sie in der Computer-Wirklichkeit um Sekunden getrennt sind.

18. Runde: Schumacher schießt zum kleinen Service an die Box, Hill hat nun

Ein enttäuschter Schumacher steigt aus und gratuliert Hill zu seinem fantastischen Rennen

Millionen wollen hin, „nur" 160.000 werden per Los ermittelt und durch die Tore gelassen

Entscheidung vertagt: Frust und Freude liegen auch in der Formel 1 ganz eng beieinander

GROSSER PREIS VON JAPAN — SUZUKA

Rennreport 15. Lauf - 6. November 1994

Platz	Fahrer	Team	Zieleinlauf
1.	Damon Hill	Williams-Renault	1:55.53,532 Std.
2.	Michael Schumacher	Benetton-Ford	3,365 Sek. zurück
3.	Jean Alesi	Ferrari	52,045 Sek. zurück
4.	Nigel Mansell	Williams-Renault	56,074 Sek. zurück
5.	Eddie Irvine	Jordan-Hart	1.42,107 min zur.
6.	Heinz-Harald Frentzen	Sauber-Mercedes	1.59,863 min zur.

Weitere

7. Häkkinen (2.02,985 min zurück), **8. Fittipaldi** (1 Runde zurück), **9. Comas** (1 Runde zurück), **10. Salo** (1 Runde zurück), **11. Panis** (1 Runde zurück), **12. Brabham** (2 Runden zurück), **13. Zanardi** (2 Runden zurück)

Ausfälle

Blundell (26 Runden, Motor), **Barrichello** (16, Getriebe), **Brundle** (13, Unfall), **Morbidelli** (13, Unfall), **Berger** (10, Elektrik), **Alboreto** (10, Unfall), **Martini** (10, Unfall), **Lagorce** (10, Unfall), **Herbert** (3, Unfall), **Katayama** (3, Unfall), **Inoue** (3, Unfall), **Noda** (0, Motor), **Lehto** (0, Motor)

Aktueller WM-Stand

1. Schumacher (92), **2. Hill** (91), **3. Berger** (35), **4. Häkkinen** (26), **5. Alesi** (23), **6. Barrichello** (16), **7. Coulthard** (14), **8. Brundle** (12), **9. Verstappen** (10), **10. Blundell** (8), **11. Panis, Frentzen** (je 7), **13. Irvine, Fittipaldi, Larini** (je 6), **16. Katayama** (5), **17. Bernard, Wendlinger, Martini, de Cesaris** (je 4), **21. Mansell, Morbidelli** (je 3), **23. Comas** (2), **24. Alboreto, Lehto** (je 1)

Konstrukteurs-WM

1. Williams (108), **2. Benetton** (103), **3. Ferrari** (64), **4. McLaren** (38), **5. Jordan** (25), **6. Tyrrell** (13), **7. Sauber** (12), **8. Ligier** (11), **9. Arrows** (9),**10. Minardi** (5), **11. Larrousse** (2)

freie Fahrt und steigert seine Zeiten. In der 24. Runde tankt Hill nach. Und das ausgiebig. Mit 9,2 Sekunden zwölf Zehntel länger als der Deutsche. Den Insidern deutet sich an: Benetton plant zwei Tankstopps, Williams nur einen.

In der 36. Runde übernimmt der wesentlich schnellere Schumacher die Führung – zumindest auf dem Computer. Aber drei Runden später biegt er in die Boxengasse ein. Er muß einen zweiten Stopp einlegen – der Sprit geht zur Neige. Den Schumacher-Fans stockt das Herz: Damit ist Hill in der Addition der beiden Teilrennen klar vorn.

Und nun bricht eines der spannendsten Finale der Formel-1-Geschichte an. In der 42. Runde liegt Schumacher 14,167 Sekunden hinter Hill, in der 43. Runde nur noch 11,984, dann 10,089, 8,352, 7,032, 5,242, 4,222, 2,457. Die 50. und letzte Runde wird epochal. Hill mobilisiert alle Kräfte und übertrifft sich. Obwohl er mindestens dreimal zu schnell ist und die Linie verliert, braucht er fast eine Sekunde weniger als Schumacher.

Gelöst und fassungslos vor Glück steht Hill auf dem Podest. Michael Schumacher beißt sich auf die Unterlippe. Die Enttäuschung ist unübersehbar. „Unser Team hat mit seiner Boxenstopp-Taktik so oft richtig gelegen", sagt er. „Diesmal war der zweite Stopp offensichtlich ein Fehler."

Im australischen Adelaide lassen die Veranstalter die Champagnerkorken knallen. Ein gigantisches Finale steht bevor.

Über 35 Runden bieten Schumacher und Hill den Zuschauern die spannendste Verfolgungsjagd der

Startaufstellung

Mansell (Williams)	**Schumacher** (Benetton)
Hill (Williams)	**Häkkinen** (McLaren)
Barrichello (Jordan)	**Irvine** (Jordan)
Herbert (Benetton)	**Alesi** (Ferrari)
Brundle (McLaren)	**Frentzen** (Sauber)
Berger (Ferrari)	**Panis** (Ligier)
Blundell (Tyrrell)	**Zanardi** (Lotus)
Katayama (Tyrrell)	**Alboreto** (Minardi)
Lehto (Sauber)	**Martini** (Minardi)
Fittipaldi (Arrows)	**Lagorce** (Ligier)
Morbidelli (Arrows)	**Salo** (Lotus)
Noda (Larrousse)	**Brabham** (Simtek)
Delétraz (Larrousse)	**Schiattarella** (Simtek)

Nicht qualifiziert:
Belmondo, Gachot (beide Pacific)

Schumacher startet sensationell. Von der zweiten Position zieht er an Mansell vorbei. Hill setzt sich direkt hinter den Benetton

AUSTRALIEN
16. LAUF 13. NOV. 1994
ADELAIDE

Adelaide Grand Prix Circuit

81 Runden
à 3,78 km
(306,18 km)
Rundenrekord:
M. Schumacher
in 1.17,140 min

ZUSCHAUER
100.000

WETTER
bedeckt, mild

aison. Der kleinste Fehler kann das Championat entscheiden

Mann gegen Mann

Acht Monate ist diese hochdramatische Formel-1-Saison alt und beim letzten Lauf ist alles wie am Anfang: „Damon oder ich - wer gewinnt, wird Weltmeister", sagt Michael Schumacher locker im Vorfeld zum WM-Finale. Was er nicht ausspricht, sind die Ängste, die beide haben. Was kann alles passieren: Ein Motordefekt, eine Kollision mit einem Überrundeten, ein mißglückter Boxenstopp ... Was normalerweise „nur" den Grund für ein verunglücktes Rennen darstellt, entscheidet plötzlich über WM-Titel oder nicht.

Als am 13. November auf der anderen Seite der Weltkugel der Morgen dämmert, blicken Fahrer und Teammitglieder ängstlich in den Himmel: Regnet es wie am Vortag oder gibt es ein trockenes Rennen? Alle haben Angst vor einer Wiederholung der chaotischen Verhältnisse von Suzuka. Aber die 100.000 Zuschauer können die Regenkleidung eingepackt lassen, es ist stark bewölkt aber trocken.

Michael Schumacher hat einen schweren Unfall beim ersten Qualifying gehabt. Das Auto ist über Nacht in einer 10-Stunden-Aktion wieder zusammengeschraubt worden. Der WM-Favorit hat den harten Aufprall verdrängt. Er steht neben Nigel Mansell, dem Pole-Mann.

Und der kommt wie immer nicht aus den Puschen. Schumacher umso mehr,

Rivalen: Briatore und Williams

Schock am Freitag: Beim Training schleudert Schumacher mit 200 km/h in die Reifenstapel

36. Runde: Die Räder der Boliden berühren sich. Der Benetton wird hoch katapultiert ...

Sekunden der Entscheidung

Runde 36. Michael Schumacher macht einen verhängnisvollen Fahrfehler. Er kommt auf die Grasnarbe, schlägt mit der rechten Seite an die Mauer. Aber er kommt auf die Strecke zurück. Der Radkasten ist eingedrückt. Damon Hill hängt etwa eine Sekunde hinter ihm. Er sagt später: „Ich habe nicht gesehen, daß er die Wand touchiert hat, sonst hätte ich gewartet." Er versucht an dem schleudernden Wagen vorbeizukommen, auch über die rechte Fahrbahnbegrenzung. Aber die Lücke ist zu eng. Der Benetton wird hochgeschleudert, droht sich zu überschlagen, schießt dann in einen Reifenstapel. Aus für Michael Schumacher. Aber auch für Damon Hill, dessen Williams sich bei dem Rempler einen Knick in der linken Radaufhängung eingefangen hat.

Auf zwei Rädern rast Schumacher auf die Reifenstapel zu. Kein Zweifel: Er ist aus dem Rennen

Zündstoff für Spekulationen: Die

Der Unfall, aufgenommen von Hills Bordkamera. Deutlich zu sehen ist die gebrochene Radaufhängung des Williams-Renault

:en sehen in dem Unfall einen absichtlichen Abschuß Hills. Tage nach dem Rennen kündigt die FIA eine Analyse des Unfalls an

Schwere Minuten für Michael. Der WM-Titel war so nahe ...

Chaos im Kopf. Das plötzliche Ausscheiden ist nicht zu fassen

Der einsamste Mensch der Welt. Abseits vom Publikum steht Michael Schumacher hinter den Absperrgittern und schaut auf die Pis

und selbst Hill an dritter Stelle kann sich noch vor seinen Teamkameraden schieben. Mansell findet nach dem Rennen eine gute Ausrede für seinen schlechten Start: „Ich hätte zumindest gegen Hill meinen Startplatz behaupten können, wollte mich aber auf keinen Fall in die WM-Entscheidung einmischen."

Zum Ende der ersten Runde scheint alles wie gehabt. Schumacher distanziert sich von seinem WM-Konkurrenten um satte 2,131 Sekunden. Hill, der im Training farblos geblieben ist, scheint kein Mittel gegen Schumacher zu finden.

Doch nichts täuscht mehr als dieser erste Eindruck. Die nächsten Runden zeigen einen gigantischen Zweikampf Hill gegen Schumacher. Nach seiner brillanten Leistung in Suzuka wächst der Brite einmal mehr über sich hinaus. Zehntel um Zehntel feilt der Williams-Pilot seinen Rückstand auf Schumacher ab. Der Deutsche später überrascht: „Ich sah in einiger Entfernung einen Williams im Rückspiegel, und ich hoffte zuerst, es sei Mansell. Als ich aber merkte, daß es Hill war, wurde mir schlagartig klar, was mir da für ein Rennen bevorsteht."

In Runde 7 ist der Vorsprung auf nur noch 1,314 Sekunden zusammengeschrumpft. Hill fährt mit 1.17,568 die schnellste Runde. In Runde 9 kontert Michael mit 1.17,348. Hinter den beiden tut sich gar nichts. Als wollte der Rest der Meute die beiden Titelanwärter bei ihrem Mega-Duell nicht stören. Mika Häkkinen als Dritter liegt bereits nach elf Runden fast zwanzig Sekunden zurück.

In dieser elften Runde steht die erste Überrundung an. Den Insidern ist klar: Jetzt wird Hill abgeledert. Fahren kann er ja vielleicht, aber wenn es ans Überholen geht, fehlt ihm die kaltblüti-

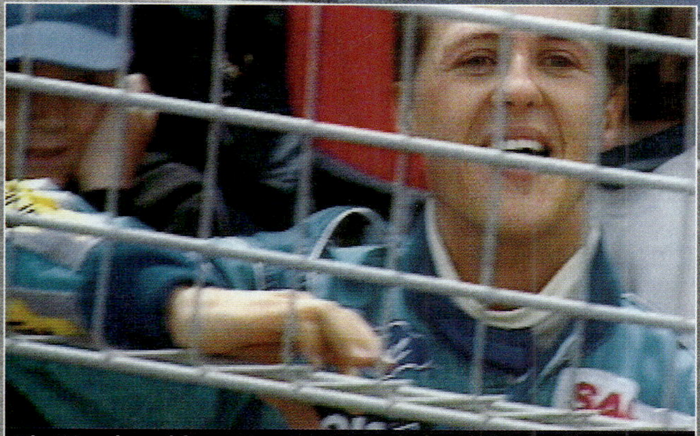

Die Wende, schlagartige Erleichterung: „Hill is out"

ommt Hill vorbei, geht der Weltmeister-Titel nach Großbritannien

ge Entschlossenheit, der finale Instinkt eines Schumachers.

Doch Pustekuchen. Zwar kommt Hill nicht ganz so flott am GP-Debütanten Delétraz vorbei wie Schumacher. Aber trotzdem kann der Kerpener seinen Vorsprung nicht ausbauen. Die 14. Runde zeigt allen endgültig, was dieses Rennen zu bieten hat. Bei der Überrundung von Hideki Noda verliert Hill nicht nur keine Zeit, sondern macht auf Schumacher fast eine Sekunde gut.

Wer dem Deutschen die Daumen drückte, hofft nun auf den Tankstopp. Normalerweise hat es hier immer Vorteile für Benetton gegeben.

In Runde 17 ist es soweit. Michael Schumacher schießt an die Box. Aber Hill auch. Wie siamesische Zwillinge gehen beide wieder raus auf die Strecke. Schumacher verliert 22,47 Sekunden, Hill 22,85. Dieses Rennen wird

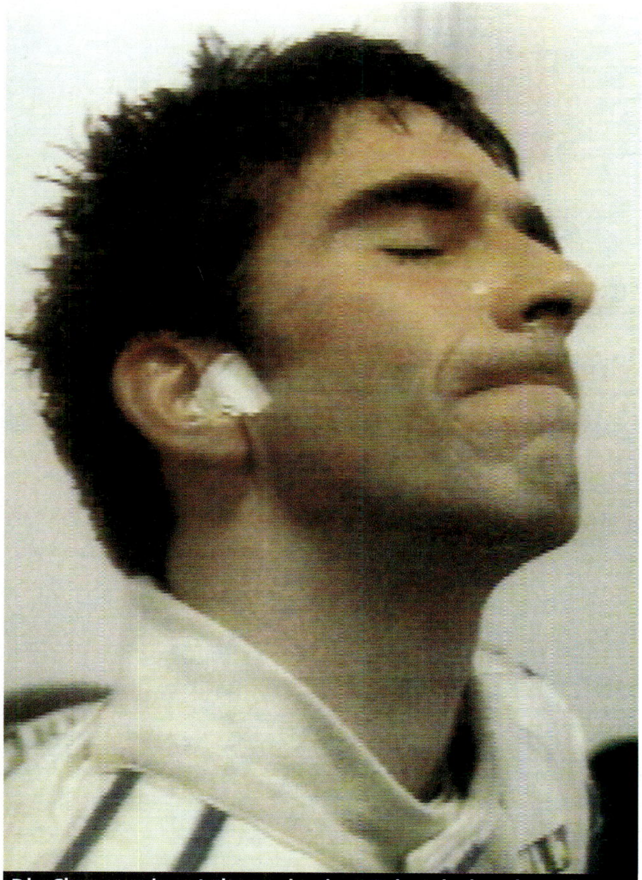

Die Chance seines Lebens - in einer Zehntelsekunde vertan

Die Faust nach oben gereckt: Schumi ist der Weltmeister 94

Jubel in der Benetton-Box: Der erste WM-Titel des Teams

nicht durch Strategie entschieden. Hier kämpft Mann gegen Mann.

Und Hill fährt, was die Engländer „balls out“ nennen. In den nächsten Runden robbt sich Hill bis auf vier Zehntel an Schumacher heran. In der 27. Runde zeigt Hills In-board-Kamera, wie die Schnauze seines Williams im Benetton-Getriebe steckt. Schon jetzt hat der unterschätzte Brite gewonnen. Wenn schon nicht das Rennen, so doch an Reputation.

In der 33. Runde läuft Schumacher auf den zu überrundenden Frentzen auf. Frentzen macht Platz und der Kerpener schießt vorbei. Hill hat weniger Glück und bleibt ersteinmal hinter dem Sauber-Mercedes stecken. Als es ihm dann doch gelingt, ist Schumacher bereits um 2,857 Sekunden abgehauen. Das Rennen scheint vorentschieden.

Dann kommt die 36. Runde. In der Flinder-Street macht Schumacher einen seiner seltenen Fehler und segelt an die Betonmauer: „Ich fuhr mit flachem Flügel, und mein Auto hatte schon einige Male quer gestanden. Dann ist es mir auf einem Buckel ganz weggegangen. Für einen kurzen Moment hatte ich es wieder unter Kontrolle, doch dann habe ich es auf dem Gras endgültig verloren und schon hing ich an der Betonmauer.“

Versöhnliche Pressekonferenz. Schumi entschuldigt sich bei Damo

Fair und sachlich: Damon Hill beeindruckt die internationale Press

Doch noch ist Schumacher im Rennen. Er kommt auf die Strecke zurück. Hill will links überholen, doch Schumacher zieht ebenfalls nach links. Dann zirkelt Schumacher in die nächste Rechts-Kurve. Hill hat dort die vermeintliche Lücke erspäht. Er sticht hinein. Die Reifen beider Wagen geraten aneinander, Schumachers Wagen wird hochgeschleudert. Für eine Sekunde sieht es nach einem Überschlag aus. Aber dann überlegt es sich der Benetton anders, fällt wieder auf seine vier Räder und schießt in einen Reifenstapel.

Schumacher steigt aus, klettert unter dem Gitter durch. Er hat Tränen in den Augen, während er Hill hinterherschaut. Aber er sieht auch, daß Hills Gefährt waidwund ist.

Hill weiß zu diesem Zeitpunkt schon: Auch für ihn ist dieses Rennen zu Ende. Die Radaufhängung hat die Karambolage nicht überstanden, sie ist angebrochen.

Michael hört über den Streckenlautsprecher, daß Hill in der Box steht. Dreimal kommt Mansell vorbei. Dann schreit ein Streckenposten Michael ins Ohr: „Hill is out!“ Michael übersetzt es sich: „Ich bin Weltmeister!“ Die ersten Gratulanten drängen an den Zaun.

Das Rennen geht weiter. Mansell vor Berger, dann Berger vor Mansell. Berger macht einen Fehler, verliert die Führung an Mansell und beschuldigt nach Rennende Frentzen, daß er ihn bei seiner Aufholjagd auf Mansell blockiert und somit das Rennen entschieden habe.

Aber wen interessiert der Rennausgang? Vor allem Mansell, der dem Williams-Vertrag nähergerückt ist. Motto: „Der letzte Grand Prix ist der wichtigste."

Michael Schumacher feiert überschwenglich mit seinem Team in der Box - und abends auf einer ausgelassenen Benetton-Party. Schon am Montagmorgen besteigt er mit seiner Verlobten Corinna die Maschine nach Frankfurt.

Willy Knupp empfängt ihn zu einem ersten Gespräch in Deutschland. Michael ist gerührt über Damon Hill: „Er hat am Montag mit mir gefrühstückt und mir gratuliert. Über seine Niederlage sagte er: ,Thats racing. Du hattest den Titel schon viel früher verdient.' Ich habe ihn ganz falsch eingeschätzt. Das tut mir leid. Vor allem, was ich in der Phase meiner Sperre über ihn gesagt habe."

Die Medien in Damon Hills englischer Heimat sind weniger objektiv als der Vize-Champ. Es wird behauptet, Michael habe den Rempler absichtlich herbeigeführt. Aber diesen Spießrutenlauf mußten auch Weltmeister wie Senna oder Prost durchstehen.

Deutschland feiert. Die größte Auto-Nation der Welt hat ihren ersten Formel-1-Weltmeister.

Bitte, lesen Sie, wie Michael Schumacher den Verlauf der Weltmeisterschaft erlebt hat. Ab Seite 4.

GROSSER PREIS VON AUSTRALIEN — ADELAIDE

Rennreport 16. Lauf - 13. November 1994

Platz	Fahrer	Team	Zieleinlauf
1.	Nigel Mansell	Williams-Renault	1:47.51,480 Std.
2.	Gerhard Berger	Ferrari	2,511 Sek. zurück
3.	Martin Brundle	McLaren	52,487 Sek. zurück
4.	Rubens Barrichello	Jordan-Hart	1.10,530 min zur.
5.	Olivier Panis	Ligier-Renault	1 Runde zurück
6.	Jean Alesi	Ferrari	1 Runde zurück

Weitere

7. Frentzen (1 Runde zurück), **8. Fittipaldi** (1 Runde zurück), **9. Martini** (2 Runden zurück), **10. Lehto** (2 Runden zurück), **11. Lagorce** (2 Runden zurück), **12. Häkkinen** (5 Runden zurück, Unfall, aufgrund der zurückgelegten Distanz gewertet)

Ausfälle

Alboreto (69, Unfall), **Blundell** (66, Unfall), **Delétraz** (56, Getriebe), **Salo** (49, Elektrik), **Brabham** (49, Motor), **Zanardi** (40, defekter Gaszug), **Hill** (35, Unfall), **Schumacher** (35, Unfall), **Schiattarella** (21, Getriebe), **Katayama** (19, Dreher), **Noda** (13, defekte Ölleitung), **Morbidelli** (17, defekte Ölpumpe), **Irvine** (15, Unfall), **Herbert** (13, Unfall)

WM-Endstand auf Seite 98

Das Rennen nach dem Rennen: Mansell und Berger fighten bis zuletzt um den GP-Sieg

Kopfwäsche à la GP-Sieger. Der Grundstein für den 95er Vertrag ist mit dem Sieg gelegt

FORMEL-1-WELTMEISTERSCHAFT ENDSTAND 1994

Fahrer-WM

			BRA	PAC	RSM	MC	E	CDN	F	GB	D	H	B	I	P	EU	J	AUS	ges. Pkte.
1.	Michael Schumacher	Benetton-Ford	10	10	10	10	6	10	10	*	0	10	*	–	–	10	6	0	**92**
2.	Damon Hill	Williams-Renault	6	0	1	0	10	6	6	10	0	6	10	10	10	6	10	0	**91**
3.	Gerhard Berger	Ferrari	0	6	0	4	0	3	4	0	10	0	0	6	0	2	0	6	**41**
4.	Mika Häkkinen	McLaren-Peugeot	0	0	4	0	0	0	0	4	0	–	6	4	4	4	0	0	**26**
5.	Jean Alesi	Ferrari	4	–	–	2	3	4	0	6	0	0	0	0	0	0	4	1	**24**
6.	Rubens Barrichello	Jordan-Hart	3	4	TU	0	0	0	0	3	0	0	0	3	3	0	0	3	**19**
7.	Martin Brundle	McLaren-Peugeot	0	0	0	6	0	0	0	0	0	3	0	2	1	0	0	4	**16**
8.	David Coulthard	Williams-Renault	–	–	–	–	0	2	–	2	0	0	3	1	6	–	–	–	**14**
9.	Nigel Mansell	Williams-Renault	–	–	–	–	–	–	0	–	–	–	–	–	–	0	3	10	**13**
10.	Jos Verstappen	Benetton-Ford	0	0	–	–	–	–	0	0	0	4	4	0	2	0	–	–	**10**
11.	Olivier Panis	Ligier-Renault	0	0	0	0	0	0	0	0	6	1	0	0	0	0	0	2	**9**
12.	Mark Blundell	Tyrrell-Yamaha	0	0	0	0	4	0	0	0	0	2	2	0	0	0	0	0	**8**
13.	Heinz-Harald Frentzen	Sauber-Mercedes	0	2	0	0	0	0	3	0	0	0	0	0	0	1	1	0	**7**
14.	Nicola Larini	Ferrari	–	0	6	–	–	–	–	–	–	–	–	–	–	–	–	–	**6**
	Christian Fittipaldi	Arrows-Ford	0	3	0	0	0	*	0	0	3	0	0	0	0	0	0	0	**6**
	Eddie Irvine	Jordan-Hart	0	–	–	–	1	0	0	0	0	0	0	0	0	3	2	0	**6**
17.	Ukyo Katayama	Tyrrell-Yamaha	2	0	2	0	0	0	0	1	0	0	0	0	0	0	0	0	**5**
18.	Eric Bernard	Ligier-Renault	0	0	0	0	0	0	0	0	4	0	0	0	0	0	–	–	**4**
	Karl Wendlinger	Sauber-Mercedes	1	0	3	–	–	–	–	–	–	–	–	–	–	–	–	–	**4**
	Andrea de Cesaris	Jordan/Sauber	–	–	0	3	–	0	1	0	0	0	0	0	0	0	–	–	**4**
	Pierluigi Martini	Minardi-Ford	0	0	0	0	2	0	2	0	0	0	0	0	0	0	0	0	**4**
22.	Gianni Morbidelli	Arrows-Ford	0	0	0	0	0	0	0	0	2	0	1	0	0	0	0	0	**3**
23.	Erik Comas	Larrousse-Ford	0	1	0	0	0	0	0	0	1	0	0	0	0	0	0	–	**2**
24.	Michele Alboreto	Minardi-Ford	0	0	0	1	0	0	0	0	0	0	0	0	0	0	0	0	**1**
	JJ Lehto	Benetton/Sauber	–	–	0	0	0	1	–	–	–	–	–	0	0	–	0	0	**1**

* = disqualifiziert; TU = Trainingsunfall; nq = nicht qualifiziert; – = nicht gestartet

Konstrukteurs-WM

		BRA	PAC	RSM	MC	E	CDN	F	GB	D	H	B	I	P	EU	J	AUS	ges. Pkte.
1.	Williams-Renault	6	0	1	0	10	8	6	12	0	6	13	11	16	6	13	10	**118**
2.	Benetton-Ford	10	10	10	10	6	11	10	0	0	14	4	0	2	10	6	0	**103**
3.	Ferrari	4	6	6	6	3	7	4	6	10	0	0	6	0	2	4	7	**71**
4.	McLaren-Peugeot	0	0	4	6	0	0	0	4	0	3	6	6	5	4	0	4	**42**
5.	Jordan-Hart	3	4	0	3	1	0	0	3	0	0	0	3	3	3	2	3	**28**
6.	Tyrrell-Yamaha	2	0	2	0	4	0	0	1	0	2	2	0	0	0	0	0	**13**
	Ligier-Renault	0	0	0	0	0	0	0	0	10	1	0	0	0	0	0	2	**13**
8.	Sauber-Mercedes	1	2	3	0	0	0	4	0	0	0	0	0	0	1	1	0	**12**
9.	Arrows-Ford	0	3	0	0	0	0	0	0	5	0	1	0	0	0	0	0	**9**
10.	Minardi-Ford	0	0	0	1	2	0	2	0	0	0	0	0	0	0	0	0	**5**
11.	Larrousse-Ford	0	1	0	0	0	0	0	0	1	0	0	0	0	0	0	0	**2**

Punktesystem: Der Sieger erhält 10 Punkte Platz 2: 6 Pkte. Platz 3: 4 Pkte. Platz 4: 3 Pkte. Platz 5: 2 Pkte. Platz 6: 1 Pkt.
Bei der Konstrukteurs-Wertung werden die Punkte beider Fahrer zusammengezählt.

Die Fahrer mit den meisten Grand Prix-Siegen

	Fahrer	Punkte
1.	Alain Prost (F)	51
2.	Ayrton Senna (BRA)	41
3.	Nigel Mansell (GB)	31
4.	Jackie Stewart (GB)	27
5.	Jim Clark (GB)	25
	Niki Lauda (A)	25
7.	Juan-Manuel Fangio (RA)	24
8.	Nelson Piquet (BRA)	23
9.	Stirling Moss (GB)	16
10.	Jack Brabham (AUS)	14
	Emerson Fittipaldi (BRA)	14
	Graham Hill (GB)	14
17.	Michael Schumacher (D)	10

Die Fahrer mit den meisten Punkten

	Fahrer	Punkte
1.	Alain Prost	798,5
2.	Ayrton Senna	614
3.	Nelson Piquet	485,5
4.	Nigel Mansell	482
5.	Niki Lauda	420,5
6.	Jackie Stewart	360
7.	Carlos Reutemann	310
8.	Graham Hill	289
9.	Emerson Fittipaldi	281
10.	Ricardo Patrese	281
21.	Michael Schumacher	201

Die erfolgreichsten Teams

Siege nach Marken (1950 - 1994)

	Marke	Punkte
1.	McLaren	104
	Ferrari	104
3.	Lotus	79
4.	Williams	78
5.	Brabham	35
6.	Tyrrell	23
7.	BRM	17
8.	Cooper	16

Formel-1-Kalender 1995

12. März	GP von Argentinien	Buenos Aires
26. März	GP von Brasilien	São Paulo
16. April	GP Pazifik	Aida/Japan
30. April	GP von San Marino	Imola
14. Mai	GP von Spanien	Barcelona
28. Mai	GP von Monaco	Monte Carlo
11. Juni	GP von Kanada	Montreal
02. Juli	GP von Frankreich	Magny-Cours
16. Juli	GP von England	Silverstone
30. Juli	GP von Deutschland	Hockenheim
13. Aug.	GP von Ungarn	Budapest
27. Aug.	GP von Belgien	Spa-Francorchamps
10. Sept.	GP von Italien	Monza
24. Sept.	GP von Portugal	Estoril
08. Okt.	GP von Europa	Austragungsort offen
29. Okt.	GP von Japan	Suzuka
12. Nov.	GP von Australien	Adelaide

Der Kalender ist unverbindlich. Einer der 17 Termine wird in jedem Fall gestrichen, da es auch 1995 nur 16 Läufe geben wird.

PREISFRAGE:

Wer steht beim ersten Grand Prix '95 auf der Pole-position?

Schreiben Sie Ihren Tip auf eine Postkarte.

Unter allen Einsendern mit der richtigen Antwort verlosen wir diese Superpreise:

ORIGINAL INDYCAR-FELGE ALS TISCH

Mit diesen Felgen rüstete BBS 1994 die Siegerwagen des Penske-Teams aus. Al Unser jr. gewann auf dem mit Mercedes-Power angetriebenen Wagen nicht nur die legendären 500 Meilen von Indianapolis, sondern die ganze IndyCar-Serie. Die Räder bestehen aus geschmiedetem Magnesium und zeichnen sich durch superleichtes Gewicht und höchste Bruchsicherheit aus. Die eingelassene Glasplatte läßt den Blick auf das berühmte Kreuzspeichen-Design frei.

20x GRAND PRIX 95 - LIVE MITERLEBT

Zum fünften Mal erscheint im April 1995 das brandaktuelle Begleitbuch zu den Formel-1-Übertragungen von RTL Television. Alle Fahrer, alle Teams, alle Strecken - und jede Menge Hintergrundinformationen zur neuen Formel-1-Saison.

Herausgegeben von Willy Knupp
200 Seiten, über 400 Farbfotos
ISBN 3-926224-91-6

20x AYRTON SENNA - LEBEN AM LIMIT

Magic Senna: Sein Leben, seine Karriere, seine Ziele und Hoffnungen. Erzählt vom ersten bis zum letzten Tag. Von Journalisten, die ihn kannten, mochten, mit ihm fieberten und mit ihm stritten. Mit etwa 200 Farbfotos.

Herausgegeben von Willy Knupp
ISBN 3-613-01541-9

Postkarte an:
ZEITGEIST VERLAG, Kennwort: Pole-position
Düsseldorfer Str. 49, 40545 Düsseldorf

Einsendeschluß ist zwei Tage vor dem ersten Lauf der Formel-1-Meisterschaft 1995. Die Auslosung erfolgt am Tag des Rennens. Mitarbeiter des ZEITGEIST-Verlags und RTL Television dürfen nicht teilnehmen. Der Rechtsweg ist ausgeschlossen.

Sternfahrt in Indy

In der Formel 1 hatte Mercedes Startprobleme. Beim amerikanischen Gegenstück ging die Post ab wie nix. Mit ihrem neuen Partner Penske könnten die Stuttgarter 1995 die IndyCar-Serie beherrschen.

Der amerikanische Rennsport ist nunmal anders als der Motorsport in Europa. Die Stockcars, das Drag Racing, die Sprintcars in den Ovalen - das sind Disziplinen, die wir kaum kennen. Aber der einsitzige Rennwagen verfehlt auch in Amerika seine Wirkung nicht.

Das Pendant zur Formel 1, die IndyCar-Serie, wird vom Aufwind der Popularität getragen. 1993 kam Nigel Mansell, der amtierende Weltmeister der Formel 1, als Herausforderer. 1994 stieg Honda mit Motoren ein. Mit einem Paukenschlag, nämlich dem Sieg bei den 500 Meilen von Indianapolis, kündigte Mercedes-Benz den offiziellen Einstieg in die IndyCar-Serie 1995 an. Gleichzeitig stieg Firestone als Reifenkonkurrent für den Alleinherrscher Goodyear in den Ring.

Im Fahrerfeld geraten die US-Amerikaner langsam in die Minderheit; immer mehr

Emerson Fittipaldi führt beim berühmten Indy 500 bis einige Runde

SERIE
PPG IndyCar World Series, seit 1909 • PPG-IndyCar-Lizenz erforderlich • 16 Läufe • Preisgeld: US$ 24,29 Mio (incl. US$ 7,7 Mio für Indianapolis) • Mindestalter 18 Jahre

DATEN
Kohlefaser Chassis • 2,65-Liter-Turbo-Motoren, 730 PS bei ca. 13 000 U/min, Höchstgeschwindigkeit 380 km/h • 6-Gang-Getriebe, bei Penske sequentiell

KONTAKT
IndyCar - Championship Auto Racing Teams (CART)
390 Enterprise Court, Bloomfield Hills, Michigan 48302
Tel. 001 - 810 - 334-8500, Fax 001 - 810 - 334-8030

internationale Piloten mit Weltruf, auch aus der Formel 1, interessieren sich für die IndyCars. Da ist es kein Wunder, daß die Mehrzahl der 16 Saisonrennen in diesem Jahr Zuschauerrekorde verbuchen konnte.

Die Verlierer der Saison 1994 waren die Triumphatoren vom Vorjahr: Nigel Mansell und sein Team Newman/Haas. Der Brite, der als erster und bisher einziger Rennfahrer Formel-1-Weltmeister und IndyCar-Champion in aufeinanderfolgenden Jahren werden konnte, siegte diesmal in keinem einzigen Rennen und beendete die Meisterschaft auf Platz 8.

Wo lagen die Gründe? Das Fahren hat der 41jährige noch nicht verlernt, das bewiesen seine Darbietungen in den Rennen. Sein Lola-Ford gehörte auch in diesem

vor dem Ende. Dann „küßt" er die Mauer und Teamkollege Al Unser beschert Mercedes den historischen Sieg

Jahr zu den Topautos und das Team von Newman/Haas versteht sein Handwerk. Bleibt der mentale Faktor im Hochleistungssport: Die ganze Saison über wurde Mansell von der Formel 1 behelligt. Die F1-Macher wollten den charismatischen Briten zurückholen, als Superstar und als Herausforderer für den überragenden Michael Schumacher. Der durchaus emotionale Mansell war in seinen Gedanken und in seinen Gefühlen hin- und hergerissen zwischen dem, was er tat, und dem, was er wieder tun könnte. Er war einfach nicht in jenem Maße auf Sieg und Meisterschaft konzentriert wie im Vorjahr. Und das reichte eben nicht.

Mit Mansell versank das Newman/Haas-Team im Mittelmaß und mit ihm auch Teamgefährte Mario Andretti. Die beiden fanden keinen persönlichen Kontakt zueinander. Mario fühlte sich von Anbeginn erdrückt durch die übergroße Popularität des Newcomers. Sicherlich war es auch die mangelnde Kooperationsbereitschaft der beiden, die die Leistung im Team schwächte. So kam es, daß Mario Andretti, einer der erfolgreichsten und populärsten lebenden Rennfahrer,

IndyCar-Champ Al Unser jr.

Ritual für Indy-Sieger: Zum zweiten Mal darf „Little" Al Unser die Milchpulle ansetzen

1993 Top, 1994 ein Flop: Als noch

ausgerechnet in der letzten Saison seiner Karriere, die unter dem Slogan „Arrivederci Mario" lief, kein Bein auf den Boden brachte, vom Pech geradezu verfolgt schien. Auch bei dem heute 54jährigen lag es weniger am fahrerischen Vermögen als am disharmonischen Umfeld.

Die These, daß Teamgeist und Harmonie in der Mannschaft so wichtig sind wie ein gutes Auto, bewiesen die Sieger der Saison: Das Team Penske und der neue Champion Al Unser junior. Seit Jahrzehnten spielt das Team in den Marlboro-Farben eine Führungsrolle im amerikanischen Rennsport. Aber was die Truppe um den weißhaarigen Roger Penske in diesem Jahr zeigte, war sensationell. Das Fahrertrio Emerson Fittipaldi, Al Unser und Paul Tracy gewann nicht weniger als zwölf von 16 Rennen, mehrfach landete das Penske-Trio gar Dreifachsiege. Allein Al Unser, der neue IndyCar-Champion, siegte achtmal.

Auch hier die Frage: Wie war das möglich? Daß Penske das Team mit dem größten Budget ist, erklärt die Sache nicht; auch im

Man kann nicht alles kaufen

Rennsport von heute kann man mit Geld nicht alles kaufen - zum Glück nicht. Aber, Penske ist technisch autark: man entwickelt und baut Chassis, Motoren und Getriebe selbst, hat alles unter Kontrolle. Und das 94er Penske-Chassis war ein Volltreffer; schnell und adaptionsfähig auf jeder Art von Rennstrecke.

Dazu kommt das glänzende Management durch Roger Penske mit ebensoviel Erfahrung wie Autorität und Einfühlungsvermögen. Mit dem routinierten und menschlich ausgleichenden Emerson Fittipaldi, dem hochtalentierten jugendlichen Ungestüm Paul Tracy und dem 1993 in eine Motivations- und Formkrise geratenen Exchampion Al Unser hatte Penske ein interessantes Fahrertrio aufgeboten. Und er sorgte dafür, daß die drei harmonierten. Es hat selten ein Rennteam gegeben, das so am gemeinsamen Erfolg geschuftet hat wie die Penske-Mannschaft von 1994. Während der Tests und des Trainings wurde die Wagenabstimmung gemeinsam erarbeitet. Die drei Fahrer wechselten nicht selten sogar die Autos zur gegenseitigen Überprüfung. Erst im Rennen waren sie Gegner, häufig sogar harte, denn es wurde ohne Stallregie gefahren. Der gemeinsame Erfolg war dann so groß, daß für jeden genügend abfiel: Al Unser wurde Champion, Fittipaldi Zweiter und Paul Tracy Dritter in der Meisterschaft.

Mit diesem Superteam wird sich im nächsten Jahr Mercedes-Benz verheiraten. Ein glänzender strategischer Schachzug der Stuttgarter. Möglich wurde er durch die Mercedes-Beteiligung an der Rennmotoren-Firma Ilmor, an der auch Roger Penske Anteile hält. Sie öffnet dem Mercedes-Motorsport viele Türen, gibt ihm praktisch alle Optionen. Die Mercedes-Rennmotoren für die Formel 1 und für die IndyCars kommen aus einer Filiale, an der man beteiligt ist. Man muß die Konstrukteure nur richtig dirigieren.

Wie man sich ein Team Penske-Mercedes vorstellen muß, das demonstrierten die neuen Partner beim bedeu-

amtierender Champion landet Nigel Mansell in seiner zweiten IndyCar-Saison keinen Sieg. Da kommen die Formel-1-Lockrufe gerade recht

Roger Penske: Der neue Mercedes-Partner

Kein IndyCar-Rennen, bei dem der stets adrett eingekleidete, weißhaarige Teamchef nicht an der Boxenmauer steht und seine Mannschaft organisiert. Weiß der Himmel, wie er das schafft! Denn im „Zivilleben" ist Penske einer der führenden Unternehmer Amerikas. Zu seinem Firmenimperium gehören Detroit Diesel und Hertz Truck Rental.

Roger hat bestimmt mehr zu tun als 16 Renntermine wahrzunehmen. Aber dem Rennsport gehört sein Herz. Als junger Mann ist er selbst gefahren, u.a. auf Porsche Spiders und Ferraris. Aber bald ließ er die Profis ran. In den sechziger und siebziger Jahren setzte er die unschlagbaren Porsche-Zwölfzylinder in der amerikanischen CanAm-Serie ein. Ein kurzer Ausflug in die Formel 1 endete mit dem tödlichen Unfall seines Hauspiloten Mark Donohue und wurde abgebrochen. Aber in der IndyCar-Serie brach

„Mr. IndyCar": Roger Penske

Penske Racing alle Rekorde, hier setzte das Team Maßstäbe für Professionalität, Leistung und Erfolg. Roger Penske hat daran einen hohen persönlichen Anteil. Er ist stets dran am Geschehen, hält die Zügel alleine in der Hand und lenkt die Geschicke mit der ihm eigenen Autorität und Diplomatie.

Roger Penske ist eine starke und charismatische Persönlichkeit; auch in der amerikanischen Motorsportpolitik wohl die einflußreichste Größe. Aber wer ihn im Umgang mit seinen Piloten, mit den Medien oder auch mit den Fans beobachtet, der sieht auch viel Menschlichkeit. Viele seiner Mitarbeiter sind noch Männer der ersten Stunde mit Verträgen auf Lebenszeit. Das gilt auch für seine Piloten.

Ein wirklich genialer unternehmerischer Schachzug ist Penskes Verbindung mit Mercedes. Diese Partnerschaft und die gemeinsame Teilhaberschaft an der Firma Ilmor eröffnen beiden Seiten hervorragende Möglichkeiten im Spitzenmotorsport. Sie kam nicht zuletzt zustande durch die persönliche Bekanntschaft von Roger Penske mit Mercedes-Chef Helmut Werner, die zurückgeht auf frühere Geschäftskontakte in Sachen Freightliner (LKW-Hersteller) und Detroit Diesel (LKW-Motoren). Penske und Mercedes-Benz, das ist nicht nur eine Elefantenhochzeit. Hier haben sich zwei getroffen, die sich vertrauen und respektieren; vielleicht kann man von einer Männerfreundschaft sprechen

tendsten IndyCar-Rennen des Jahres, bei den 500 Meilen von Indianapolis. Das größte Renneregnis der Welt, das hinsichtlich Tempo, Preisgeld, Zuschauerzahlen und Medieninteresse alle Rekorde hält, wurde aus dem Stand heraus im Handstreich genommen. Roger Penske und sein Motorenpartner Mario Illien hatten schon 1993 errechnet, daß die exklusiv nur in Indianapolis zulässige Stockblock-Variante höhere Leistungen und größere Siegchancen versprach als der traditionelle Rennmotor. Beim Stockblock werden eine zentrale untenliegende Nockenwelle, Stoßstangenantrieb für die Ventile und nur zwei Ventile pro Zylinder aufgewogen - durch einen größeren Hubraum (3,4 statt 2,6 Liter) und höheren Ladedruck des Turbomotors (55 statt 45 Inches). Prüfstandsläufe im Oktober '93 und erste Testfahrten im März '94 bestätigten die Berechnungen: der Stockblockmotor leistete über 900 PS gegenüber 780 PS der herkömmlichen Triebwerke.

Dann ging alles ganz schnell. Roger Penske gewann seine künftigen Partner von Mercedes-Benz für die riskante Unternehmung Indianapolis 1994. Riskant deshalb, weil der Stockblockmotor ein Schnellschuß war und reichlich unerprobt. Aber das Mercedes-Management zeigte Mut. Der Stockblockmotor wurde Mercedes-Benz getauft und die drei Werks-Penske starteten in Indianapolis als Penske-Mercedes. Die Schau, die sie dort lieferten, wird die IndyCar-Szene nie vergessen: Pole-position und zwei Penske-Mercedes in der ersten Startreihe, nach dreiviertel der Renndistanz alle drei Autos in Front und am Ende Al Unser als Sieger im Ziel.

Schock für die Konkurrenz

Der Schock bei der Konkurrenz saß tief. Nur wenige Monate nach dem Rennen wurde der Stockblockmotor kastriert, um die Wiederholung des Coups künftig zu verhindern. Der Ladedruck ist ab 1995 auf 48 Inches reduziert. Damit hat er gegen die anderen Rennmotoren schlechte Karten. Im nächsten Jahr wird daher wohl auch Penske-Mercedes in Indianapolis wie die anderen mit dem normalen Aggregat antreten müssen.

Zu den Verlierern der Saison gehörte Honda. Die langjährigen Dominatoren der Formel 1 konnten auf der IndyCar-Bühne noch nicht recht Fuß fassen. In ihrer ersten Saison hatten die Japaner mit dem Rahal/Hogan-Team zusammengespannt. Aber der Leistungsmangel des Honda-V8 war unübersehbar. Der Tiefpunkt war die Nichtqualifikation in Indianapolis. Exchampion Bobby Rahal und Mike Groff mühten sich im Verlauf der Saison redlich, kamen aber über das Mittelfeld nicht hinaus. Jetzt

Auf Ovalkursen keine Seltenheit: Spektakuläre Unfälle. In Phoenix kollidiert Paul Tracy mit Panasonic-Erbe Hiro Matsushita

Entthront: Nigel Mansell (41)

Renn-Opa: E. Fittipaldi (47)

Family business: Mario Andretti (54) und Sohn Michael (31)

ist Bobby Rahal mit seiner Geduld am Ende. Er hat die Partnerschaft mit den Japanern gekündigt und steigt als zweites Team neben Penske auf Mercedes-Triebwerke um.

Für die Japaner zweifellos ein Gesichtsverlust. Aber sie wollen weitermachen und suchen zur Zeit neue Partner für die nächste Saison. Erinnern wir uns: Auch in der Formel 1 brauchte Honda eine mehrjährige Anlaufphase, bevor die Japaner zu ihrem Siegeszug antraten.

Besser als Honda mit den Motoren erging es dem Newcomer in der Chassis-Konkurrenz, der englischen Firma Reynard. Gleich das erste Rennen der Saison konnte Formel-1-Rückkehrer Michael Andretti auf dem brandneuen Reynard-Ford des Ganassi-Teams gewinnen. Dazu kamen zwei weitere Reynard-Siege - in Toronto wieder durch Michael Andretti und in Road America durch Jaques Villeneuve. Lola siegte mit Scott Goodyear in Michigan nur ein einziges Mal. Ansonsten dominierte Penske.

Im Feld der IndyCar-Piloten vollzieht sich, ganz ähnlich wie in der Formel 1, ein Generationswechsel. Altstars wie Johnny Rutherford,

Paul Tracy

1996 bei Benetton?

Der 25jährige Kanadier gilt als Kronprinz in der IndyCar-Szene. Er ist hochtalentiert, fährt respektlos und aggressiv, ist aber häufig noch zu ungestüm. Wie Ayrton Senna, Michael Schumacher und andere gute Formel-1-Piloten kommt er aus dem Kart-Sport. Der führte ihn mit 16 Jahren auch nach Europa, nämlich zu den Kart-Weltmeisterschaften nach England und nach Deutschland. In den Blickpunkt der amerikanischen Teamchefs trat er 1990 als Gesamtsieger der Indy-Lights-Serie, als er neun von 14 Rennen gewann. In der Saisonmitte 1991 verpflichtete ihn Roger Penske zunächst als Testfahrer. Später übernahm er im Team das Cockpit von Rick Mears nach dessen Rücktritt und errang 1993, in seiner ersten kompletten IndyCar-Saison, fünf Siege - soviel wie der spätere Champion Nigel Mansell.

Unverständlicherweise begann Tracy die Saison 1994 mit unzähligen Konzentrations- und Leichtsinnsfehlern, die die Geduld seines Teamchefs Roger Penske aufs Äußerste strapazierten. Obgleich er sich in der zweiten Saisonhälfte fing und die Rennen in Detroit, Nazareth und Laguna Seca gewann, sprach man von Trennung. Tracy, mittlerweile zum zweiten Mal Vater geworden, absolvierte Testfahrten im Benetton-Formel-1 und machte unmißverständlich klar, wo in der Zukunft sein Interesse liegt. Anders als Michael Andretti, der mit dem Wechsel nach Europa nicht fertig wurde, muß man dem Kanadier hier Chancen einräumen. Kanada - Paul Tracy kommt aus Toronto - hat viel mehr europäischen Touch als die Provinz der Vereinigten Staaten, in der die Unsers und die Andrettis leben. Zwar ersetzt der hochgewachsene Tracy 1995 bei Newman/Haas Nigel Mansell, doch hat er die Formel 1 weiterhin im Visier. Benetton wäre dann wahrscheinlich die erste Adresse.

Er sieht aus wie ein braver College-Boy - auf der Piste beweist Paul Tracy (25) was in ihm steckt

SIEGERPODEST INDYCAR-SERIE 1994

SURFERS PARADISE (AUS)
1. Lauf - 20. März 1994
1. Mi. Andretti — Reynard-Ford
2. Fittipaldi — Penske-Ilmor
3. Ma. Andretti — Reynard-Ford

PHOENIX (USA)
2. Lauf - 10. April 1994
1. Fittipaldi — Penske-Ilmor
2. Unser jr. — Penske-Ilmor
3. Mansell — Lola-Ford

LONG BEACH (USA)
3. Lauf - 17. April 1994
1. Unser jr. — Penske-Ilmor
2. Mansell — Lola-Ford
3. Gordon — Lola-Ford

INDIANAPOLIS (USA)
4. Lauf - 29. Mai 1994
1. Unser jr. — Penske-Mercedes
2. Villeneuve — Reynard-Ford
3. Rahal — Penske-Ilmor

MILWAUKEE (USA)
5. Lauf - 5. Juni 1994
1. Unser jr. — Penske-Ilmor
2. Fittipaldi — Penske-Ilmor
3. Tracy — Penske-Ilmor

DETROIT (USA)
6. Lauf - 12. Juni 1994
1. Tracy — Penske-Ilmor
2. Fittipaldi — Penske-Ilmor
3. Gordon — Lola-Ford

PORTLAND (USA)
7. Lauf - 26. Juni 1994
1. Unser jr. — Penske-Ilmor
2. Fittipaldi — Penske-Ilmor
3. Tracy — Penske-Ilmor

CLEVELAND (USA)
8. Lauf - 10. Juli 1994
1. Unser jr. — Penske-Ilmor
2. Mansell — Lola-Ford
3. Tracy — Penske-Ilmor

TORONTO (CDN)
9. Lauf - 17. Juli 1994
1. Mi. Andretti — Reynard-Ford
2. Rahal — Lola-Honda
3. Fittipaldi — Penske-Ilmor

MICHIGAN (USA)
10. Lauf - 31. Juli 1994
1. Goodyear — Lola-Ford
2. Luyendyk — Lola-Ilmor
3. Dobson — Lola-Ford

LEXINGTON (USA)
11. Lauf - 14. August 1994
1. Unser jr. — Penske-Ilmor
2. Tracy — Penske-Ilmor
3. Fittipaldi — Penske-Ilmor

LOUDON (USA)
12. Lauf - 21. August 1994
1. Unser jr. — Penske-Ilmor
2. Tracy — Penske-Ilmor
3. Fittipaldi — Penske-Ilmor

VANCOUVER (CDN)
13. Lauf - 4. September 1994
1. Unser jr. — Penske-Ilmor
2. Gordon — Lola-Ford
3. Mi. Andretti — Reynard-Ford

ELKHART LAKE (USA)
14. Lauf - 11. September 1994
1. Villeneuve — Reynard-Ford
2. Unser jr. — Penske-Ilmor
3. Fittipaldi — Penske-Ilmor

NAZARETH (USA)
15. Lauf - 18. September 1994
1. Tracy — Penske-Ilmor
2. Unser jr. — Penske-Ilmor
3. Fittipaldi — Penske-Ilmor

LAGUNA SECA (USA)
16. Lauf - 9. Oktober 1994
1. Tracy — Penske-Ilmor
2. Boesel — Lola-Ford
3. Villeneuve — Reynard-Ford

Wer vor 500.000 Zuschauern die 500 Meilen von Indianapolis gewinnt, wird unsterblich

Chronik der Meister

Jahr	Fahrer	Punkte
1985	Al Unser sen.	151
1986	Bobby Rahal	179
1987	Bobby Rahal	188
1988	Denny Sullivan	182
1989	Emerson Fittipaldi	196
1990	Al Unser jun.	210
1991	Michael Andretti	234
1992	Bobby Rahal	196
1993	Nigel Mansell	191
1994	Al Unser jun.	225

Endstand 1994

	Fahrer	Auto	Punkte
1.	Al Unser jr. (USA)	Penske-Ilmor	225
2.	Emerson Fittipaldi (BR)	Penske-Ilmor	178
3.	Paul Tracy (CDN)	Penske-Ilmor	152
4.	Michael Andretti (USA)	Reynard-Ford	118
5.	Robby Gordon (USA)	Lola-Ford	104
6.	Jaques Villeneuve (CDN)	Reynard-Ford	94
7.	Raul Boesel (BR)	Lola-Ford	90
8.	Nigel Mansell (GB)	Lola-Ford	88
9.	Teo Fabi (I)	Reynard-Ilmor	79
10.	Bobby Rahal (USA)	Lola-Honda	59

Mißverständnis zwischen Mike Groff (Lola-Honda) und Paul Tracy (Penske-Ilmor), der einige Male Opfer seines Temperaments wird

Rick Mears, A.J. Foyt, Al Unser Senior und nun auch Mario Andretti sind abgetreten. Dafür haben einige aus der jungen Garde im Verlauf dieser Saison an Profil gewonnen, allen voran die Kanadier Paul Tracy (25) und Jaques Villeneuve (23) sowie der Kalifornier Robby Gordon (25). Tracy ist schon ein etablierter Spitzenfahrer und Dritter in der Meisterschaft '94, Villeneuve hat in Road America sein erstes IndyCar-Rennen gewonnen und Robby Gordon steht dicht davor. Alle drei bekunden offen auch ihr Interesse an der Formel 1. Paul Tracy hat im September in Estoril schon einen Schnupperkurs im Benetton-Formel-1 absolviert. Jaques Villeneuve wurde „Rookie of the Year", aber noch ist seine Erfolgsbilanz in Amerika zu dünn für die Formel 1, ebenso wie die von Robby Gordon.

Überzeugend auch 1994 wieder das Management der IndyCar-Serie durch die Teamvereinigung CART (Championship Auto Racing Teams). Keine Skandale, spannende Rennen durch große Leistungsdichte und ein erfolgreiches Kostenmanagement durch sinnvolle Beschränkungen im technischen Reglement unterscheiden die amerikanische von der FIA-Formel 1. Während Erfolg im Formel-1-Sport kaum unter 50 Mio. Dollar pro Jahr zu haben ist, kann man bei den IndyCars schon mit einem 20 Mio. Dollar-Budget gut aussehen.

Fragwürdig aus europäischer Sicht erscheinen die Rennstrecken, auf denen die knapp 800 PS starken Monoposti in Amerika fahren. Viele Strecken sind sehr kurz und vom Sicherheitsstandard europäischer Grand-Prix-Strecken weit entfernt. Extrem vor allem die Stadtrennen auf eckigen, teilweise sehr unebenen Straßenzeilen ohne Auslaufzonen. Furcht vor Betonwänden darf man als IndyCar-Pilot nicht haben. Im Vergleich zu Grand-Prix-Fahrern sind die IndyCar-Piloten denn auch relativ unbefangen und hemdsärmelig.

Hemdsärmlige Piloten

Eindrucksvoll und auch anspruchsvoll ist hingegen die Vielfalt der Strecken, die sie bewältigen müssen. Superspeedways wie Indianapolis, kurze 1-Meilen-Ovale wie Phoenix, Straßenkurse wie Road America oder Stadtpisten wie in Detroit stellen doch sehr unterschiedliche Anforderungen an Fahrzeuge und Fahrer. Ihre Ovaltradition will die amerikanische Formel 1 aber unbedingt weiterführen; derzeit befinden sich zwei neue Ovalpisten - eine von Roger Penske in Kalifornien und eine von Ralph Sanchez in Miami - in Planung.

Unruhe herrscht aber auch in der IndyCar-Szene hinter den Kulissen der Sportpolitik. Tony George, der Präsident des Indianapolis Motor Speedway, und der USAC (United States Automobile Club) planen eine Konkurrenzserie zur CART-Meisterschaft unter dem Namen „Indy Racing League" mit annähernd identischen IndyCars. Starten wollen sie in der Saison 1996. Laut einiger Insider ist diese Initiative durchaus sehr ernstzunehmen. **M.J.**

Nicht von Dauer

Porsche baute ein Auto, das nur eine Aufgabe hatte: Ein einziges Mal zu siegen. Die Rechnung ging auf.

Das Projekt schlug im März 1994 wie ein Blitz aus heiterem Himmel im internationalen Rennsport ein. Für den Einsatz beim 24-Stunden-Rennen von Le Mans hatte Porsche in aller Heimlichkeit ein Fahrzeug vorbereitet, mit dem die Stuttgarter für eine Revolution in der GT-Szene sorgen sollten. „Kein Auto für den Gesamtsieg", betonten die Porsche-Strategen immer wieder. „Sondern für den Sieg in der GT-Klasse, die für uns marktpolitisch sehr wichtig ist."

Das Auto: Der „Dauer 962 Porsche", basierend auf dem Straßensportwagen des Nürnbergers Jochen Dauer. Das Vorbild: Der 962C, wie er in Le Mans in den 80er Jahren Geschichte schrieb. Was Dauer fehlte, war die deutsche Straßenzulassung. Zu der verhalf ihm Porsche. Damit war die Voraussetzung geschaffen, um den Wagen überhaupt im GT-Wettbewerb einzusetzen.

In monatelanger Arbeit baute Porsche zwei Dauer-Porsche auf, setzte Fahrer vom Kaliber eines Hans-Joachim Stuck drauf und ging nach Le Mans. Dort schrieb Porsche eines der aufregendsten Kapitel seiner Firmengeschichte.

Favoriten waren die beiden privat eingesetzten, aber werksseitig unterstützten Toyota-Turbo, außerdem drei französische Courage-Porsche. Alles reinrassige Sportwagen der ehemaligen Gruppe C, die zwar technisch eingebremst wurden, aber laut Computer-Berechnungen von Porsche unter normalen Voraussetzungen nicht zu schlagen waren.

Aber was heißt schon normal? Die beiden Werks-Porsche mischten von Anfang an in der Spitzengruppe mit, daß den Gegnern die Kinnladen runterfielen. Das Rennen entwickelte sich zum Duell zwischen Toyota und Porsche, wobei die Porsche-Piloten an die Grenze ihrer physischen Belastbarkeit gehen mußten.

Die Entscheidung war dramatisch und riß alle Beteiligten aus der allgemeinen Lethargie der letzten Rennstunden. Rund 90 Minuten vor Schluß erlitt das führende Toyota-Team von Martini/Irvine/Krosnoff einen kleinen Getriebedefekt. Der Franzose Yannick Dalmas, der Italiener Mauro Baldi und der Amerikaner Hurley Haywood holten so für Porsche nicht nur den GT-Sieg, sondern sie gewannen auch das Gesamtklassement.

Der Toyota vermochte mit dem GP-Piloten Eddie Irvine am Steuer kurz vor der Ziellinie noch den zweiten Porsche von Hans-Joachim Stuck, dem Belgier Thierry Boutsen und dem Amerikaner Danny Sullivan abzufangen.

Für Porsche war der 13. Triumph beim berühmtesten Langstreckenrennen der Welt einer der bedeutendsten. Mit einem Auto, das nur für dieses eine Rennen gebaut wurde.

Für 1995 nämlich haben die Organisatoren in Le Mans ein neues Reglement verabschiedet, mit dem einem weiteren Einsatz der Dauer-Porsche ein Riegel vorgeschoben wird. **P.W.**

Das Porsche-Team mit den Siegern Dalmas/Baldi/Haywood (l.)

Der Dauer-Porsche beim Tanken. Die 620 PS schlucken ca. 2500 Liter auf 5000 Le Mans-Kilometer

Werbung für knackige Haut

Le Mans ist ein Relikt der 1992 eingestellten Sportwagen-WM. Pro Wagen wechseln sich jeweils drei Fahrer ab

DER PORSCHE-RENNLEITER

Max F. Welti

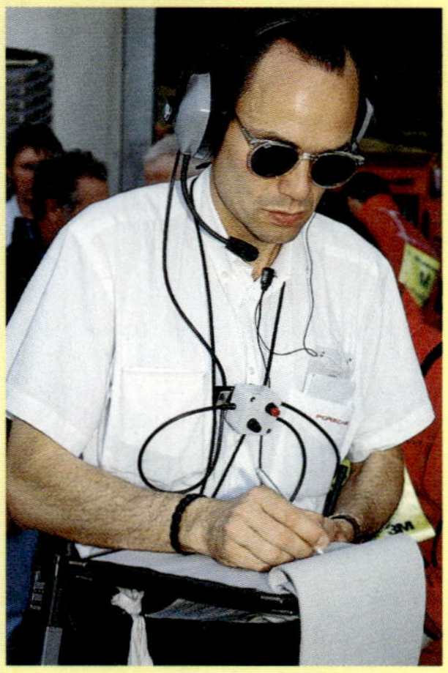

Er verhalf der deutschen Autoindustrie mit dem Sieg in Le Mans zum größten internationalen Motorsport-Erfolg '94: Max F. Welti, 42, Rennleiter bei Porsche. Welti fand den Weg durchs GT-Reglement, der den Einsatz der zwei „Dauer 962 Le Mans-Porsche" möglich machte. Nicht sein erster Coup beim wichtigsten Langstreckenrennen der Welt: Bereits 1989 siegten die Silberpfeile des Sauber-Mercedes-Teams unter der Leitung des Schweizer Perfektionisten.

SERIE

24 Stunden von Le Mans, seit 1923 • Internationale Lizenz erforderlich • 1 Rennen pro Jahr

DATEN

Verschiedene Fahrzeuge unterschiedlicher Bauweise

KONTAKT

A.S.A. Automobile Club de l´Ouest, Département Communication
F-72040 Le Mans Cédex
Tel.: 0033-43-40 24 00
Fax: 0033-43-40 24 88

RENNTERMIN 1995

17/18. Juni Le Mans (F)

Endstand 1994

	Fahrer	Fahrzeug	Runden
1.	Dalmas/Baldi/Haywood	Dauer-Porsche 962 (Kl. 3)	344 Rd. = 4685,701 km
2.	Irvine/Martini/Krosnoff	Toyota (Kl. 1)	1 Rd. zur.
3.	Stuck/Sullivan/Boutsen	Dauer-Porsche 962 (Kl. 3)	1 Rd. zur.
4.	Andskar/Wollek/Fouché	Toyota (Kl. 1)	16 Rd. zur.
5.	Millen/O´Connell/Morton	Nissan 300 ZX (Kl. 5)	27 Rd. zur.
6.	Bell/Donovan/Lässig	Kremer-Porsche (Kl. 1)	28 Rd. zur.
7.	Ricci/Evans/Olczyk	Courage-Porsche (Kl. 1)	34 Rd. zur.
8.	Dupuy/Pareja/Palau	Porsche Carrera RSR (Kl. 4)	37 Rd. zur.
9.	Calderari/Bryner/Mastropietro	Porsche Carrera RSR (Kl. 4)	45 Rd. zur.
10.	Huisman/Euser/Tomlje	Porsche Carrera RSR (Kl. 4)	49 Rd. zur.

Walter Lechner (52) in seinem Horag-Lola-VAG-CanAm. Wie hier in Anderstorp/Schweden führt er während der gesamten Saison

SERIE

Interserie Coupe 1994, Super Sports Car Sprint-Championchip, seit 1970 • Intern. FIA-Lizenz erforderlich • 6 Läufe • Preisgeld: Pro Rennen DM 30.000, plus Reisekosten-Zuschüsse • Mindestalter 18 Jahre

DATEN

Ein-/zweisitzige Sportwagen mit Aluminium-/Kohlefaser-Monocoque • keine freistehenden Räder • **Division 1:** 610-900 kg, **Division 2:** 550-610 kg • C1, Spyder-Prototypen oder IMSA-GTP mit Saugmotoren über 2500 ccm oder Turbomotoren (Div. 1), C2 bis 3300 ccm, CanAm bis 2500 ccm mit oder ohne Turbo, IMSA-Lights, Rotary-Motoren (Div. 2) • Getriebe frei wählbar • Saisonkosten pro Wagen ca. DM 50.000 bis DM 80.000

KONTAKT

I.S.O. Interserie-Organisation e.V.
Am Spitzen Morgen 10, 55452 Laubenheim/Nahe
Tel.: 06704-14 64, Fax: 06704-25 27

Nimm zwei

Um bei den verschiedenen Wagentypen Kämpfe „David gegen Goliath“ zu vermeiden, teilt die Interserie die Wagen in zwei Divisionen ein. In der Division 1 starten CanAm-Fahrzeuge mit mehr als 2,5 Liter Hubraum oder C2-Prototypen mit mehr als 3,3 Liter. Bei weniger Hubraum sind sie in der Division 2 startberechtigt und erhalten dort separat Meisterschaftspunkte und Preisgeld. 1995 wird zusätzlich die Division der Sport-Prototypen hinzukommen.

DER MACHER

Paul Goppert

Als Werbechef von Martini war er 1974 zuständig für Martini-Racing. Ein Jahr später wurde er Promoter der damals noch jungen Interserie. Der 60jährige leitet die Organisation mit Unterstützung von Frau und Töchtern von Laubenheim aus.

…uverän das Feld an.

Formel 1 mit Kotflügeln

Sie gehört zu den ältesten Rennserien der Welt. Aber die Interserie hat in den 25 Jahren ihres Bestehens schon jede Menge Reglementänderungen durchgemacht. Heute ist sie Forum für CanAm- und Supersport-Wagen.

Ein Jahrzehnt lang, noch bis 1993, gab es in der Interserie eine Porsche-Ära. Von den legendären 956 und 962 wurde die Serie geprägt. Heute geben vor allem modifizierte Fahrzeuge der Formel 3000, Formel 1 und IndyCars den Ton an. Der augenfälligste Unterschied zu den bekannten Boliden ist die Verkleidung der Reifen und der Radaufhängungen.

Die gesamte Saison 1994 lang bestimmte vor allem der Österreicher Walter Lechner, wo es lang ging. Der Allroundmotorsportler aus dem Salzburger Land setzte auf die Überraschungstaktik und startete mit einem Horag-Lola-CanAm in der Division 2.

Walter Lechner holte sich mit vier Doppelsiegen den Meistertitel in der Division 2 vorzeitig und kam damit dem Titelgewinner in der Division 1 nicht in die Quere. Der Schwede Johan Rajamäki punktete hier mit dem Footwork-Judd zuverlässig und holte vor seinem Landsmann und Teamkollegen Carl Rosenblad den Titel. Auch ein Deutscher steigerte sich zum Saisonende: Karl-Heinz Becker holte mit dem Minardi-Formel-1-CanAm Platz drei. M.M.

Meister 94: Johan Rajamäki

Endstand 1994

Divison 1

	Fahrer	Wagen	Punkte
1.	Johan Rajamäki (S)	Footwork-Judd	68,5
2.	Carl Rosenblad (S)	Footwork-Judd	57,5
3.	Karl-Heinz Becker (D)	Minardi-Ford	41,5
4.	James Taylor (GB)	Jordan-Ford	36
5.	Ruedi Jauslin (CH)	Argo-Ford	25
6.	Karl Hasenbichler (A)	HSB-Penske-Buick	23,5

Divison 2

	Fahrer	Wagen	Punkte
1.	Walter Lechner (A)	Horag-Lola-VAG-CanAm	80
2.	Helmut Bross (D)	Argo-Ford	50
3.	Fredy Lienhard (CH)	Horag-Lola-VAG-CanAm	45
4.	Joachim Ryschka (D)	March-Audi-CanAm	43
5.	Abdi Abdoh (CND)	Horag-Lola-VAG-CanAm	26
6.	Allen Dunevall (S)	Argo-Ford C2	20

RENNTERMINE 1995

15./16. April	Österreichring (A)
03./04. Juni	Autodr. Pergusa (I)
01./02. Juli	Scan. Raceway (S)
05./06. August	MostAutodrom (CZ)
02./03. Sept.	Siegerland (D)
30./01. Sept./Okt.	Donington (GB)
04./05. Nov.	Circ. del Jarama (E)*

* Termin noch nicht bestätigt

Chronik der Meister Division 1

Jahr	Fahrer
1989	Walter Lechner (A)
1990	Bernd Schneider (D)
1991	Bernd Schneider (D)
1992	Manuel Reuter (D)
1993	Giovanni Lavaggi (I)
1994	Johan Rajamäki (S)

Auf dem Weg nach oben

Nachwuchsformeln

Alexander Wurz nimmt Maß, die Richtung stimmt. Alle Piloten der Nachwuchsformeln haben ein Ziel vor Augen: die Formel 1

Die Eau Rouge in Spa-Francorchamps. De Simone führt das Feld zu Beginn des Rennens durch die legendäre Kurve. Nach den Unfä

SERIE

Formel 3000-Europameisterschaft, seit 1985 • Formel 3000 Superlizenz erf. • 9 Läufe • Mindestalter 18 Jahre

DATEN

Kohlefasermonocoque, mit Flügeln vorn und hinten • Mindestgewicht 540 kg • Motoren: versch. Marken, u.a. Cosworth, Judd • 3000 ccm, 480 PS, Höchstgeschw. 305 km/h • 5-Gang-Getriebe • Autopreise: DM 300.000 (ohne Motor)

KONTAKT

Federation International d´Automobil (FIA), 8 Place de la Concorde, F-75008 Paris, Tel.: 00331-42659951, Fax: 00331- 47428731

Jules Boullion

Mit 18 begann der schüchtern wirkende Formel-3000-Fahrer seine Motorsportkarriere. Wie viele andere seiner Kollegen sammelte er die ersten Erfahrungen auf der Kartbahn. In der französischen Formel Ford holte er 1990 den Meisterschafts-Titel. Während seiner zwei Jahre in der Formel 3 belegte er einen sechsten und ei-

Spätzünder

der F 1 gilt auch für die F 3000 die entschärfte Streckenführung

95 in der Formel 1

nen zweiten Platz, ehe er 1993 in die Formel 3000 wechselte.
Der am 27. Dezember 1969 geborene Franzose lebt mit seiner Freundin Alexandra in einem Pariser Vorort. Seine Zukunft sieht Jean-Christophe, wie er mit richtigem Namen heißt, natürlich in der Formel 1. Kontakt zu einigen Teams sind bereits geknüpft, aber auch sein derzeitiger Teamchef Jean-Paul Driot hat Pläne, mit einem eigenen Team in die Formel 1 einzusteigen.
In den vergangenen Jahren kamen alle Formel-3000-Sieger in die Formel 1. 1994 schafften es sogar die drei Erstplazierten des Vorjahres: Olivier Panis, Pedro Lamy und David Coulthard.

Die Talentschmiede Formel 3000 startete 1994 in ihre zehnte Saison. Auch in diesem Jahr zeigten einige Fahrer, daß mit ihnen in der Formel 1 gerechnet werden muß. David Coulthard hat das bereits eindrucksvoll unter Beweis gestellt, und der Italiener Massimiliano Papis hat immerhin einen Vertrag als Lotus-Testpilot in der Tasche.

Zu Beginn der Saison 94 sieht es so aus, als würden Franck Lagorce und der Brasilianer Gil de Ferran den Kampf unter sich ausmachen. Am 1. Mai wird in Silverstone das erste Rennen gestartet. Alle stehen unter dem Schock der Ereignisse von Imola. Der Franzose Franck Lagorce gewinnt das Rennen. Zweiter wird der Schotte David Coulthard. Es bleiben seine einzigen Punkte - zwei Rennen später wird er das durch Sennas Tod vakante Williams- Cockpit übernehmen.

Doch dann zieht der 28jährige Brasilianer de Ferran mit einem Sieg im Klassikerrennen in der Pyrenäenmetropole Pau mit Lagorce gleich.

Der dritte Lauf in Barcelona wird überschattet vom schweren Unfall des Brasilianers Tarso Marques in der künstlichen Reifenschikane. Glücklicherweise gibt das Krankenhaus bald Entwarnung. Das Rennen entschei-

Endstand 1994

	Fahrer	Team,	Fahrzeug	Punkte
1.	Jules Boullion (F)	DAMS-Motorsport	Reynard 94D-Cosworth	36
2.	Franck Lagorce (F)	Equipe Apomatox	Reynard 94D-Cosworth	34
3.	Gil de Ferran (BR)	PSR-Paul Stewart Racing	Reynard 94D-Judd-Zytek	28
4.	Vincenzo Sospiri (I)	Supernova-Team	Reynard 94D-Cosworth	24
5.	Didier Cottaz (F)	PSR-Paul Stewart Racing	Reynard 94D-Judd-Zytek	13
	Massimiliano Papis (I)	Mythos Racing	Reynard 94D-Judd-Zytek	13
7.	Guillaume Gomez (F)	DAMS-Motorsport	Reynard 94D-Cosworth	12
8.	Fabrizio de Simone (I)	Mythos Racing	Reynard 94D-Judd-Zytek	7
9.	Hideki Noda (J)	Forti Corse	Reynard 94D-Cosworth	6
	David Coulthard (GB)	Vortex Motorsport	Reynard 94D-Cosworth	6

Estoril 94: Sospiri, Bouillon, Gom

Formel 3000 vor dem Ende

Obwohl Deutschland mit Christian Danner 1985 den ersten Champion stellte, ist hierzulande das Interesse an der Formel 3000 relativ gering. Michael Bartels war der letzte deutsche Fahrer in der F 3000 (1993: Elfter), bis auch er eine neue Motivation im Tourenwagensport suchte.

Das geringe Interesse an der Formel 3000 resultiert aus einem großen Promotionmangel. Mit Ausnahme der Rennen im Rahmen der F-1-Grand-Prix und der Prestigeveranstaltung in Pau findet der Rest der Läufe praktisch vor leeren Tribünen statt. Verbesserungsvorschläge, adressiert an FIA/FOCA, stoßen immer wieder auf taube Ohren, und der Terminkalender wechselte in diesem Jahr bis zur Saisonmitte so oft, daß eine gescheite Logistik schier unmöglich war. So wird die F 3000 wahrscheinlich irgendwann von der Bildfläche verschwinden. Bernie Ecclestone hat schon in Spa-Francorchamps bekanntgegeben, daß 1996 eine neue Kategorie die jetzige F 3000 ablösen wird.

Um Kosten einzudämmen soll es eine Einheitsformel analog zum Vorbild Indy-Light werden: Einheitliches Chassis, einheitlicher Motor, einheitliche Reifen. Gerüchten zufolge soll Reynard das Chassis herstellen. BMW und Opel haben großes Interesse, den Einheitsmotor (2000 ccm/ Gr. A-Spezifikation) für die geplante neue Klasse bereitzustellen.

Spektakulärer Crash auf dem tückischen Stadtkurs im französischen Pau. Nicolas Leboissetiers rast beim zweiten Lauf zur EM in de

Rasante Aufholjagd. Noch ist Bouillon (1) hinter Lagorce (15)

weiten Runde gegen die Leitplanken

den diesmal andere für sich: Massimiliano Papis gelingt ein überragender Start-Ziel-Sieg, Fabrizio de Simone wird Zweiter vor Vincenzo Sospiri. Der Brasilianer de Ferran fällt mit Motorschaden ebenso aus wie der Franzose Jules Boullion. Franck Lagorce wird nur Fünfter, kann aber seine Führung in der Gesamtwertung verteidigen.

Das Rennwochenende in Pergusa steht wie in den Vorjahren ganz im Zeichen des Chaos. Kurz nach dem Start gibt es eine Massenkollision. Riesenglück haben Oliver Gavin und Fabrizio de Simone bei diesem Crash. Der Lola des Briten hebt ab wie ein Flugzeug und kracht auf den Reynard des Italieners. Beide kommen mit dem Schrecken davon. Das Rennen wird allerdings erst nach einem weiteren Unfall abgebrochen. Nach zweistündigen, teilweise chaotischen Aufräumarbeiten wird neu gestartet. Gil de Ferran fährt seinen zweiten Saisonsieg ein.

In Hockenheim beginnt die Zeit des Jules Boullion, im Vorjahr noch achter in der Endabrechung. Bis zu diesem Lauf hat der Franzose wenig Glück gehabt: Ein vierter Platz in Pau ist bis dahin das einzige Punkteresultat gewesen. Nun startet er eine furiose Aufholjagd auf den Titel. Hinter Franck Lagorce wird er Zweiter, bei den letzten drei Veranstaltungen läßt er dann keinen mehr an sich vorbei. Dabei profitiert er auch vom Pech seiner Rivalen Lagorce, de Ferran und Sospiri. Lagorce fährt in Spa und Estoril keine Punkt ein. Gil de Ferran kann in Belgien immerhin zwei Zähler auf seinem Punktekonto verbuchen - er zieht in der Tabelle mit Franck Lagorce gleich. Vincenzo Sospiri bricht sich auf dem Ardennenkurs bei einem Crash mit Emmanuel Clerico ein Handgelenk. Beim vorletzten Lauf in Estoril wird Sospiri immerhin Zweiter.

Beim Finale in Magny-Cours sichert sich der 25jährige Jules Boullion durch seinen dritten Sieg in Folge die Formel-3000-Meisterschaft 1994. Die Hoffnungen von Gil de Ferran, doch noch den Titel zu retten, enden bereits in der ersten Kurve mit einem verbogenen hinteren Dreieckslenker. Fabrizio de Simone hatte den Brasilianer abgeschossen. Die Chancen von Franck Lagorce stehen acht Runden lang sehr gut. Doch dann muß er die Führung an Boullion abgeben. Am Ende bleibt Franck Lagorce die Vizemeisterschaft.

Das DAMS-Team von Jean-Paul Driot avanciert nach den Titelgewinnen von 1990, 1993 und 1994 zum erfolgreichsten Rennstall der Formel 3000.

W.M.

Chronik der Meister

Jahr	Fahrer
1985	Christian Danner (D)
1986	Ivan Capelli (I)
1987	Stefano Modena (I)
1988	Roberto Moreno (BR)
1989	Jean Alesi (F)
1990	Erik Comas (F)
1991	Christian Fittipaldi (BR)
1992	Luca Badoer (I)
1993	Olivier Panis (F)
1994	Jules Boullion (F)

RENNTERMINE 1995

Bei Redaktionsschluß standen nur die beiden Rennen in Silverstone (1. Mai) und Pau (5. Juni/Pfingsten) fest.

Der Müller-Knüller

Der schnelle Mann mit dem Allerweltsnamen fiel bislang durch Unfälle auf. Jetzt ist Jörg Müller auf dem Weg in den Profi-Motorsport: Formel 1 oder DTM

Sechs ihrer letzten sieben Meister schafften es, in die Königsklasse des Motorsports vorzudringen: Die Deutsche Formel-3-Meisterschaft war auch 1994 die beste weltweit. Und wie seine mittlerweile berühmten Vorgänger Michael Schumacher, Karl Wendlinger, Pedro Lamy oder Jos Verstappen ist auch der neue Meister Jörg Müller auf dem Sprung in die Formel 1.

Die Saison stand ganz im Zeichen von Jörg Müller. Mit elf Siegen und am Ende 71 Punkten Vorsprung auf den Zweitplazierten Alexander Wurz stellte Müller seine Extraklasse eindrucksvoll unter Beweis. Der 25jährige Zweiradmechaniker aus Hückelhoven nahe der holländischen Grenze brachte das Kunststück fertig, mit seinem Fiat-getriebenen weißen Dallara die gesamte Opel-Konkurrenz in Schach zu halten. Er stand bereits drei Rennen vor Saisonende als neuer Meister fest. Etwas ärgerlich brummte er nach dem Lauf in Singen: „Das hat kaum einer mitbekommen, weil an diesem Tag Ralf Schumacher siegte - zum erstenmal."

Ohnedies erlebte das siegverwöhnte WTS-Team um Michael Schumacher-Manager Willi Weber eine harte Saison: Der einzige Sieg von Michaels Bruder Ralf sowie dessen dritter Endrang waren das Resultat aus zwanzig Läufen. Während Ralf Schumacher in sei-

SERIE

Dt. Formel 3-Meisterschaft, seit 1950 (Formel Junior), seit 1975 in jetziger Form • Intern. Bewerber- u. Fahrerlizenz Stufe B • 16 Läufe an 8 Wochenenden • Preisgeld: ca. DM 250.000 • Mindestalter 18 Jahre

DATEN

Kohlefasermonocoque, versch. Chassisherst., vorn und hinten verstellbare Flügel • Zweiliter-Vierzylinder-Motor, 170-178 PS, Höchstgeschw. 270 km/h • 5-Gang-Renngetriebe verschiedener Hersteller • Autopreis: ca. DM 160.000-230.000

KONTAKT

Formel 3-Vereinigung, Franz-Mecker-Straße 34, 54638 Bitburg, Tel.: 06561-3377, Fax: 06561-7956

Nur ein Viertel der PS-Zahl, die ein Formel-1-Motor entwickelt, hat

in Wagen der Formel 3. Dennoch ist diese Rennserie die wichtigste Vorstufe für die Königsklasse

nem Formel-3-Premierenjahr durch Konstanz und erstaunlich wenig Fehler auffiel, wurde sein eigentlich zum Siegen verpflichteter Teamkollege Sascha Maassen zum Verlierer der Saison. Der Aachener schaffte lediglich drei zweite Plätze und verließ das WTS-Team am Ende der Saison.

Der Vize-Meister kommt aus Österreich: Alexander Wurz wechselte vom Marko-Team zum G+M-Team von Siggi Müller junior, fuhr im Laufe der Saison drei Siege ein und steckte auch seinen schweren Unfall in Wunstorf gut weg. Dagegen zeigte sich Wurz-Teamkollege Michael Graf überfordert: In seinem dritten F3-Jahr fiel der Bruder von Tennisstar Steffi Graf vor allem durch schwere Unfälle am Nürburgring, in Diepholz und auf der Avus auf. Er beendete die Saison weit abgeschlagen als Einundzwanzigster.

Ebenfalls ein Fiasko erlebte VW-Motorsport um Teamchef Bertram Schäfer. Der neue 16-Ventil-Motor benötigte in der ersten Saisonhälfte noch einiges an

Regenroulette am Nürburgring: Ralf Schumacher (Nr. 2) dreht sich gleich nach dem Start

Noch lächelt er: Am Saisonende liegt Favorit Maaßen (l.) hinter Debütant Schumacher (r.)

Vom Bruchpilot zum Durchstarter

Ende 1992 schien seine Karriere bereits beendet: Jörg Müller war in drei Jahren Formel 3 zwar durch sein begnadetes Talent aufgefallen - ebenso aber auch durch viele Unfälle und eine fehlende professionelle Einstellung. Die Folge: Kein Team und kein Sponsor wollte mehr mit dem 25jährigen Obergefreiten aus Hückelhoven zusammmenarbeiten. Bis der österreichische Teamchef Dr. Helmut Marko dem Luftikus der deutschen Formel 3

Der Meister: Jörg Müller

Mit diesem Renner zeigte Müller, was in ihm steckt

Die weltbeste Formel 3

Der Höhenflug der Formel-3-DM hielt auch 1994 an. Aufgrund ausführlicher Berichterstattung auf Eurosport schnellten die Sendeminuten in die Höhe. Dank der Termin-Verbindung mit der DTM fuhren die Formel-3-Youngsters meist vor vollen Tribünen. Und mit dem neuen Seriensponsor Würth stieg das Budget der Formel-3-Vereinigung von 1,2 auf 1,6 Millionen Mark. Die Folge waren volle Starterfelder mit internationalen Piloten. Womit die deutsche Formel-3-Meisterschaft ihren Ruf als weltweit beste Formel-3-Serie weiter festigte. Die Aussichten für 1995: Alle Inlandsrennen der DTM zuzüglich dem Lauf in Mugello werden Schauplatz der F3-DM sein. Dazu kommen die Läufe zur neugegründeten Europameisterschaft im Rahmen der DTM-Auslandsrennen in Donington, Magny-Cours und Spa sowie beim F 3-Marlboro-Masters in Zandvoort.

eine allerletzte Chance gab. Müller nutzte sie: Sieg beim Formel-3-Weltfinale in Macao Ende 1993 und nun der überlegene DM-Titel 1994. Aus dem Hofnarren der deutschen Formel 3 war der Überflieger der Saison geworden. Für die kommende Saison 95 strebt Jörg Müller, der von Dr. Helmut Marko nun auch gemanagt wird, einen Testvertrag in einem Formel-1-Team an. Und auch Alfa Romeo-Sportchef Giorgio Pianta hat bereits Interesse an Müller bekundet - für die Deutsche Tourenwagen-Meisterschaft.

Die Hektik in der Boxengasse ist nicht anders als bei den Großen: Vorbereitungen am Norisring

Im Mai gibts alljährlich einen internationalen Formel-3-Lauf in Monaco. Sieger 1994: Giancarlo Fisichella aus Italien

Entwicklungsarbeit, später kamen Handlingsprobleme infolge der veränderten Gewichtsverteilung hinzu. Max Angelelli kam als bester VW-Pilot in der Endabrechnung auf einen enttäuschenden neunten Gesamtrang, zwei vierte Plätze für ihn und seinen Teamkollegen Patrick Bernhardt blieben die besten VW-Resultate.

Die Entdeckung der Saison aber wurde Norberto Fontana. Der Pilot aus dem Schweizer KMS-Team gewann dreimal (Wunstorf, Doppelsieg Nürburgring), fiel durch seine extrem kämpferische Fahrweise auf und hat mit dem staatlichen argentinischen Mineralölkonzern YPF auch einen potenten Sponsor im Rücken. Für 1995 ist der in der Schweiz lebende Fontana ein heißer Titelkandidat.

Die B-Meisterschaft für Fahrzeuge Baujahr 1993 und älter wurde zu einer Fortsetzung des Duells aus gemeinsamen Formel-Renault-Tagen: Arnd Meier (Kaufmann-Motorsport) gegen Christian Menzel (hms-Team) hieß die Auseinandersetzung, die schließlich - wie bereits in der Formel Renault - Meier für sich entschied. Die Pole-position in Wunstorf sowie zwei bravouröse Rennen auf dem Fliegerhorst nahe seiner Heimatstadt Hannover waren dabei die Glanzpunkte für den Ex-Kartmeister Meier. Bei Tests in Zandvoort nach Saisonabschluß fuhr Meier dann im ehemaligen G+M-Wagen von Michael Graf derart gute Zeiten, daß er die Saison 95 in einem brandneuen Dallara-Opel von G+M bestreiten wird. M.S.

Für VW-Pilot Patrick Bernhardt war die Saison zum ko....

Geflügel-Schau: In der Formel 3 lernt der Pilot, mit den Flügeleinstellungen die Aerodynamik zu verändern

Chronik der Meister

Jahr	Fahrer
1975	Ernst Maring (D)
1976	Bertram Schäfer (D)
1977	Peter Scharmann (A)
1978	Bertram Schäfer (D)
1979	Michael Korten (D)
1980	Frank Jelinski (D)
1981	Frank Jelinski (D)
1982	John Nielsen (DK)
1983	Franz Konrad (A)
1984	Kurt Thiim (DK)
1985	Volker Weidler (D)
1986	Kris Nissen (DK)
1987	Bernd Schneider (D)
1988	Joachim Winkelhock (D)
1989	Karl Wendlinger (A)
1990	Michael Schumacher (D)
1991	Tom Kristensen (DK)
1992	Pedro Lamy (P)
1993	Jos Verstappen (NL)
1994	Jörg Müller (D)

B-Meister

Jahr	Fahrer
1990	Fanz Binder (A)
1991	Mathias Arlt (D)
1992	Christian Abt (D)
1993	Patrick Bernhardt (D)
1994	Arnd Meier (D)

Endstand 1994

Deutsche Meisterschaft Formel 3

Fahrer/Wohnort	Alter	Wagen	Punkte
1. Jörg Müller/Hückelhoven (D)	25 Jahre	Dallara-Fiat	250
2. Alexander Wurz/Perchtoldsdorf (A)	20 Jahre	Dallara-Opel	219
3. Ralf Schumacher/Kerpen (D)	19 Jahre	Dallara-Opel	158
4. Sascha Maassen/Aachen (D)	25 Jahre	Dallara-Opel	153
5. Pedro Couceiro/Lissabon (P)	24 Jahre	Dallara-Opel	135
6. Norberto Fontana/Luzern (CH)	19 Jahre	Dallara-Opel	118
7. Philipp Peter/Figino-Casoro (I)	25 Jahre	Dallara-Fiat	116
8. Christian Abt/Kempten (D)	26 Jahre	Dallara-Opel	66
9. Massimiliano Angelelli/Monaco (MC)	27 Jahre	Dallara-VW	63
10. Frederico Viegas/Torres Vedras (CH)	20 Jahre	Dallara-Opel	36

Endstand B-Meisterschaft 1994

Fahrer/Wohnort	Alter	Wagen	Punkte
1. Arnd Meier/Hannover (D)	21 Jahre	Dallara-Opel	92
2. Christian Menzel/Langenfeld (D)	23 Jahre	Dallara-Opel	74
3. Tim Bergmeister/Langenfeld (D)	19 Jahre	Dallara-Opel	65
4. André Fibier/Hamburg (D)	21 Jahre	Dallara-Opel	61
5. Oliver Tichy/Brunn a.G. (A)	18 Jahre	Dallara-VW	56

DER MACHER

Manfred Hahn

Seit 1988 lenkt der gelernte Bautechniker die Formel-3-Geschicke. Über den Eifel Motor Sport Club, dessen Vorsitzender er zwölf

Jahre lang war, kam der Hobby-Angler zur F3. Mit einer Sekretärin leitet er die Formel 3 von Bitburg aus. Für 1995 plant er eine Wiederbelebung der alten Formel-3-EM.

Die Renntermine für 1995 lagen bei Redaktionsschluß noch nicht vor.

SERIE

Deutsche Formel Opel Challenge und Formel Opel Euroserie, seit 1988 • Intern. C-Lizenz erforderlich • 10 DM-Läufe, 15 in Euroserie • Preisgeld: DM 100.000, in der Euroserie DM 200.000 • Mindestalter 17 Jahre (Deutsche Formel) 18 Jahre (Euroserie)

DATEN

Vorgeschr. Einheitschassis, Mischkonstruktion: rohrrahmenunterstützte Monocoque-Bauweise, vorn und hinten verstellbare Flügel • Ab 1995 vorgeschr. Kopfschutz, erhöhter Umbau des Nackens und der Seiten • Opel Zweiliter-Vierzylinder-Motor mit 16V, Bosch-Einspritzung, Dreiwege-Kat, 158 PS bei 7000 U/min, Höchstgeschwindigkeit bis zu 250 km/h • Hewland-Fünfgang-Renngetriebe • Autopreis: ca. DM 65.000

KONTAKT

EFDA (European Formula Drivers Association), Robert Reicherts, 2. Rue Jaurès, L-1836 Luxemburg Tel.: 00352-44 64 64, Fax: 00352-45 56 83

Mit schmalem Budget jedesmal in die Punkteränge: Ralf Goral

Das feuerrote Spielmobil des schweizer Vizemeisters Martin Opprecht. Bewegt sich das Geschoss aus eigener Kraft, erreicht es ein

Ralfs Familienauto

Umsicht und Erfahrung haben sich für den Duisburger Ralf Goral ausgezahlt. Dem 27 Jahre alten Kfz-Meister reichten zwei Saisonsiege zum Titelgewinn in der Deutschen Formel-Opel-Challenge. Damit erzielte Goral zwar einen Erfolg weniger als Vizemeister Martin Opprecht. Er sicherte sich aber mit drei zweiten Plätzen und vor allem durch Zuverlässigkeit einen Vorsprung, der sich als uneinholbar erwies. Mit kleinstem Budget und Team - ein reiner Familienbetrieb - und einem Chassis des Baujahrs 1988, das er obendrein aus Kostengründen äußerst pfleglich behandeln mußte, fuhr Ralf Goral in seiner vierten Formel-Opel-Saison bei jedem der zehn Läufe in die Punkteränge.

Mit einem Doppelsieg beim Finale in Zandvoort (NL), seinem zweiten und dritten Erfolg in dieser Saison, sicherte sich Martin Opprecht die Vizemeisterschaft. Allerdings mußte der 24jährige in seiner zweiten Formel Opel-Saison auch zwei Nullrunden hinnehmen.

Bis zum sechsten Lauf hielt Dirk Müller aus Halver die Tabellenführung. Der 19jährige bestritt seine erste komplette Saison im Formel-Opel-Cockpit und ließ seinem Auftaktsieg in Hockenheim einen weiteren Triumph folgen. Erst beim letzten Rennen in Holland machte Opprecht ihm den Vizetitel streitig und verwies ihn auf Rang drei im Endklassement.

Das Feld war 1994 beachtlich groß. 32 Piloten kämpften mit den von serienmäßigen Opel-Zweiliter-Motoren angetriebenen Monoposti um die Deutsche Meisterschaft. H.H.

…chstgeschwindigkeit von 250 km/h

Endstand 1994

Deutsche Formel Opel Challenge

	Fahrer	Wohnort	Punkte
1.	Ralf Goral	Duisburg (D)	128
2.	Martin Opprecht	Kümmertshausen (CH)	114
3.	Dirk Müller	Halver (D)	113
4.	Wolfgang Engels	Duisburg (D)	107
5.	Wolf Henzler	Nürtingen (D)	70
6.	Peter Honegger	Horgen (CH)	66
7.	Jonas Krauss	Königsfeld (D)	59
8.	Jens Hainbach	Schotten (D)	37
9.	Michael Gerhardt	Ahlen (D)	25
10.	Tobias Krauss	Königsfeld (D)	25

Chronik der Meister Opel Challenge

Jahr	Fahrer
1989	Jörg Müller (D)
1990	Michael Krumm (D)
1991	Marco Mankonen (FIN)
1992	Helmut Schwitalla (D)
1993	Johnny Hauser (CH)
1994	Ralf Goral (D)

Meister: Ralf Goral (27)

Auf Barrichellos Spuren

Der Euroserie-Champion Marco Campos hat ein berühmtes Vorbild: Seinen brasilianischen Landsmann Rubens Barrichello. Der gewann 1990 als erster Brasilianer den Titel in der Euroserie und konnte bekanntlich 1994 einige spektakuläre Erfolge in der Formel 1 verbuchen.

Fünf Siege machten Campos zum erfolgreichsten der 24 eingeschriebenen Piloten 1994. Sie sicherten ihm schon beim 14. von 15. Lauf auf dem Nürburgring vorzeitig den Titel. Wie seinerzeit Rubens Barrichello und 1991 der Portugiese Pedro Lamy holte auch Campos mit dem italienischen Team Draco Racing den Meisterschafts-Titel. Der Erfolg des erst 19 Jahre jungen Piloten aus Curitiba fand besondere Beachtung, weil der Südamerikaner zu Saisonbeginn direkt vom Kartsport in die Formel Opel umstieg und überdies gleich in deren Oberliga, die Euroserie.

Einen Landsmann zum Vorbild haben auch der Vizemeister und der Drittplazierte der Euroserie: Die beiden Holländer Tom Coronel und Donny Crevels richten ihre Blicke auf Jos Verstappen. Der Benetton-Teamkollege von Formel-1-Star Michael Schumacher gewann 1992 die Benelux-Meisterschaft in der Formel Opel. Immerhin errang Verstappen-Freund Tom Coronel (22) im Team Van Amersfoort Racing 1994 zwei Rennsiege.

Donny Crevels hatte nach den Läufen vier und fünf im italienischen Mugello sogar die Tabellenführung übernommen, allerdings nur kurzfristig. Für den 20jährigen aus Amsterdam blieb es bei einem einzigen Sieg in dieser Saison: Er erzielte ihn beim dritten Lauf - im Rahmenprogramm des tragischen Formel-1-Grand-Prix von Imola. H.H.

Champ 94: Marco Campos

Rangelei auf dem Nürburgring: Beim gemeinsamen Lauf der Opel

Chronik der Meister Opel Euroserie

Jahr	Fahrer
1990	Rubens Barrichello (BR)
1991	Pedro Lamy (P)
1992	Gareth Rees (GB)
1993	Patrick Crinelli (I)
1994	Marco Campos (BR)

RENNTERMINE 1995

Die Termine für die Rennserien der Deutschen Formel Opel Challenge und der Opel Euroserie standen bei Redaktionsschluß noch nicht fest.

Endstand 1994

Formel Opel Euroserie

	Fahrer	Team	Punkte
1.	Marco Campos (BR)	Draco Racing	182,5
2.	Tom Coronel (NL)	Van Amersfoort Racing	174,0
3.	Donny Crevels (NL)	AR Motorsport	142,0
4.	Richard Westbrook (GB)	Apex/D. Lloyd Motorsport	110,5
5.	Tommy Rustad (N)	Harald Hellum Racing	109,5
6.	Albery Spinola (BR)	Draco Racing	67,0
7.	Goncalo Gomes (P)	Draco Racing	64,0
8.	Kurt Mollekens (B)	Van Amersfoort Racing	61,5
9.	Nicola Croccioni (I)	Vergani Racing	57,0
10.	Alessandro Ferraresi (I)	Bicar Racing	56,0

• INFOS ZUR SERIE AUF SEITE 124 •

:uroserie und der Opel-Challenge hat Spinola die Nase vorn. Schrecksekunde für Rustad: Er fährt kurz ins Kiesbett

Für zwölf das Sprungbrett in die Formel 1

Rund 280 Formel-Opel-Rennwagen sind derzeit weltweit in sieben nationalen Meisterschaften und ihrer Oberliga, der Euroserie, im Einsatz. Und weil die einheitlichen Chassis bis auf Detailverbesserungen, etwa Sicherheitsmaßnahmen wie der für 1995 vorgesehene Kopfschutz, unverändert geblieben sind, hat sich für den preiswerten Einstieg ein ansehnlicher Gebrauchtwagen-Markt entwickelt. 1994 startete die Euroserie viermal vor großer Formel-1-Kulisse - in Imola (I), Magny Cours (F), Silverstone (GB) und beim Großen Preis von Deutschland in Hockenheim. Bis heute sind zwölf ehemalige Formel-Opel-Piloten in die Formel 1 aufgestiegen: Rubens Barrichello (BR), Pedro Lamy (P), Jos Verstappen (NL), Mika Häkkinen (SF), Heinz-Harald Frentzen (D), David Brabham (AUS), David Coulthard (GB), Philipp Adams (B) und Hideki Noda (J) sowie Oliver Gavin (GB), Jan Magnussen (DK) und Allan McNish (GB) als F1-Testfahrer.

Technisch gesehen ist die Formel Opel die leistungsstärkste Serie unter den Nachwuchsformeln. Ein abgasgereinigter Zweiliter-Vierzylinder-16V-Motor mit 158 PS beschleunigt die Monoposti auf atemberaubende 250 km/h. Im Alltagsbetrieb arbeitet das Aggregat in den Opel-Modellen Astra, Calibra, Omega und Vectra und stellt gleichzeitig die Basis für den Formel-3-Motor der Rüsselsheimer.

Die Organisation der Formel Opel-Meisterschaften hat im Auftrag von Opel die EFDA (European Formula Drivers Association) in Luxemburg übernommen, federführend ist Dan Partel.

Der UnKLUCKliche

Im Kampf um den diesjährigen Formel-Renault-Titel hießen die Hauptkontrahenten Marcel Tiemann (20) und Timo Kluck (21). Zwar kam der Eifelaner Kluck mit einem Fünf-Punkte-Vorsprung zu den letzten beiden Rennen auf der Kurzanbindung der Nürburgring-GP-Strecke - doch ein Ausrutscher im ersten der beiden Läufe kostete ihn ausgerechnet bei seinem Heimspiel den Meistertitel. Es blieben die Plätze 5 und 3 sowie der Verlust des Titels an Marcel Tiemann.

In Sachen Siege konnte nur der belgische Gastfahrer Jean-Francois Hemroulle mit Tiemann und Kluck mithalten, alle drei schafften zwei Erfolge. Je ein Sieg ging an Mario Münch und den mit deutscher Lizenz fahrenden Briten James Rhodes. Für den Sieger der Zakspeed/elf-Rennfahrerschule und damit amtierenden „Pilot elf", Sascha Bert, reichte es in seinem ersten Formel-Renault-Jahr zu keinem Sieg. Immerhin blieb für den Tiemann-Teamkollegen der vierte Platz in der Meisterschaft.

Die beiden Hauptdarsteller der diesjährigen Formel Renault müssen sich um ihre Zukunft wenig Sorgen machen: Sowohl Marcel Tiemann (mit Zakspeed) als auch Timo Kluck (mit G&J) steigen nächstes Jahr in die Deutsche Formel-3-Meisterschaft auf. M.S.

Traurige Wrackschau: Beim Training in Zolder muß Marcel Tieman

Beim letzten Lauf den fast sicheren Titel verloren: Timo Kluck

Champ Marcel Tiemann (l.) mit dem „Pilot elf" Sascha Bert

Endstand 1994

	Fahrer	Alter	Team	Punkte
1.	Marcel Tiemann	20	Swift	351
2.	Timo Kluck	21	Martini	337
3.	Michael Fiedler	20	van Diemen	262
4.	Sascha Bert	19	Swift	244
5.	Mario Münch	22	Martini	203
6.	Michael Keese	27	Martini	193
7.	Jens Winkelhock	24	Martini	161
8.	Sascha Jeub	20	Martini	159
9.	Yves Olivier	19	van Diemen	139
10.	Jürgen Güllert	29	Martini	118

…nen Wagen mit schwerem Schaden abstellen. Hoffnung und Enttäuschung liegen beim Motorsport nah beieinander

FORMEL RENAULT

SERIE

ONS-Formel-Renault-Cup, seit 1991 in Deutschland, 1970 in Frankreich • Internationale C-Lizenz erforderlich • 9 Läufe • Preisgeld: DM 650.000,– • Mindestalter 18 Jahre • ab 1995 gibt es eine B-Meisterschaft. Dort fahren Fahrzeuge Baujahr 1994 und älter mit den bisherigen 1,8-Liter-Motoren (130 PS) und Serien-5-Gang-Getriebe. Diese B-Meisterschaft ist ab 16 Jahren offen.

DATEN

Rohrrahmen-Chassis von versch. Herstellern • Mindestgewicht 455 kg • 2 Liter-Vierzylinder-Motor mit acht Ventilen, ca. 150 PS, Höchstgeschw. 240 km/h, 5-Gang-Hewland-Renngetriebe • Autopreis: ca. DM 70.000,–

KONTAKT

Deutsche Renault AG Abteilung Motorsport
Kölner Weg 6-10, 50321 Brühl
Tel.: 02232-73271, Fax: 02232-73559

Chronik der Meister

Jahr	Fahrer
1991	Joachim Beule
1992	Thomas Wöhrle
1993	Arnd Meier
1994	Marcel Tiemann

Macher: Bernd Hütter (siehe Clio-Cup)

RENNTERMINE 1995

04. Juni	Zolder (B)
02. Juli	Nürburgring (D)
06. August	Diepholz (D)
13. August	Zandvoort (NL)
20. August	Nürburgring (D)
10. September	Spa (B)
17. September	Nürburgring (D)
15. Oktober	Hockenheim (D)
22. Oktober	Vallelunga (I)

Termine vorläufig

Duell mit Rückzieher

Die Hochburg der Formel Ford befindet sich zwar im Mutterland Großbritannien, doch die Internationale deutsche Formel-Ford-Meisterschaft stand ihr 1994 nicht viel nach. Den Titel International hat diese Nachwuchsformel verdient: 32 Fahrer aus Deutschland, Dänemark, Österreich und der Schweiz holten Punkte in den neun Rennen.

Was Insider prophezeiten, traf schon beim ersten Rennen in Zolder ein: Die Meisterschaft 1994 entwikkelte sich zum Duell zwischen Eifelland Racing und dem neuformierten Team Sieber + Simon. Bei Eifelland traten Vorjahres-Vizemeister Mario Hilgert und Gregor Geuenich in die Pedale, beim Sieber + Simon-Team die drei Brüder Patrick, Marc und Norman Simon. Beim Auftakt siegte Patrick Simon vor Hilgert und Bruder Marc Simon. Dabei kam es schon zur einen oder anderen Feindberührung. Patricks Freude über den Sieg währte jedoch nicht lange: Wegen Unregelmäßigkeiten wurde der Sieger sowie Marco Dauser als Achter disqualifiziert. Patrick Simon wurde daraufhin noch dreimal Zweiter und einmal unangefochtener Sieger, doch nach dem fünften Saisonrennen zog sich das Wiesbadener Team Sieber + Simon wegen der Reglement-Diskussionen aus der Meisterschaft zurück. Außerdem hatte sich Patrick bei einem Unfall in Belgien verletzt und benötigte eine Zwangspause.

Damit war Eifelland des wichtigsten Gegners beraubt, was die Leistung von Mario Hilgert aber in keiner Weise schmälern soll. Der 23jährige hatte bis dahin schon drei Siege und zwei zweite Plätze herausgefahren, führte die Tabelle souverän an und gewann noch drei weitere Rennen. Das brachte ihm überlegen den internationalen DM-Titel 1994 ein.

Nur noch der Däne Jakob Sund vermochte sich einmal als Laufsieger in Szene zu setzen, als Hilgert ausfiel. Er wurde Vizemeister. Das vielleicht wertvollste Resultat gelang Mario Hilgert in Spa, wo er sich als sensationeller Zweiter inmitten der Europacup-Elite behaupten konnte. P.W.

SERIE

Internationale Formel-Ford-Meisterschaft, seit 1976 in Deutschland, 1966 in Großbritannien • ONS C- oder Junior-Lizenz • 10 Läufe • Preisgeld: ca. DM 260.000 incl. Sachpreise (Ford Fiesta für den Sieger der A-Wertung) • Mindestalter 16 Jahre

DATEN

Rohrrahmen-Chassis aus Stahl, Mindestgewicht 445 kg (Zetec) • Motor: Zetec-Motor aus den Ford-Serienmodellen Fiesta, Escort und Mondeo, 1800 ccm, 4 Zyl., 16 Ventile, ca. 130 PS, Katalysator, Höchstgeschwindigkeit ca. 240 km/h • Hewland-Renngetriebe, 4 Gänge plus Rückwärtsgang • Autopreis: ca. DM 48.000

KONTAKT

Ford Werke AG, Abteilung Motorsport NH/VMW
Henry-Ford-Straße 1, 50725 Köln
Tel. 0221-901 71 83, Fax 0221-901 29 85

RENNTERMINE 1995

02. April	Hockenheim (D)
16. April	Zolder (B)
23. April	Brünn (CZ)
28. Mai	Leipzig (D)*
04. Juni	Zeltweg (A)
09. Juli	Nürburgring (D)
16. Juli	Salzburg (A)
06. August	Most (CZ)
03. September	Siegerland (D)
15. Oktober	Hockenheim (D)

* Termin noch nicht bestätigt

Chronik der Meister

Jahr	Fahrer
1989	Michael Krumm (D)
1990	Ralf Druckenmüller (D)
1991	Christian Fischer (CH)
1992	Alexander Wurz (A)
1993	Klaus Graf (D)
1994	Mario Hilgert (D)

Trauer um Volker Carius

Er machte die Formel Ford zu dem, was sie heute ist: die erfolgreichste Rennserie für den Formel-Nachwuchs. Motorsport-Größen wie Michael Schumacher, Heinz-Harald Frentzen und Karl Wendlinger durchliefen seine Schule. Im Juli diesen Jahres verstarb Volker Carius. Er wurde 62.
Begonnen hatte der gebürtige Koblenzer seine Motorsport-Karriere Mitte der Fünfziger als Clubmitglied des HMSC. Seitdem arbeitete er auf vielen Ebenen u.a. in der Formel 1, der DTM und dem Oldtimer-GP. Seit 1976 betreute er die Formel Ford.

Sechs Siege: Mario Hilgert

Endstand 1994

	Fahrer	Alter	Wohnort	Punkte	
1.	Mario Hilgert	23	Biersdorf	164	
2.	Jakob Sund	22	Slagelse (DK)	116	
3.	Marco Dauser	18	Hamburg	107	
4.	Gregor Geuenich	22	Zülpich	105	
5.	Torsten Neuenhöfer	20	Siegburg	77	
6.	Patrick Simon	18	Wiesbaden	71	
7.	Pierre Kaffer	17	Burgbrohl	62	*
8.	Marc Simon	21	Wiesbaden	60	
9.	Willi Franke	26	Korbach	56	*
10.	Nick Heidfeld	17	M´gladbach	48	**

Chassis: * Swift, ** Eifelland, alle anderen van Diemen

In Zolder rammt sich Mario Hilgert die Spitze seines Renners weg. Aber während der Saison hat er die Nase vorn

Rückzug: Die Brüder Simon

Hockenheim, Nürburgring - gefahren wird auf berühmten Kursen, aber oft noch vor leeren Rängen

Der Rennsport ist kein Gesellschaftsspiel. Wer in den Wagen steigt, dreht einsam seine Runden. Die Konzentration auf den Wagen

Der Nachwuchs

Im AvD-Formel-König-Youngster-Cup kann mit relativ bescheidenen Mitteln Motorsport betrieben werden: Das etwa 100 PS starke Rennfahrzeug ist für DM 40.000 zu haben; dem gegenüber steht ein sportliches Programm von neun Wertungsläufen auf den Rennstrecken von Zolder, Brünn, Dijon, Nürburgring, Siegerland und Hockenheim, ausgetragen zum Teil bei Topveranstaltungen wie der DTM oder gar dem GP von Deutschland.

Als Hauptfavoriten starteten der 18jährige Jens Wippermann und der zwei Jahre jüngere Bernd Friedrich in die Saison 94. Mit einem technischen Defekt fiel Wippermann beim ersten Lauf aus und überließ Friedrich, der viele Karterfolge vorweisen konnte, den ersten Laufsieg, denen die nächsten beiden bereits in Brünn folgen sollten. Beim vierten Lauf in Dijon, als Friedrich mit dem ungewohnten siebten Platz vorlieb nehmen mußte, siegte erstmals Wippermann vor Engelbert Perzl. Es war der Auftakt einer Serie von fünf Siegen hintereinander. Wippermann übernahm die Tabellenführung mit drei Punkten Vorsprung auf Friedrich. Die halbe Miete für den Titel, dachten viele, doch am letzten Renntag in Hockenheim sollte es anders kommen.

Im dramatischsten Rennen der Saison konnte Bernd Friedrich die Meisterschaft für sich entscheiden. Ob-

FORMEL KÖNIG

nd die Fahrbahn ist alles. Jens Wippermann wird 1994 Vizemeister

wohl Wippermann sich im Training als Zweiter plazieren konnte, vergab er in der Warm-up-Lap alle Chancen: Ein Dreher und Wippi startete als Letzter ins Rennen. Trotz einer dramatischen Aufholjagd schaffte er nicht mehr den Anschluß. Schließlich landete er im Kiesbett.

Friedrich kam auf den 4. Platz und entschied damit die Meisterschaft für sich. Mit 16 Jahren ist Bernd Friedrich der jüngste Meister aller Zeiten im Deutschen Rennsport. U.W.

Chronik der Meister

Jahr	Fahrer
1991	Dirk Kisters (D)
1992	Marian Hamprecht (D)
1993	Jörg Bergmeister (D)
1994	Bernd Friedrich (D)

ENDSTAND 1994

	Fahrer	Wohnort	Punkte
1.	Bernd Friedrich	Reinheim	140
2.	Jens Wippermann	Meschede	130
3.	Mark Thelen	Düsseldorf	90
	Thomas Mühlenz	Bergisch-Gladbach	90
5.	Daniel Krell	Denkingen	84
6.	Marco Seefried	Wemding	67
7.	Uwe Schmidt	Waiblingen	53
	Engelbert Perzl	Isen-Pemmering	53
9.	Ralf Halbich	Vohburg	52
10.	Thomas Kruse	Frankfurt/M	50

SERIE

AvD-Formel-König-Youngster-Cup, seit 1988 • ONS-Junior-Lizenz • 10 Läufe • Preisgeld: DM 100.000 (incl. Sachpreise) • Mindestalter 16 Jahre

DATEN

Vorgeschriebenes Einheitschassis • Gitterrohrrahmen, glasfaserverstärkter Kunststoff, einstellbare Front- und Heckspoiler • VW Polo-Motor, 4 Zylinder, 1300 ccm, ca. 105 PS bei 6800 U/min, bis 210 km/h • 4-Gang-Hewland-Getriebe • Autopreis: ca. DM 39.500 (als Kit-Selbstbausatz)

KONTAKT

König Motorsport GmbH
Postfach 610127
70308 Stuttgart
Tel.: 0711-316 55 95
Fax: 0711-316 95 05

DER MACHER

Werner Aichinger

Er ist Geschäftsführer der König Motorsport GmbH. Bis in die 80er Jahre war Aichinger aktiver Tourenwagenpilot. Darüberhinaus war er bis 1991 permanenter Starter der Deutschen Formel-3-Meisterschaft.

RENNTERMINE 1995

Die Termine der Formel König standen bei Redaktionsschluß noch nicht fest.

Gut in Fahrt: Bernd Friedrich

Ex und Kopp

Die BMW-ADAC-Formel-Junior-Meisterschaft wurde 1994 zu einer klaren Angelegenheit für den 20jährigen Richard Kopp, dem Piloten des Gewinnus-Teams: Mit vier Saisonsiegen, sechs Polepositions und ebenfalls sechs schnellsten Rennrunden ließ das Nachwuchstalent aus Bad Aibling seinem härtesten Kontrahenten Ronny Melkus keine Chance. Der Dresdner gewann zweimal (Zolder, Österreichring), mußte seine Titelhoffnungen jedoch nach einem Null-Punkte-Resultat beim vorletzten Rennen im belgischen Spa begraben. Dort feierte eine andere große Nachwuchshoffnung ihren ersten Sieg: Matthias Wolf, bereits bei Michael Schumacher-Manager Willi Weber unter Vertrag und aus der BMW-ADAC-Rennfahrerschule hervorgegangen, bewies damit, daß er 1995 ein gehöriges Wörtchen um den Titel mitreden möchte. Neben Kopp, Melkus und Wolf reichte es nur noch für Johan Stureson zu einem Sieg. Der Schwede schaffte damit in seinem dritten Formel-Junior-Jahr mit dem zweiten Gesamtrang den Durchbruch. Das schnellste Mädchen im Feld ließ beim Saisonfinale am Nürburgring aufhorchen: Katja-Isabell Müller fuhr auf Platz 4 und war damit die bestplazierte der vier angetretenen Mädchen. M.S.

Arbeiten wie die Profis. Die Wartung, Reparatur und Feinjustierun

SERIE
BMW-ADAC-Formel-Junior-Meisterschaft, seit 1991 • Intern. C-Lizenz oder ONS Junioren-Lizenz • 8 Läufe • Preisgeld: DM 150.000 • Mindestalter 16 Jahre

DATEN
Kevlar-Monocoque, Gewicht incl. Motor 370 kg • Motorrad-Motor aus BMW K1, 987 ccm, 100 PS, 4 Zyl., Höchstgeschwindigkeit 210 km/h • 5-Gang-Motorradgetriebe, sequentiell (alle Gänge in einer Reihe) • Autopreis: ca. DM 50.000

KONTAKT
ADAC, Bereich Sport, Am Westpark 8, 81373 München, Tel.: 089-76 76 26 54, Fax: 089-76 76 28 91

Endstand 1994

	Fahrer/Wohnort	Alter	Punkte
1.	Richard Kopp/Bad Aibling/D	20 Jahre	146
2.	Johan Stureson/Kristianstad/S	21 Jahre	102
3.	Ronny Melkus/Dresden/D	20 Jahre	87
4.	Tobias Schlesinger/Calden/D	18 Jahre	77
5.	Matthias Wolf/Marburg/D	17 Jahre	64
6.	Rolando Marzano/Coldrerio/CH	20 Jahre	57
7.	Dominik Schwager/Eisenhofen/D	18 Jahre	54
8.	Katja-Isabell Müller/Rees/D	20 Jahre	49
9.	Michael Huber/Penzberg/D	20 Jahre	36
10.	Erik Schwarz/Kaisersesch/D	19 Jahre	33

DER MACHER

Marc Surer

Die erfolgverheißenden Talente in der Formel Junior haben meist eines gemeinsam: Sie sind bei Marc Surer in die BMW-ADAC-Formelschule gegangen. Surer hat sie entdeckt und zur Förderung empfohlen. Bei BMW ist Marc Surer so etwas wie eine feste Einrichtung: Bereits 1977 fuhr der Schweizer im legendären BMW-Junior-Team. Im weiteren Verlauf seiner Karriere blieb Surer den Bayern stets treu: Seinen Formel-2-EM-Titel fuhr er auf einem BMW-Motor ein, und auch in der Formel 1 erzielte Surer seine größten Erfolge mit einem BMW-Turbo-Motor. Seit 1990 ist er BMW-Rennleiter und nun auch BMW-Nachwuchskoordinator. In dieser Funktion unterliegt ihm als Chefinstruktor die BMW-ADAC-Formelschule.

Chronik der Meister

Jahr	Fahrer
1991	Christian Abt
1992	Sandy Grau
1993	Ralf Kalaschek
1994	Richard Kopp

RENNTERMINE 1995
Die Termine der Formel Junior standen bei Redaktionsschluß noch nicht fest.

er Rennwagen gehört zum Job eines sparsamen Rennfahres. Ohne technisches Know-how ist man aufgeschmissen

Der Gang aufs Sieger-Treppchen wurde für Richard Kopp (M.) in dieser Saison zur Gewohnheit

Krach beim Kart

Gerhard „Lucky" Lindinger, der Deutsche Kartmeister der Jahre 1993 und 1994, erfüllte sich nach den Finalläufen in Oppenrod einen Herzenswunsch. Er sagte den „Funktionären" per Streckenmikrofon deutlich seine Meinung und trat als Fahrer ab. Der 27jährige Münchner vermarktet jetzt seine Karterfahrung als Tuner und Händler.

Der Macnum/Italsistem-Fahrer hatte wie im letzten Jahr mal wieder Probleme mit dem Phonlimit und den messenden Sportwarten. Seine deutschen Fahrerkollegen beherrschte der Münchner Kaufmann alle. Aber dann kam ein neuer Fahrer und Luckys Titelchancen schrumpften von Rennen zu Rennen: Der englische Haase/Comer-Werksfahrer Mike Simpson wurde von Haase-Deutschland-Vertreter Heinz Kuka erst zur Saisonmitte auf den DM-Titel angesetzt und gewann dann von sechs Rennen gleich fünf! Vor den beiden Finalläufen im hessischen Oppenrod bei Gießen hatte Lindinger noch neun Punkte Vorsprung auf Simpson. Die Haase-Leute hatten schon eine große Fete vorbereitet - doch der schnelle aber eigensinnige Brite Simpson kam nicht! Er fuhr lieber an diesem Wochenende bei der englischen Meisterschaft ...

Lindinger knatterte im ersten Finallauf dann hinter dem Sieger Cerwin Schweizer auf Platz zwei. Das reichte für den Titelgewinn. Den letzten Lauf erlebte Lindinger nach Ausfällen zwar noch einmal als Spitzenreiter. Aber dann sah er die schwarze Flagge: Wieder einmal war sein Kart zu laut! Lindinger griff zu besagtem Mikrofon und trat als Meister ab.

B.G.W.

Endstand der Deutschen Kart-Meisterschaft 1994

	Fahrer/Wohnort	Fahrzeug	Punkte
1.	Gerhard Lindinger/München	Macnum/Italsistem	126
2.	Patrick Muhl/Düsseldorf	Birel/Italsistem	119
3.	Michael Simpson/England	Haase/Comer	100
4.	Elran Nyenhuis/Assen/NL	Haase/Comer	86
5.	Klaus Sandhaas/Offenburg	Kali/Parilla	86

RENNTERMINE DKM 1995

16. April	Kerpen (D)	11. Juni	Lohsa (D)
30. April	Geesthacht (D)	25. Juni	Nürburgring (D)
28. Mai	Solitude (D)	16. Juli	Garching (D)

Die Bambinis

In der kommenden Saison startet der deutsche Kartsport mit einer Jugendklasse, der Klasse „Bambini/Kids", offen für Achtjährige mit 60 ccm-Motoren. Schirmherr dieser Nachwuchsklasse ist Michael Schumacher.

Schirmherr Schumacher

Deutsche Kart-Trophäe

Die Deutsche Kart-Trophäe 1994 der 125 ccm-Schaltgetriebeklasse gewann Peter Buchholz auf Mach1/KZH vor Titelverteidiger Knut Wolf auf Birel/TM, der um seine letzten beiden Titelchancen kam: die Rennen in Zwickau fielen aus.

ONS-Juniorpokal

Den ONS-Juniorpokal 1994 gewann Timo Scheider auf Wilson/Parilla überzeugend. Doch ob der 15jährige Burscheider seine Kartkarriere im nächsten Jahr fortsetzt, oder schon in ein kleines Formelauto umsteigt, ist noch offen. Alexander Müller belegt Rang zwei. Als Vize Europameister und Vize Weltmeister 1994 ist er der erfolgreichste Juniore aller Zeiten in Deutschland.

Flugeinlagen sind bei Kartrennen

Zweiter bei DM, EM und WM: Ale

Gerhard Lindinger in Aktion

Deutscher Meister: Lindinger

ine Seltenheit. Wer das Rad eines Konkurrenten berührt, wird trotz der Seitenkästen zum Herrn der Lüfte

ller fährt auf Schumachers Spuren

Chronik der Meister in der DKM

Jahr	Fahrer
1990	Arnd Meier (D)
1991	Jörg Seidel (D)
1992	Gerwin Schweizer (D)
1993	Gerhard Lindinger (D)
1994	Gerhard Lindinger (D)

SERIE

Deutsche Kart-Meisterschaft (DKM), Deutsche Kart-Trophäe (DKT), Deutscher Junior-Kart-Pokal (DJP) • Läufe: 6 mal 2 (DKM), 8 (DKT), 8 (DJP) • Mindestalter: 15/15/12 Jahre

DATEN

Rohrrahmenchassis
• DKM: 100 ccm-Drehschiebermotor ohne Getriebe, ca. 26 PS
• DKT: Wassergekühlte 125 ccm-Motoren, Sechsganggetriebe, ca. 40 PS bei 14.500 U/min • Neben der „kleinen" Getriebeklasse gibt es auch noch eine große: 250 ccm-Zweizylindermotoren, 80 PS, 195 kg Gesamtgewicht (incl. Fahrer), Höchstgeschwindigkeit 298 km/h
• DJP: 100 ccm-Zweitaktmotor, 20 PS, Höchstgeschwindigkeit über 100 km/h, kein Getriebe • Erste Erfahrungen sind in der „Bambini Klasse" und der „Kadettenklasse" möglich: 5-PS-Viertakter, ca. 70 km/h, Einstiegsalter 8 Jahre
• Die Karts aller Klassen kosten zwischen DM 3.500 und DM 10.000 • Saisonkosten der Spitzenteams: ca. DM 10.000

KONTAKT

Für alle drei Serien:
ONS, Waidmannstraße 47, 60596 Frankfurt
Tel.: 069-6330070, Fax: 069-6330730

Mercedes ist der große Gewinner der DTM 1994. Jörg van Ommen im gelben Zakspeed-Mercedes sichert sich den ITR-Gold-Cup

Tourenwagen

Gold für Silber

Die Titel-Rivalen waren die gleichen wie im Vorjahr: Mercedes gegen Alfa. Erstmals hatte auch Opel ein Werksteam zusammengeschmiedet, ohne bereits ernsthaft an den Titel zu denken. Die DTM blieb spannend bis zum vorletzten Lauf – erst da holte der erfolgreichste DTM-Pilot Klaus Ludwig zum zweitenmal Gold für Mercedes – und verabschiedete sich Richtung Opel.

Sie ist eine attraktive Frau. Sie hat Klasse. Aber sie muß warten. Als der verspätete Galan in den Türrahmen tritt und eine Autopanne zur Entschuldigung vorschützt, knallt sie ihm eine. Er ist Mercedes-Fahrer, und der TV-Spot schließt mit der Einblendung: „Lassen Sie sich was Besseres einfallen."

Zuverlässigkeit verspricht Mercedes gern. Dank dieser ist Klaus Ludwig 1994 mit der neuen AMG Mercedes C-Klasse zum dritten Mal Deutscher Tourenwagen-Meister geworden, für die Nobelmarke mit dem Stern war es der zweite Titel - nach 1992.

Obendrein haben die Stuttgarter mit Jörg van Ommen (Promarkt Zakspeed Team) die Vizemeisterschaft und den „ITR-Gold-Cup" gewonnen, in dessen Wertung zusätzlich die beiden „DTM on Tour"-Rennen in Mugello (I) und Donington (GB) eingerechnet sind. Selbst der Sieg der Markenwertung ging an Mercedes, obwohl manch einer auf seiner Sternfahrt von technischen Defekten geohrfeigt wurde, allen voran AMG-Pilot Bernd Schneider.

Ausfälle und letztlich taktische Fehler machten die

Topstars der DTM auch 1995: Keke Rosberg, Alessandro Nannini, Klaus Ludwig, Nicola Larini

Wasserspiele: Selbst bei Regen sie

e Allrad-Konkurrenz den silbernen Mercedes von Klaus Ludwig oft von hinten. Seine Konstanz entscheidet die DTM

Typisches Nürburgring-Wetter beim Eifelrennen. Im Pulk jagen die Fahrer durch die Gischt. Ludwig holt sich seinen ersten Sieg

Meisterschaftshoffnungen von Titelverteidiger Nicola Larini und Alfa Romeo zunichte. Opel hatte noch keine ernsthafte Hoffnung, schlug sich aber achtbar in der ersten Saison mit dem Calibra V6 und zog sicher die meisten Fans an die Rennstrecken. Woran Keke Rosberg als Liebling aller im Fahrerlager seinen Anteil hatte. 776 000 Zuschauer kamen - eine Rekordzahl für eine DTM, die sich mit siegfähigen Autos von drei Herstellern an Klasse und Spannung selbst überbot. Inklusive der „DTM on Tour"-Rennen verbuchte Alfa zwölf Siege, Mercedes elf und Opel einen.

Konstant vorne

Ich sehe nicht, daß sich die Punkte in einem Team wieder so auf einen Fahrer konzentrieren werden wie 1993 auf Nicola Larini - wichtig ist die Konstanz", sagte Mercedes-Sportchef Norbert Haug vor Saisonbeginn und behielt recht. Unspektakulär, ja fast unmerklich wurde Ludwig Meister. Hatte Larini im vergangenen Jahr mit zehn Siegen aufgetrumpft, reichten Ludwig 1994 drei zum Titel. Nach achten und fünften Plätzen in Zolder und in Hockenheim holte er den ersten und beeindruckendsten auf seiner Heimstrecke, dem Nürburgring. Trotz allradfreundlichen Regens sprintete der Roisdorfer von Startplatz vier in Führung und gab sie nicht mehr her. „Zwei Stunden Aquaplaningfahren war nicht einfach", stöhnte der neue Tabellendritte. Auch die staunende Allrad-Konkurrenz gab sich tief beeindruckt von den Qualitäten der ASR, der Antischlupfregelung des Mercedes.

Einen Monat später, erneut in der Eifel, gab es wieder Regen. Allerdings nur während der ersten Runden. Die DTM erlebte zum zweiten Mal in ihrer Geschichte, welches Chaos sich in der Boxengasse abspielt, wenn alle Piloten wünschen, auf Slicks umzurüsten. Für Ludwig - bis dato Neunter im Feld - lief der Reifenwechsel bestens, schließlich kam er als Zweiter ins Ziel. Im zweiten Durchgang ließ sich der anfänglich führende Ludwig zwar von Markenkollege Bernd Schneider und von Keke Rosberg im Opel Calibra niederkämpfen. Er erbte aber seinen zweiten Saisonsieg, als beide anläßlich der Überrundung von Gianni Giudicis Alfa im Aus landeten.

In der Hitze des Norisrings wurde Ludwig Dritter und Fünfter, übernahm aber dennoch die Tabellenführung. Auf dem noch heißeren Flugplatz von Diepholz erbte er die Führung im ersten Lauf vom ausgefallenen Bernd Schneider. Später war Asch schneller als der mit 50 Kilogramm Zusatzgewicht beladene Ludwig, überholte ihn sogar. Allerdings glückte Ludwig der Konter, und fortan wurde ihm Asch von der Box aus vom Leib gehalten. Es wurde Ludwigs dritter und letzter Saisonsieg.

Im zweiten Lauf von Diepholz traf Klaus Ludwig als Zweiter auf dem Siegerpodest Teamkollegin Ellen Lohr, die mit Platz drei erstmals seit 1992 wieder dort stand. Die einzige Dame des Feldes fiel 1994 fünfmal aus und landete letztlich auf dem elften Meisterschaftsplatz. Auf dem Nürburgring folgten noch zwei zweite Plätze für Ludwig, auf der Avus ein vierter und achter.

Schnelles Mercedes-Gespann: Bernd Schneider, Roland Asch

Computerspiele: Jeder gefahrene Meter wird rekonstruiert

DER MACHER: HANS WERNER AUFRECHT

Am 11. Juni 1986 wurde der Verein Internationale Tourenwagen Rennen (ITR) gegründet und Hans Werner Aufrecht zum 1. Vorsitzenden gewählt. Seitdem steht der 55jährige Schwabe dem Führungsgremium der DTM vor. Obendrein ist Aufrecht Firmenchef von AMG, dem größten Mercedes-Veredler und als Teamchef in der DTM erfolgreich engagiert.

Mercedes-Duo: Sportchef Haug (l.), AMG-Boß Aufrecht (r.)

SERIE

Deutsche Tourenwagen-Meisterschaft (DTM), seit 1984 • 20 Läufe bei zehn Veranstaltungen, plus je zwei Läufe in Mugello (I) und Donington (GB) mit Wertung zum ITR-Gold-Cup • Preisgeld 5 Mio. Mark • Internationale A-, B- oder C-Lizenz mit besonderer Qualifikation • Mindestalter 18 Jahre

DATEN

Stark modifizierte Serienfahrzeuge verschiedener Hersteller. Vom Basismodell müssen innerhalb eines Jahres mindestens 2.500 Stück gebaut worden sein, von der Modellreihe 25.000 • Maximal sechs Zylinder, 2,5 Liter Hubraum, aus Serienmotoren abgeleitet. In Autos nach 92er Reglement bis acht Zylinder und 5.000 ccm, 350 - 500 PS • Geregelter Katalysator • Renngetriebe verschiedener Hersteller, maximal sechs Gänge plus Rückwärtsgang (sequentielle Schaltung) • Autopreis DM 150.000,– bis 400.000,–

KONTAKT

ITR Internationale Tourenwagenrennen e.V. CITR
Postfach 1151, D-89336 Leipheim
Tel. 08221-72065, Fax 08221-7862

Die Regeln der Kunst

Das Klasse-1-Reglement der DTM gilt weltweit als das anspruchsvollste Regelwerk im Tourenwagen-Sport. Es erlaubt beispielsweise großzügige Karosserieveränderungen, vielfältige Maßnahmen zur Leistungssteigerung der Motoren, unbegrenzte Drehzahlen, umfangreiche Elektronik, und es stellt die Auslegung des mechanischen Getriebes frei. Verbindlich vorgeschrieben werden für die sportlichen Mittelklasse-Modelle mit vier Sitzplätzen in der Serienversion unter anderem: • Die Karosserielänge von mindestens 4,30 Metern • 1.040 kg Mindestgewicht für Allradler, für zweiradgetriebene Autos 1.000 kg • grundsätzlich maximal sechs Zylinder und 2,5 Liter Hubraum • Ausnahmen bilden Wagen, die nach dem 92er DTM-Reglement vorbereitet und 1994 letztmalig eingesetzt werden durften • Die Verwendung von bleifreiem Kraftstoff und geregelten Dreiwege-Katalysatoren sind seit Jahren Standard.

DTM-Siegerpodest 1994

10.4. Zolder (B)

1. Lauf:

1. A. Nannini (Alfa), 40.10,55 min
2. R. Asch (Mercedes), 4,70 sec zurück
3. G. Francia (Alfa), 10,98 sec zurück

2. Lauf:

1. A. Nannini (Alfa), 40.11,17 min
2. R. Asch (Mercedes), 2,99 sec zurück
3. G. Francia (Alfa), 3,42 sec zurück

24.4. Hockenheim

(Kleiner Kurs)

1. Lauf

1. K. Thiim (Mercedes), 41.37,74 min
2. J. v. Ommen (Mercedes), 1,76 sec zur.
3. N. Larini (Alfa), 3,36 sec zurück

2. Lauf

1. A. Nannini (Alfa), 41.24,43 min
2. K. Thiim (Mercedes), 0,21 sec zurück
3. K. Rosberg (Opel), 0,44 sec zurück

8.5. Nürburgring

(Grand-Prix-Kurs)

1. Lauf

1. K. Ludwig (Mercedes), 43.30,91 min
2. Ch. Danner (Alfa), 3,44 sec zurück
3. J. v. Ommen (Mercedes), 12,17 sec zur.

2. Lauf

1. N. Larini (Alfa), 46.42,94 min
2. Ch. Danner (Alfa), 0,39 sec zurück
3. K. Ludwig (Mercedes), 6,91 sec zurück

22.5. Mugello (I)

DTM on Tour

1. Lauf

1. K. Thiim (Mercedes), 36.40,58 min
2. J. v. Ommen (Mercedes), 4,94 sec zur.
3. Ch. Danner (Alfa), 15,45 sec zurück

2. Lauf

1. J. v. Ommen (Mercedes), 36.09,68 min
2. B. Schneider (Mercedes), 25,84 sec zur.
3. K. Nissen (Alfa), 36,82 sec zurück

2.6. Nürburgring

(Kurzanbindung)

1. Lauf

1. A. Nannini (Alfa), 39.36,76 min
2. K. Ludwig Mercedes), 3,74 sec zurück
3. B. Schneider (Mercedes), 4,26 sec zur.

2. Lauf

1. K. Ludwig (Mercedes), 38.38,86 min
2. J. v. Ommen (Mercedes), 0,71 sec zur.
3. K. Nissen (Alfa), 3,71 sec zurück

26.6. Norisring

(Nürnberg)

1. Lauf

1. N. Larini (Alfa), 39.03,70 min
2. J. v. Ommen (Mercedes), 12,03 sec zur.
3. K. Ludwig (Mercedes), 16,53 sec zur.

2. Lauf

1. K. Nissen (Alfa), 39.06,29 min
2. N. Larini (Alfa), 7,32 sec zurück
3. K. Thiim (Mercedes), 8,13 sec zurück

17.7. Donington (GB)

DTM on Tour

1. Lauf

1. A. Nannini (Alfa), 39.28,00 min
2. B. Schneider (Mercedes), 1,36 sec zur.
3. N. Larini (Alfa), 9,51 sec zurück

2. Lauf

1. M. Reuter (Opel), 39.31,02 min
2. J. v. Ommen (Mercedes), 10,34 sec zur.
3. K. Thiim (Mercedes), 14,61 sec zurück

24.7. Diepholz

1. Lauf

1. K. Ludwig (Mercedes), 39.00,94 min
2. R. Asch (Mercedes), 0,51 sec zurück
3. N. Larini (Alfa), 5,11 sec zurück

2. Lauf

1. B. Schneider (Mercedes), 38.52,07 min
2. K. Ludwig (Mercedes), 14,32 sec zur.
3. E. Lohr (Mercedes), 27,12 sec zurück

21.8. Nürburgring

(Grand-Prix-Kurs)

1. Lauf

1. J. v. Ommen (Mercedes), 38.37,52 min
2. K. Ludwig (Mercedes), 6,7 sec zurück
3. B. Schneider (Mercedes), 6,96 sec zur.

2. Lauf

1. J. v. Ommen (Mercedes), 38.23,58 min
2. K. Ludwig (Mercedes), 3,48 sec zurück
3. R. Asch (Mercedes), 3,76 sec zurück

4.9. Avus (Berlin)

1. Lauf

1. S. Modena (Alfa), 30.19,39 min
2. K. Thiim (Mercedes), 1,55 sec zurück
3. N. Larini (Alfa), 7,45 sec zurück

2. Lauf

1. S. Modena (Alfa), 39.23,49 min
2. R. Asch (Mercedes), 5,51 sec zurück
3. K. Thiim (Mercedes), 12,33 sec zurück

18.9. Alemannenring

(Singen)

1. Lauf

1. N. Larini (Alfa), 48.36,87 min
2. S. Modena (Alfa), 22,11 sec zurück
3. K. Nissen (Alfa), 24,78 sec zurück

2. Lauf

1. N. Larini (Alfa), 48.48,23 min
2. S. Modena (Alfa), 17,67 sec zurück
3. M. Reuter (Opel), eine Runde zurück

9.10. Hockenheim

(Großer Kurs)

1. Lauf

1. K. Thiim (Mercedes), 32.42,65 min
2. K. Ludwig (Mercedes), 2,84 sec zurück
3. B. Schneider (Mercedes), 3,37 sec zur.

2. Lauf

1. B. Schneider (Mercedes), 32.42,98 min
2. J. v. Ommen (Mercedes), 5,79 sec zur.
3. M. Bartels (Alfa), 10,75 sec zurück

DAS PUNKTESYSTEM DER DTM

Meisterschaftspunkte erhalten die zehn erstplazierten Fahrer eines jeden Rennens. Die beiden Rennen eines Wochenendes werden dabei als Einzelrennen gewertet.

Bei der Markenwertung wird nach demselben System gepunktet. Allerdings wird pro Rennen nur das bestplazierte Auto jedes Teams gewertet.

Die Punkte werden nach dem folgenden Schlüssel verteilt:

Platz 1	20 Punkte
Platz 2	15 Punkte
Platz 3	12 Punkte
Platz 4	10 Punkte
Platz 5	8 Punkte
Platz 6	6 Punkte
Platz 7	4 Punkte
Platz 8	3 Punkte
Platz 9	2 Punkte
Platz 10	1 Punkt

Klaus Ludwig holt 1994 drei Siege – den ersten am 8. Mai

In Singen erlebte er seinen einzigen DTM-Ausfall 1994 und wurde im zweiten Lauf Vierter. Nach einer gegen die überlegene Alfa-Armada eher blamablen Vorstellung von Mercedes auf dem Alemannenring fuhr der 45jährige trotzdem als Deutscher Tourenwagen-Meister nach Hause. Tja, das war's. Die Konstanz war wichtig. Irgendwie clever.

Andere Sternfahrer

Unter Ludwigs Markengefährten brachte vor allem das Zakspeed-Team aus Niederzissen mit Jörg van Ommen und dem Dänen Kurt Thiim die AMG-Kollegen aus Affalterbach mächtig ins Schwitzen. Vier Zakspeed-Siege zuzüglich zwei Triumphen bei den Auslandsstarts teilte das Fahrerduo gerecht. Aber obwohl Kurt Thiim mit insgesamt sechs Pole-positions im Qualifying der erfolgreichste DTM-Pilot 1994 war, behielt van Ommen am Ende die Nase vorn. Der 32jährige aus Moers wurde Meisterschafts-Zweiter und gewann obendrein den ITR-Gold-Cup – eine neue Wertung, die in Zukunft durch weitere Auslandsstarts der DTM noch größere Bedeutung bekommen soll.

Jörg van Ommen war der Mann des „Tourenwagen-GP“ auf dem Nürburgring im August. Er sicherte sich den ersten Startplatz und war in beiden Läufen ein nie gefährdeter Sieger. „Irgendwie hatte ich schon im Warm-up ein gutes Gefühl“, erklärte er später und verriet: „Ich hatte meinem Ingenieur den Doppelsieg sogar prophezeit.“ Mit zwei

Mit 28 Siegen und drei Meistertiteln der erfolgreichste DTM-Pilot: Klaus „König“ Ludwig

Ludwigs Teamkollegin Ellen Lohr steigt in Diepholz zum fünften Mal in der DTM aufs Podest

Die Teams 1994

WERKSTEAMS MERCEDES

AMG-Mercedes-D2-Privat-Team — gegründet 1967

Daimlerstraße 1, 71563 Affalterbach — DTM seit 1988
Tel. 07144-3020, Fax 07144-302201
Teamchef: Hans Werner Aufrecht, Teammanager: Hans-Jürgen Mattheis
Teammitglieder: 25
Fahrer: **Ellen Lohr, Klaus Ludwig**
Fahrzeug: AMG Mercedes C-Klasse
Erfolge (DTM): 1988 4 Siege, 1989 7 Siege, 1990 4 Siege, 1991 2. Platz, 5 Siege, 1992 DTM-Meister, 11 Siege, 1993 2. Platz, 7 Siege. Seit 1988 insgesamt 38 Siege, 16 Pole-Positions, 33 schnellste Runden

1994 am beständigsten: Ludwig auf dem AMG-Mercedes

AMG-Mercedes-Tabac Original-Sonax-Team — gegründet 1967

Daten siehe AMG-Mercedes-D2-Privat-Team — DTM seit 1988
Fahrer: **Roland Asch, Bernd Schneider**

Bernd Schneider fuhr mit Mercedes sieben Mal aufs Podest

ProMarkt Zakspeed Team — gegründet 1994

Brohltalstraße, 56651 Niederzissen — DTM seit 1987
Tel. 02636-8790, Fax 02636-87923
Teamchef: Peter Zakowski, Teammanager: Helmut Barth
Teammitglieder: 22
Fahrer: **Kurt Thiim, Jörg van Ommen**
Fahrzeug: AMG Mercedes C-Klasse

WERKSTEAMS ALFA ROMEO

Alfa Corse — gegründet 1938

Via Enrico Fermi 7, I-20019 Settimo Milanese
Tel. 0039-2-33561, Fax 0039-2-33501102
Teamchef: Giorgio Pianta, Teammanager: Claudio Chierigi
Teammitglieder: 25
Fahrer: **Nicola Larini, Alessandro Nannini, Stefano Buttiero (Stefano Modena)**
Fahrzeug: Alfa Romeo 155 V6 TI/94
Erfolge: DTM-Meister 1993

Vorjahresmeister Larini auf seinem temperamentvollen Alfa

Schübel Engineering — gegründet 1984

Hammerwerkstraße 24-26, 90592 Schwarzenbruck
Tel. 09128-99150, Fax 09128-991515
Teamchef: Horst Schübel, Teammanager: Didier Debae
Teammitglieder: 24
Fahrer: **Christian Danner, Giorgio Francia, Kris Nissen**
Fahrzeug: Alfa Romeo 155 V6/94

WERKSTEAM OPEL

Opel Team Joest — gegründet 1972

Bahnstraße 14, 69483 Wald-Michelbach — DTM seit 1993
Tel. 06207-50279, Fax 06207-1800
Teamchef: Reinhold Joest, Teammanager: Ralf Jüttner
Teammitglieder: 30
Fahrer: **Keke Rosberg, Manuel Reuter, John Winter**
Fahrzeug: Opel Calibra V6

PRIVATTEAMS

Alfa Romeo – Team Engstler — gegründet 1993

Rohrachstraße 9, 87487 Wiggensbach
Tel. 08370-227 o. 1015, Fax 08370-1314
Teamchef: Franz Engstler, Teammanager: Herr Costa
Teammitglieder: 24
Fahrer: **Franz Engstler, Carsten Struwe**
Fahrzeug: Alfa Romeo 155 V6 TI/93

BAS-Reifentechnik — gegründet 1989

Reuthof, 78586 Deilingen — DTM seit 1989
Tel. 07426-1062, Fax 07426-1063
Teamchef: Armin Bernhard, Teammanager: Siegfried J. Dierberger
Teammitglieder: 6
Fahrer: **Armin Bernhard**
Fahrzeug: Mercedes 190E 2.5-16 Evo II

Buffalo Boots — gegründet 1987

Kirchstraße 14, 64283 Darmstadt — DTM seit 1992
Tel. und Fax 06151-26496
Teamchef: Jürgen Feucht, Teammanager: Robert Voos
Teammitglieder: 6
Fahrer: **Jürgen Feucht**
Fahrzeug: Ford Mustang

DTM Junior Team — gegründet 1993

Brohltalstraße, 56651 Niederzissen — DTM seit 1993
Tel. 02636-8790, Fax 02636-87923
Teamchef: Peter Zakowski, Teammanager: Frank Rohwer
Teammitglieder: 10
Fahrer: **Stig Amthor, Sandy Grau**
Fahrzeug: AMG Mercedes 190E

Linder KFZ- + Rennsport GmbH — gegründet 1984

Roßmoos 9, 87629 Füssen-Weissensee
DTM seit 1984
Tel. 08363-6312, Fax 08363-6049
Teamchef: Ludwig Linder
Teammanager: Andreas Böhm
Teammitglieder: 10
Fahrer: **Harald Becker, Frank Schmickler**
Fahrzeug: BMW 325i E36
Erfolge: 4 Siege, 5 Pole-Positions

Persson Motorsport GmbH — gegründet 1993

In den Gerlen 19, 66131 Ensheim
DTM seit 1993
Tel. 06893-6092, Fax 06893-3523
Teamchef und Manager: Ingmar Persson
Teammitglieder: 10
Fahrer: **Uwe Alzen**
Fahrzeug: AMG Mercedes 190E
Erfolge: 1993 1. Platz Privatteam-Wertung

Persson PMCar Sports — gegründet 1993

Daten siehe Persson Motorsport GmbH
DTM seit 1993
Fahrer: **Marc Gindorf**

Ruch Motorsport — gegründet 1989

Provinzstraße 119a, 13409 Berlin-Reinickendorf
Tel. 030-4923073, Fax 030-4923076
Teamchef: Gerd Ruch
Teammanager: Eberhard Katz
Teammitglieder: 9
Fahrer: **Jürgen Ruch, Gerd Ruch**
Fahrzeug: Ford Mustang 5.0 GT
Erfolge: 1992 1 Punkt, 1993 1 Punkt

Schröder Rennsport

Dellenweg 51c, 53604 Bad Honnef
DTM seit 1994
Tel. 02644-2415 oder 02224-6481
Fax 02224-78106
Teamchef: Werner Schröder
Teammanager: Manfred Richards
Teammitglieder: 7
Fahrer: **Jürgen von Gartzen**
Fahrzeug: TCP/BMW M3 E36

Schübel International — gegründet 1984

Hammerwerkstraße 26, 90592 Schwarzenbruck
Tel. 09128-99150, Fax 09128-991515
Teamchef: Horst Schübel, Teammanager: Arno Zensen
Teammitglieder: 5
Fahrer: **Andy Wallace**
Fahrzeug: Alfa Romeo 155 V6/93

Jägermeister Schübel — gegründet 1984

Hammerwerkstraße 26, 90592 Schwarzenbruck
Tel. 09128-99150, Fax 09128-991515
Teamchef: Horst Schübel, Teammanager: Arno Zensen
Teammitglieder: 5
Fahrer: **Michael Bartels**
Fahrzeug: Alfa Romeo 155 V6/93

Erfolgreichster Privatfahrer 1994: Michael Bartels auf Alfa

Scuderia Giudici

Quartiere Mirabella, I-20081 Abbiategrasso
Tel. 0039-2-94963682, Fax 0039-2-94960263
Teamchef: Gianni Giudici, Teammanager: Giovanni Palazzoli
Fahrer: **Gianni Giudici**
Fahrzeug: Alfa Romeo 155 V6

WS-DHL Team — gegründet 1993

Leitenstraße 30, 82538 Geretsried
Tel. 08171-27473, Fax 08171-27642
Teamchef: Udo Wagenhäuser und Angelika Seidler
Teammitglieder: 10
Fahrer: **Rüdiger Schmitt, Günther Höge**
Fahrzeug: BMW E36 Klasse I

Das Fahrerfeld der DTM 1994. Oben von links: Bernd Schneider, Gerd Ruch, Jürgen Ruch, Jürgen von Gartzen, Michael Bartels, Nicola Larini, Kris Nissen, Günther Höge. Mitte: Giorgio Francia, Keke Rosberg, John Winter, Uwe Alzen, Manuel Reuter, Franz Engstler, Carsten Struwe, Wolfgang Schrey, Stefano Buttiero, Kurt Thiim, Klaus Ludwig, Jürgen Feucht, Frank Schmickler, Stig Amthor. Unten: Roland Asch, Jörg van Ommen, Ellen Lohr, Rüdiger Schmitt, Armin Bernhard, Sandy Grau

Ausfällen kam er über die Saison. Sein Thiim-Kollege hatte derer fünf und diese Zahl entsprach dann auch seinem endgültigen Rang in der Meisterschaft.

Während die Zakspeed-Mercedes C180 schreiend gelb daherkamen, gab sich das zweite AMG-Mercedes-Duo mit Bernd Schneider und Roland Asch äußerlich unentschlossen. Konstanter Streckensprecher-Kommentar: „Im Sonnenlicht sind sie grün, bei verhangenem Himmel dunkelblau – eine wirklich raffinierte Lackierung, liebe Zuschauer." Sie hatten noch mehr Qualitäten. Schneider qualifizierte sich dreimal für den ersten Startplatz und sammelte zwei Siege, wobei er in Diepholz sogar vom Ende des Feldes gestartet war. Tapfer mußte Schneider sein. Denn nachdem der Wahl-Monegasse bis zu den DTM-Läufen auf dem Norisring erst zwölf Punkte vorweisen konnte, wurde er zum „Entwicklungsträger" – zum Versuchskaninchen für technische Neuheiten. Nach sieben vorangegangenen Nullrunden folgten sieben weitere. Roland Asch, schwäbische Frohnatur und Ford-Händler aus Ammerbuch, kam mit drei Ausfällen über die Runden und ging auch nur drei weitere Male punktleer aus. Asch wurde Sechster, Schneider Zehnter der Meisterschaft.

Italienisches Temperament

Bei Titelverteidiger Alfa Romeo trumpfte zunächst Alessandro Nannini auf. Der Pechvogel der 93er Saison startete mit einem Doppelsieg in Zolder, ließ einen weiteren in Hockenheim folgen, den vierten auf dem Nürburgring. Der fünfte half ihm wenig: Er errang ihn beim „DTM-on-Tour"-Rennen in Donington und konnte sich dafür folglich keine Meisterschaftspunkte gutschreiben lassen. Die Kehrseite der Medaille: Vier Ausfälle und dreimal nicht in den Punkten.

Trotzdem hatte der Mann aus Siena Titelchancen bis zur vorletzten Veranstaltung in Singen, wo er sie sich in der zweiten Runde des ersten Laufes vermasselte. Der zu diesem Zeitpunkt noch amtierende Meister Nicola Larini führte vor Stefano Modena. Den wiederum hatte Alfa seit dem Avus-Rennen als Unterstützung angeheuert. Debütant Modena erledigte den Job in Berlin mit einem Doppelsieg. Für alle unverständlich griff Nannini also in Singen seinen Wasserträger an und ruinierte sich dabei an einer der zahlrei-

Privatfahrer

In der DTM '94 mußten sich die Zuschauer an eine Zweiklassen-Gesellschaft gewöhnen: An der Spitze die Klasse-1-Boliden der Werke, dahinter 93er Alfa Romeo 155 V6 TI und Mercedes 190E sowie BMW und Ford Mustang. Am erfolgreichsten unter ihnen waren Fahrer in italienischen Vorjahres-Autos, vor allem Michael Bartels. Der Plettenberger sammelte immerhin sieben DTM-Punkte und durfte dafür beim Finale Giorgio Francias 94er Alfa pilotieren. Bartels bedankte sich prompt mit 16 weiteren Zählern.

Die Vierzylinder-Fraktion hatte es schwer. In einem AMG-Mercedes 190E des letzten Jahres setzte sich Uwe Alzen mit Platz acht in Singen am besten in Szene; Sandy Grau und Stig Amthor verbuchten mit zehnten Plätzen je einen DTM-Punkt. Die liebevoll aufgebauten BMW von Linder und WS auf Basis des E36 beziehungsweise 325i hingegen tauchten mit ihren 375 PS nur noch in der Privatfahrerwertung auf. Hier mischten auch die Ford Mustang 5.0 GT von Jürgen Feucht sowie Gerd und Jürgen Ruch mit - letztmalig in dieser Saison. Der Abschied vom amerikanisch-brabbelnden Sound der V8-Motoren fiel der Szene schwer.

1995 nicht mehr dabei: Der satte Sound der V8-Mustangs

Volle Breitseite: Mercedes-Pilot Alzen kann sich mit Buttiero nicht über die Vorfahrt einigen

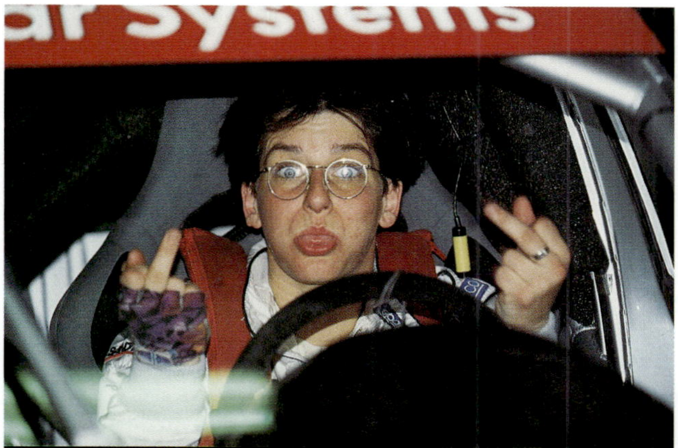

Die guten Manieren nimmt Ellen Lohr nicht mit ins Auto

Netzwerk in der Schaltzentrale: Asch im C-Klasse-Mercedes

Ohne Fronthaube ist Giudicis Alfa kaum wiederzuerkennen

Tatort Singen: Nanninis Alfa nach dem Rammstoß gegen Asch

Vermummungsgebot: Jörg van Ommen, Sieger des ITR-Cup

RTL BEI DER DTM

Radio in Farbe, das war ein Slogan des Rundfunksenders RTL. Farbe brachte RTL Television 1994 in die DTM: Kris Nissen fuhr den in Senderfarben lackierten Alfa Romeo des Schübel-Teams. Bei jedem Rennen warb der Wagen für eine andere RTL-Sendung. Der Kölner Unternehmer Bernd Breuer - ihm gehören u.a. die RTL-Studios in Hürth - unterstützte den sympathischen Dänen. Breuer: „Ich bewundere Kris, weil er nach seinem schweren Feuerunfall 1988 sein Leben so toll in den Griff bekam. Ein solcher Mann ist jedes Engagement wert."

Kris Nissen wird Siebter

Farbenfroh: Der RTL-Wagen

chen und kompromißlosen Mauern des Alemannenrings Kotflügel und Motorhaube, mußte aufgeben.

Im zweiten Durchgang kam es aber noch ärger. Nannini startete im von Giorgio Francia gepumpten Alfa. Für den Titelaspiranten mit dem gehandicapten Arm bedeutete es wegen der dort installierten H-Schaltung statt seiner gewohnten, sequentiellen Zweihebel-Version eine Qual. Er fuhr, als ob es um sein Leben ginge. Nach rundenlangem Duell mit Manuel Reuter im Opel Calibra war er Fünfter. Vor ihm fuhren ausschließlich Alfa-Piloten, und an der Box überlegte man bereits, wie man diese wohl zurückpfeifen könne. Doch drei Runden vor Schluß folgte die Meisterschaftsentscheidung: Nannini hatte gerade Asch überrundet, als dieser ihm in der Spitzkehre vehement in die Seite krachte. Der Italiener tobte an die Box, ließ Reifen wechseln und scherte wieder ins Rennen ein – gerade als Asch vorbeigekommen war. Drei Kurven später knallte er Asch mit Wucht ins Heck und türmte – immer noch sichtlich in Rage – aus seinem Alfa, der inzwischen Feuer gefangen hatte.

Italienisches Temperament zeigte auch Nicola Larini, der 1994 die Meisterkrone an Klaus Ludwig übergab. Ganz besonders erhitzt war Larinis Gemüt auf dem Nürburgring: Im Juni fiel er zweimal wegen einer Kollision aus und trat seine überstürzte Abreise direkt von der Box aus an. Beim GP Tourenwagen fiel er im ersten Lauf zunächst wegen einer Startkarambolage zurück, wurde verwarnt, weil er Kris Nissen umgedreht hatte und hauchte schließlich mit Motorschaden aus. Dennoch sicherte er sich die „Bronzemedaille" 94.

Einen weiteren Sieg für die italienische Marke errang Kris Nissen auf dem Norisring im Schübel-Alfa. Der Däne wurde in der Endabrechnung Siebter, die Teamkollegen Christian Danner und Giorgio Francia blieben sieglos und landeten auf den Plätzen neun und 13.

Blitzgeräte

Aufregend und sehr lehrreich", beurteilte Opel-Sportchef Walter Treser das erste Jahr mit den Opel Calibra V6. Vor Saisonbeginn wurde die Marke mit dem Blitz noch als Ka-

Auch in Sachen Fan-Kultur hat die DTM Formel-1-Niveau erreicht. D

Alessandro Nannini steuert lange auf Meisterkurs. Doch beim Start auf dem Nürburgring kommen i

tografen sind begeistert

Bei der Hälfte aller Läufe steht einer der gelben Zakspeed- Mercedes beim Start in der ersten Reihe

Wird Vierter: A. Nannini

ı Startgetümmel sein Temperament und einige Gegner in die Quere. Im Kiesbett muß er die Titelträume endgültig begraben

nonenfutter gehandelt, dann verschaffte sie sich Respekt.

Den ersten Erfolg verbuchte Opel, als Keke Rosberg in Hockenheim das Feld von hinten aufzäumte und mit Rang drei den ersten Podiumsplatz erkämpfte, gefolgt von Teamkollege Manuel Reuter. Auf dem Nürburgring stand mit Rosberg erstmals in der DTM ein Opel in der ersten Startreihe, und gut sechs Wochen später ging der Finne in der Eifel in Führung. Allerdings nur für Sekunden, dann strandete der Calibra an den Leitplanken. Dennoch: Die ersten Führungsmeter wurden im Lager der Rüsselsheimer gefeiert.

Auf dem Norisring startete der Formel-1-Weltmeister von 1982 erneut aus der ersten Reihe, kam im Rennen aber wegen Bremsversagens von der Strecke ab und prallte gegen einen Baum. Reuter wurde in Nürnberg 18 Runden lang als Führender bejubelt, dann fiel er aus. Den ersten Calibra-Sieg errang Manuel Reuter in Donington – obwohl er aus der Boxengasse starten mußte. Er war beim Start zum ersten Lauf ausgerechnet mit Rosberg aneinandergeraten. Schwer zu sagen, wer von beiden daraufhin schlechter gelaunt war; jedenfalls konnte Rosbergs Calibra zum zweiten Lauf nicht wieder repariert werden, und Reuter gewann.

Die Läufe in Berlin hatten nicht nur für Opel ihren Schrecken. „John Winter" (bürgerlich Louis Krages), der dritte Werkspilot im Opel-Team-Joest, überstand den wohl schwersten Feuerunfall der DTM-Geschichte zum Glück unverletzt. Kris

Das Opel-Dream-Team 1995: Keke Rosberg und Klaus Ludwig

In Singen klopft Keke Rosberg be

Kris Nissen brennt im RTL-Alfa am Norisring ein wahres Feuerwerk ab: Sein erster DTM-Sieg!

/lanuel Reuter an. Wenig später fällt an der Stelle die Titelentscheidung, als Roland Asch den Alfa Alessandro Nanninis torpediert

Beim Hitzerennen in Diepholz gibt nicht nur das Auto von Sandy Grau Rauchzeichen. Mancherorts brennt sogar der Asphalt

Nissen war ihm an das Calibra-Heck gefahren, beim Leitplanken-Einschlag fing das Auto Feuer. Später entzündete sich auch ausgelaufenes Öl an Rosbergs Auto.

Zwei Wochen später waren wieder drei Calibra in Singen am Start. Reuter wurde Dritter und John Winter verbuchte mit Platz sechs sein bestes Ergebnis. Beim Finale in Hockenheim sicherte sich Manuel Reuter mit einem vierten Platz den achten Meisterschaftsrang.

Eine Woche, nachdem die letzte Zielflagge gefallen war, stellte sich heraus, daß Mercedes-Sportchef Norbert Haug zumindest eine seiner gewöhnlich sehr gehaltvollen Aussagen wird ändern müssen: „Never change a winning team." Denn der Winner Klaus Ludwig hat bei der Konkurrenz unterschrieben. Er startet 1995 für Opel, und zwar gemeinsam mit Freund Keke im neuen Opel Team Rosberg. H.H.

Die Rivalen in der DTM

Aus dem Stand auf das Siegertreppchen - das hatte kaum einer der C-Klasse von Mercedes zugetraut. Ihre einzige theoretische Schwäche: Die mehr als 450 PS werden nur von der Hinterachse auf die Fahrbahn übertragen. Diesen Nachteil gegenüber den Allradlern kompensierte oft die Anti-Schlupfregelung (ASR). Zu den Stärken der C-Mercedes gehört neben der exzellenten Hinterachskonstruktion die gute Aerodynamik. Und sie überraschten die Konkurrenz mit der servicefreundlichsten Konzeption: Im Bedarfsfall ließen sich die Sechszylindermotoren in knapp 15 Minuten zwischen den Rennen auswechseln. Die ausgefeilten Schnellverschlüsse retteten so manchen Punkt. Ersatzfahrzeuge waren dieses Jahr nicht mehr erlaubt.

Die rund 420 PS, die Alfa Romeo den 155 V6 TI entlockt, werden dank Vierradantrieb gut auf die Räder verteilt. Daß die Roten aus Milano diese Vorzüge trotz mehrerer Siege nicht in den Titel ummünzen konnten, lag zum Teil an der schlechteren Aerodynamik, zum Teil auch an der defektanfälligen Motor-Elektronik. Außerdem stagnierte im Laufe der Saison die Weiterentwicklung des Fahrwerks im Vergleich mit den Mercedes und Opel Calibra.

Bei den Weißgelben aus Rüsselsheim ist das Allrad-Fahrwerk ebenso ein Pluspunkt wie die gute Aerodynamik und der niedrige Schwerpunkt. Die Topspeed-Messungen zeigten aber, daß es den mit 420 PS angebenen V6-Motoren noch an Leistung gemangelt hat.

Ganz schön bissig: Opel zeigt den

... und Alfa die Zähne. Gelungene

Die Zuschauer kommen 1994 auf ihre Kosten: Pralle Starterfelder, viel Action. Die Entscheidung fällt erst im vorletzten Rennen

tablierten Teams von Mercedes...

nstand für den Neueinsteiger

Fahrerwertung DTM 1994 nach 20 Läufen

Fahrer	Geburtsdatum	Fahrzeug	Punkte
1. Klaus Ludwig (D)	05.10.49	AMG Mercedes C-Klasse	222
2. Jörg van Ommen (D)	27.09.62	AMG Mercedes C-Klasse	175
3. Nicola Larini (I)	19.03.64	Alfa Romeo 155 V6 TI/94	150
4. Alessandro Nannini (I)	07.07.59	Alfa Romeo 155 V6 TI/94	149
5. Kurt Thiim (DK)	03.08.58	AMG Mercedes C-Klasse	141
6. Roland Asch (D)	12.10.50	AMG Mercedes C-Klasse	124
7. Kris Nissen (DK)	20.07.60	Alfa Romeo 155 V6 TI/94	99
8. Manuel Reuter (D)	06.12.61	Opel Calibra V6	89
9. Christian Danner (D)	04.04.58	Alfa Romeo 155 V6 TI/94	88
10. Bernd Schneider (D)	20.07.64	AMG Mercedes C-Klasse	86
11. Ellen Lohr (D)	12.04.65	AMG Mercedes C-Klasse	76
12. Stefano Modena (I)	12.05.63	Alfa Romeo 155 V6 TI/94	74
13. Giorgio Francia (I)	08.11.47	Alfa Romeo 155 V6 TI/94	70
14. Keke Rosberg (SF)	06.12.48	Opel Calibra V6	27
15. Michael Bartels (D)	08.03.68	Alfa Romeo 155 V6 TI/93	23
16. John Winter (D)	02.08.49	Opel Calibra V6	11
17. Stefano Buttiero (I)	05.07.66	Alfa Romeo 155 V6 TI/94	7
18. Uwe Alzen (D)	18.08.67	AMG Mercedes 190E	4
19. Alexander Grau (D)	17.02.73	AMG Mercedes 190E	1
Franz Engstler (D)	25.07.61	Alfa Romeo 155 V6 TI/93	1
Stig Amthor (D)	01.03.70	AMG Mercedes 190E	1

Fahrerwertung ITR-Gold-Cup nach 24 Läufen

In dieser Tabelle werden die beiden internationalen DTM-on-Tour-Läufe mitgezählt.

Fahrer	Fahrzeug	Punkte
1. Jörg van Ommen (D)	AMG Mercedes C-Klasse	228
2. Klaus Ludwig (D)	AMG Mercedes C-Klasse	225
3. Kurt Thiim (DK)	AMG-Mercedes C-Klasse	177
4. Nicola Larini (I)	Alfa Romeo 155 V6 TI	172
5. Alessandro Nannini (I)	Alfa Romeo 155 V6 TI	169
6. Roland Asch (D)	AMG Mercedes C-Klasse	151
7. Bernd Schneider (D)	AMG Mercedes C-Klasse	124
8. Kris Nissen (DK)	Alfa Romeo 155 V6 TI	119
9. Manuel Reuter (D)	Opel Calibra V6	109
10. Christian Danner (D)	Alfa Romeo 155 V6 TI	102

Markenwertung 1994

Firma	Punkte
1. Mercedes-Benz	323
2. Alfa Romeo	310
3. Opel	97

EWIGE DTM-STATISTIK (1984 BIS 1994)

Die erfolgreichsten Fahrer:

Fahrer	Siege
1. Klaus Ludwig (D)	28
2. Kurt Thiim (DK)	15
3. Johnny Cecotto (YV)	14
Nicola Larini (I)	14
5. Hans-Joachim Stuck (D)	11
6. Steve Soper (GB)	9
Bernd Schneider (D)	9
8. Armin Hahne (D)	7
Harald Grohs (D)	7
Frank Biela (D)	7

Die erfolgreichsten Marken:

Team	Siege
1. Mercedes	59
2. BMW	48
3. Ford	30
4. Alfa Romeo	23
5. Audi	17
6. Rover	6
7. Volvo	5
8. Chevrolet	1

Die Sieger der DTM

1984 Volker Strycek, BMW
1985 Per Stureson, Volvo
1986 Kurt Thiim, Rover
1987 Eric van de Poele, BMW
1988 Klaus Ludwig, Ford
1989 Roberto Ravaglia, BMW
1990 Hans-Joachim Stuck, Audi
1991 Frank Biela, Audi
1992 Klaus Ludwig, Mercedes
1993 Nicola Larini, Alfa Romeo
1994 Klaus Ludwig, Mercedes

RENNTERMINE 1995

07.-09. April	Hockenheim
21.-23. April	Estoril
06.-07. Mai	Berlin
19.-21. Mai	Mugello
02.-04. Juni	Helsinki
23.-25. Juni	Nürnberg
07.-09. Juli	Donington
04.-06. August	Diepholz
18.-20. August	Nürburgring
01.-03. Sept.	Singen
15.-17. Sept.	Le Mans
29.Sep.-01.Okt.	Hockenheim

Änderungen möglich

Beflügelt

Die junge Schwester der DTM hat viele reife Liebhaber: Fast ein halbes Dutzend Fahrer mit Formel-1-Erfahrung drängte sich hinter die neuen Lenkräder. Es versprach eine spannende erste Saison zu werden. Wurde es auch - vor allem, als den Autos Flügel wuchsen.

Mit dem Rückzug von Audi und BMW aus der DTM am Ende der Saison 1992 kam der deutsche Tourenwagensport in die Krise. Monatelang herrschte Unsicherheit über die Zukunft der DTM.

Erst als Alfa Romeo den Einstieg beschloß und sich Mercedes weiterhin als Gegner anbot, konnte das Schlimmste verhindert werden. Zu jener Zeit keimten in einigen Köpfen die Gedanken, in Deutschland eine neue Meisterschaft aus der Taufe zu heben. Zwar schrieben die DTM-Verantwortlichen schon 1993 einen internen Cup für Zweiliterautos aus, doch gaben sich die paar Unentwegten der Lächerlichkeit preis.

Was aber nicht zu übersehen war, war das steigende Interesse an einer Zweiliter-Meisterschaft seitens diverser Privatteams und Herstellern, die sich die DTM nicht leisten konnten oder wollten. Audi und BMW hatten der DTM den Rücken gekehrt und sich 1993 an ausländischen Meisterschaften beteiligt. Sie gewannen prompt mit deutschen Piloten: Frank Biela holte den Tourenwagentitel für Audi in Frankreich, Joachim Winkelhock für BMW in Großbritanien.

Dank des ADAC kehrten die Siegreichen 1994 ins eigene Land zurück. Die Meisterschaft mit dem griffigen Namen „Telekom D1 ONS ADAC Tourenwagen-Cup" sollte sich nicht als Konkurrenz zur DTM, sondern als Alternative verstehen. Wobei sich dieser Cup im ersten Jahr wie das Mäuschen im Schatten des Elefanten vorkommen mußte. Es gab so-

Bei BMW darf man anfangs vom Titel nur träumen. Beflügelt vom

SERIE

Telekom D1 ONS ADAC Tourenwagen-Cup, seit 1994 • Internationale A-, B- oder C-Lizenz • 8 Läufe • Preisgeld pro Lauf ca. DM 20.000,–, am Jahresende ca. DM 50.000,– • Mindestalter 18 Jahre

DATEN

Stark modifizierte Serienwagen, nach FIA-Klasse-2-Reglement • Fahrzeug muß in der FIA-Gruppe A homologiert sein • Motor aus laufender Produktion, vom Basismodell müssen mind. 2.500 Exemplare pro Jahr gebaut werden (ab 1995: 25.000) • max. 2.000 ccm, max. 6 Zylinder, Drehzahlbegrenzung bei 8.500/min, geregelter Katalysator, Renngetriebe versch. Hersteller, max. 6 Gänge plus Rückwärtsgang, Reihen-Schaltschema (sequentielle Schaltung) • Autopreis: ab ca. DM 350.000,–

KONTAKT

ADAC, Bereich Jugend und Sport, Helmut Maas
Am Westpark 8, 81373 München
Tel. 089-7676 2437, Fax 089-7676 2891

neuen Heckspoiler kommt für die Bayern dann die Wende. Mit einem Hattrick machte Cecotto am Ende alles klar

gar zwei Elefanten: Der Terminkollision mit der DTM ließ sich zwar aus dem Weg gehen, doch stand an den meisten DTM-freien Wochenenden dafür die Formel 1 auf dem Programm.

Der ADAC rang sich zum Kompromiß durch: Die Startzeit des Tourenwagen-Cups wurde so früh angesetzt, daß die TV-Zuseher rechtzeitig zur Formel Schumacher zu RTL wechseln konnten. Im zeitlichen Umfeld der Königsformel, und nur übertragen vom Deutschen SportFernsehen DSF, hatte die neue Tourenwagenklasse im ersten Jahr Mühe, sich gut zu verkaufen. Dabei setzten die Teilnehmer alles daran, sich bestens in Szene zu setzen. Vier Hersteller folgten dem Ruf und schrieben sich ein: Audi, BMW, Ford und Nissan stellten zusammen 13 werksunterstützte Autos. Dazu gesellte sich eine Handvoll Privatfahrer. Klingende Namen kehrten in die deutsche Rennszene zurück:

Trotz mäßiger Resultate haben Stuck (l.) und Boutsen (r.) den Spaß nicht verloren. Dahinter: Burgstaller und Bartels

Finale auf dem Nürburgring: Die Audis gewinnen zwar den Start, doch BMW holt Titel

Hans-Joachim Stuck und Frank Biela auf Audi, Johnny Cecotto und Altfried Heger bei BMW, Michael Bartels bei Nissan (er war außerdem mit Alfa Romeo in der DTM engagiert), Markus Oestreich und Thierry Boutsen bei Ford.

Dank Stuck, Bartels, Boutsen, Cecotto und Ivan Capelli (Nissan) konnte sich der ADAC immerhin mit fünf mehr oder weniger Formel-1-erfahrenen Herren brüsten. Und mit Yolanda Surer auf BMW hatte auch der Tourenwagen-Cup eine Dame in seinen Reihen. Die Ironie: Yolandas Rennleiter war Marc Surer, von dem sie sich Monate zuvor hatte scheiden lassen. Um es vorwegzunehmen: Außer in der Regenbogenpresse sorgte die Schweizerin allerdings nirgendwo für Schlagzeilen. Wofür sie auch eine Entschuldigung hatte: „Ich habe kaum Gelegenheit erhalten, zwischendurch zu testen. Und das ist mit diesen Autos unbedingt nötig, un den Anschluß an die Spitze zu finden."

Zu ihrer Entschuldigung ist außerdem anzumerken, daß auch ein Stuck oder Boutsen kein Land gesehen haben. Stuck, der zwei Jahrzehnte nur PS-stärkere Autos gewohnt war, tat zu Beginn der Serie kund: „Bei der geringen Leistung von rund 290 PS verzeiht der Fahrstil keine Fehler, man muß sehr sauber fahren und das Auto stets rollen lassen."

Klingt einfach, war es aber offenbar nicht. Denn aus dem Dutzend Werksfahrer kristallisierten sich zwei Asse heraus. Frank Biela (Audi) und Johnny Cecotto (BMW) machten den Titel unter sich aus und degradierten ihre Markenkollegen zu Wasserträgern.

Am Anfang der Saison sah alles nach einem Triumphzug des DTM-Champions von 1991 aus. Der Wahl-Monegasse Biela gewann die Rennen auf der Avus in Berlin, auf dem Flugplatzkurs von Wunstorf und war Zweiter in Zolder. Mit 55 Punkten lag Biela in der Tabelle klar vor seinem Audi-Teamkollegen Emanuele Pirro (39) und weit vor dem BMW-Rivalen Johnny Cecotto, der es bis dahin gerade mal auf 23 Zähler gebracht hatte.

Auf das Fahrkönnen allein war dieser Umstand nicht zurückzuführen, vielmehr auf den „Vorsprung durch Technik", wie der Audi-Slogan lautet. Die Ingolstädter hatten ihre Hausaufgaben über den Winter offensichtlich am besten gemacht. Mit dem Audi 80 Competition brachten sie ein Evolutionsmodell mit Allradantrieb und Spoilern auf den Markt. Biela, Pirro und Rinaldo Capello (I) feierten auf der Avus den Dreifachsieg. In Wunstorf gelang Audi mit Biela, Stuck, Pirro und Junior Patrick Bernhardt gar der vierfache Triumph.

Bei BMW hatte man zwar lange Gesichter, aber auch Erklärungen parat. „Ohne aerodynamische Hilfsmittel geht es nicht mehr. Die Audi haben zwar auch 100 Kilo mehr Gewicht, als die Fronttriebler von Ford und Nissan, aber durch den Allradantrieb und die Flügel sind sie beim Beschleunigen und auf der Bremse besser. Weniger Gewicht und mehr Flügel - eines von beidem müssen wir bald haben", bat BMW-Rennleiter Marc Surer.

Daß die Münchner flügellos daherkamen, hatte Gründe. Zum einen gab es im Vorjahr in den Chefetagen der BMW-Motorsport GmbH Gegner aerodynamischer Hilfsmittel. Zum anderen schien BMW keine Kapazität zu haben, um mit einem Evolutionsmodell noch rechtzeitig reagieren zu können. Das passierte erst nach dem 1. Juli 1994, dem nächsten Homologations-Termin der FIA. Und der brachte die Wende zugunsten der Münchner: Beim dritten Rennen am 3. Juli in Zolder kehrte BMW mit Johnny Cecotto auf die Siegerstraße zurück. Nach einem knallharten Ausbremsmanöver setzte sich der Venezolaner mit dem neuerdings beflügelten BMW 318i an die Spitze und verwies die "Audianer" Biela und Pirro erstmals auf die Plätze.

In Übereinkunft mit den anderen Herstellern und der Sportbehörde ONS durften Ford, Nissan und die Privatfahrer ebenfalls mit provisorischen Flügeln und minderen Gewichten, wie sie die FIA erst ab 1995 vorschreibt, antreten. Viel größer wurde die Ausbeute nicht. Michael Bartels holte mit dem Nissan Primera auf dem Österreichring einen zweiten Platz als bestes Resultat, und Markus Oestreich erzielte auf dem

Glückloser Star: Ivan Capelli

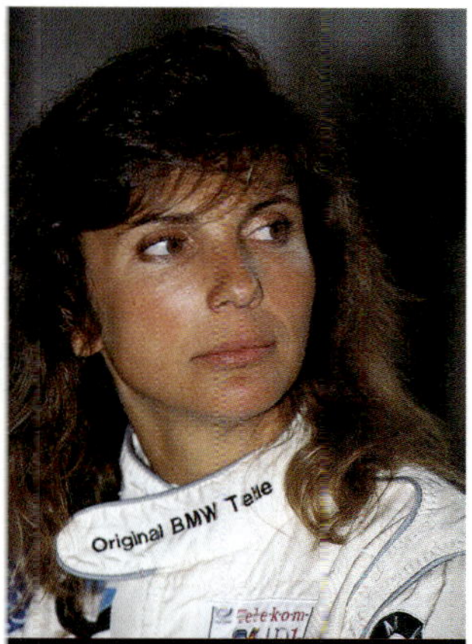

Schnelle Lady: Yolanda Surer

Ohne Flügel fährt Johnny Cecotto zu Saisonbeginn hoffnungslos hinter den Audis her. Anschließend darf BMW aufrüsten

SIEGERPODEST 1994

1. Mai, Avus/Berlin
1. Lauf:
1. F. Biela (Audi 80), 46:17,04 min
2. E. Pirro (Audi 80), 0,061 sec zur.
3. R. Capello (Audi 80), 8,75 sec zur.

12. Juni, Wunstorf
2. Lauf:
1. F. Biela (Audi 80), 33:39,59 min
2. H.J. Stuck (Audi 80), 0,73 sec zur.
3. E. Pirro (Audi 80), 1,17 sec zur.

3. Juli, Zolder (B)
3. Lauf:
1. J. Cecotto (BMW 318), 39:18,95 min
2. F. Biela (Audi 80), 3,92 sec zur.
3. E. Pirro (Audi 80), 18,30 sec zur.

17. Juli, Zandvoort (NL)
4. Lauf:
1. F. Biela (Audi 80), 49:11,86 min
2. E. Pirro (Audi 80), 0,90 sec zur.
3. J. Cecotto (BMW 318), 1,10 sec zur.

7. August, Österreichring (A)
5. Lauf:
1. A. Heger (BMW 318), 31:30,67 min
2. M. Bartels (Nissan GT), 2,93 sec zur.
3. J. Cecotto (BMW 318), 3,91 sec zur.

29. August, Salzburgring (A)
6. Lauf:
1. J. Cecotto (BMW 318), 31:05,06 min
2. A. Heger (BMW 318), 4,77 sec zur.
3. M. Oestreich (Ford Mondeo), 13,32 sec zur.

11. Sept., Francorchamps (B)
7. Lauf:
1. J. Cecotto (BMW 318), 30:51,57 min
2. A. Heger (BMW 318), 10,85 sec zur.
3. A. Burgstaller (BMW 318), 11,08 sec zur.

24. Sept., Nürburgring
8. Lauf:
1. J. Cecotto (BMW 318), 37:47,87 min
2. E. Pirro (Audi 80), 3,39 sec zur.
3. F. Biela (Audi 80), 3,79 sec zur.

WERKSTEAMS UND WICHTIGE PRIVATTEAMS 1994

DIE WERKSTEAMS

AUDI

Racing Organisation Course (ROC)
Chemin du Mont Blanc, F-74100 Annemasse
Tel. 0033-50-373283, Fax 0033-50-378645
Teamchef: Fred Stalder, **Teammanager:** Hugues Lardy
Fahrer/Auto: Frank Biela, Emanuele Pirro, Rinaldo Capello/Audi 80 Competition
Erfolge: Französischer Tourenwagen-Meister 1991 (Lapeyre), 1992 (Sourd), 1993 (Biela) mit Audi; 2. Platz ADAC Tourenwagen-Cup 1994 (Biela)

SMS Schmidt Motorsport
Seckendorfer Straße 4-6, 90556 Cadolzburg
Tel: 09103-50825, Fax 09103-5618
Teamchef: Konrad Schmidt
Teammanager: Stefan Hohenberger
Fahrer/Auto: Hans-Joachim Stuck, Patrick Bernhardt/Audi 80 Competition
Erfolge: Deutscher Rallyemeister 1987, 1988; DTM-Meister 1990 (Stuck)

BMW

BMW Motorsport-Team Warthofer
Hauptstraße 26, 53520 Nürburg
Tel. 02691-7820, Fax 02691-7007
Teamchef und -manager: Günther Warthofer
Fahrer/Auto: Johnny Cecotto, Alexander Burgstaller/BMW 318i
Erfolge: 1992 zwei DTM-Siege mit Cecotto, 1993 Sieger ADAC GT-Cup (Cecotto), 1994 Sieger ADAC Tourenwagen-Cup (Cecotto)

Udo Schneider Motorsport
Industriestraße 23, 42929 Wermelskirchen
Tel. 02196-3846, Fax 02196-81491
Teamchef: Udo Schneider, **Teammanager:** Lothar Christen
Fahrer/Auto: Alfred Heger/BMW 318i
Erfolge: 2. Dt. Tourenwagen-Trophäe 1993 (Middendorf), 1 Sieg ADAC Tourenwagencup 1994

Team Isert
Fassoldshof 1, 95336 Mainleus
Tel. 09229-8031, Fax 09229-8004
Teamchef: Heinz Isert, **Teammanager:** Uwe Isert
Fahrerin/Auto: Yolanda Surer/BMW 318i
Erfolge: 1987 Sieger DTM Nürnberg (Manthey), 1993 2. ADAC GT-Cup (Nissen)

FORD

Eggenberger Motorsport
Industriering 51, CH-3250 Lyss
Tel. 0041-32-845611, Fax 0041-32-848430
Teamchef und -manager: Rudi Eggenberger
Fahrer/Auto: Thierry Boutsen, Bruno Eichmann (Privat)/Ford Mondeo Ghia
Erfolge: Mehrfacher Tourenwagen Europameister (mit BMW und Volvo), Tourenwagen Marken-Weltmeister 1987 (Ford), 2. Platz DTM 1989 (Niedwiedz)

Wolf Racing
Max-Eyth-Straße 17, 74632 Neuenstein
Tel. 07942-3001-3004, Fax 07942-3416
Teamchef und -manager: Walter Wolf
Fahrer/Auto: Markus Oestreich, Klaus Panchyrz (Privat)/Ford Mondeo Ghia
Erfolge: 1988 und 1989 mehrere DTM-Siege, 1992 und 1993 Sieger DTT

NISSAN

BMS Scuderia Italia
Via A. Righetti 25, I-25128 Brescia
Tel. 0039-30-370 8922, Fax 0039-30-370 1456
Teamchef: Ramo Ramanzini, **Teammanager:** Giancarlo Bruno
Fahrer/Auto: Michael Bartels, Ivan Capelli/Nissan Primera eGT
Erfolge: 1989 2. GP Kanada (de Cesaris), 1991 3. GP San Marino (Lehto)

DIE WICHTIGSTEN PRIVATTEAMS

Lauderbach Motorsport
Mermicherhof 10a, 56283 Halsenbach, Tel. 06747-7563, Fax 06747-8845
Teamchef und -manager: Manfred Lauderbach
Fahrer/Auto: Marco Werner/Opel Astra GSi 16V
Erfolge: 1976 bis 1993 Klassensiege Langstreckenpokal, 1992 2. Ford Fiesta-Cup

Bervid Sport Styling
Prezletice 25, Post Jenstein, CZ-25073 Prag Ost
Tel. 0042-2850-2595, Fax 0042-2850-2635
Teamchef: Vaclav Bervid sen., **Teammanager:** Petr Janda
Fahrer/Auto: Vaclav Bervid/BMW 318i
Erfolge: 1991, 1993 und 1994 tschechischer Tourenwagenmeister

Michael Heigert
Am Heidesheimer Weg 55, 6501 Budenheim, Tel. 06139-5966, Fax 06139-1625
Teamchef und -manager: Michael Heigert, **Fahrer/Auto:** M. Heigert/BMW 318i
Erfolge: 1993 3 Siege ADAC GT-Cup, Div. 2

In Zandvoort reißt Boutsen bei einem kapitalen Verbremser Kollege Stuck mit ins Kiesbett. Dort parkt bereits Capellis Nissan

Meister Cecotto, umzingelt von den „Audianern" Pirro und Biela, denen die Enttäuschung förmlich ins Gesicht geschrieben steht

Hoch das Bein! Audi-Pilot Rinaldo Capello in der „Bus stop"-Schikane von Spa-Francorchamps

Für Frank Biela beginnt die Saisor

Zweiklassengesellschaft

Deutschland ist die einzige Nation Europas, die sich zwei Tourenwagen-Meisterschaften auf hohem Niveau leisten kann. Während die DTM den Klasse-1-Autos vorbehalten ist (Motoren bis 2500 ccm, keine Drehzahlbegrenzung, Fahrhilfen wie ABS oder Traktionskontrollen sind erlaubt), ist der ADAC-Tourenwagen-Cup für Zweiliterautos reserviert. Die Klasse 1 existiert nur noch in Deutschland, die FIA-Klasse 2 - ab 1995 FIA Super-Touring genannt - hat sich beinahe weltweit als Tourenwagen-Topklasse etabliert.

Vorbild ist die britische Meisterschaft, in der schon seit Jahren mit Zweilitermotoren gefahren wird und die das höchste Niveau (über zehn Hersteller mit bis zu 30 Autos) aufweist. Außer in England und Deutschland wird in Frankreich, Italien, Spanien, Belgien, Schweden, Japan, Südafrika, Australien und der Schweiz nach Klasse-2-Reglement gefahren; selbst die USA wollen 1995 oder 1996 eine Zweiliterformel einführen.

Das technische Reglement läßt zwar viele Freiheiten zu, die Eckdaten sind jedoch strikt vorgegeben: Motoren bis 2000 ccm Hubraum, maximal 6 Zylinder, Drehzahlbegrenzung bei 8500/min, maximal 4 Ventile pro Zylinder, mit Katalysator.

Die Länge der Fahrzeuge beträgt mindestens 4,20 Meter, die gesamte Karosserie sowie die Stoßfänger müssen mit dem Serien-Fahrzeug identisch sein. Vom Basismodell müssen mindestens 2 500 Exemplare vom Band gelaufen sein, ab 1995 sogar 25 000 Stück. Aerodynamische Hilfsmittel sind nur erlaubt, wenn sie auch beim Basismodell vorhanden sind. Elektronische Fahrhilfen sind ebenso verboten wie ABS. Dagegen ist Allradantrieb erlaubt, er bedingt aber ein höheres Fahrzeuggewicht. Autos mit Frontantrieb mußten mit 950 kg antreten (seit Juli 975 kg), Hecktriebler (1994 nur BMW) und Allradler (Audi) mußten 1050 kg (1025 bzw. 1040 kg) ab Juli auf die Waage bringen.

1994 verheißungsvoll und endet enttäuschend. Seinen Arbeitsplatz bei Audi darf er behalten - für die Revanche 1995 mit dem neuen A4

Salzburgring als Dritter das beste Ergebnis eines Ford Mondeo in Deutschland.

Beim vierten Lauf im holländischen Zandvoort hatte Frank Biela mit dem knappen Sieg vor Cecotto und Pirro seinen Vorsprung in der Tabelle zwar wieder etwas vergrößern können, doch danach verging ihm das Lachen. Wobei auch viel Pech im Spiel war. Nach einem verpatzten Start fuhr Biela auf dem Österreichring nur einen einzigen Punkt nach Hause, drei Wochen später in Salzburg wurde er unschuldig in eine Startkollision verwickelt und ging ganz leer aus.

BMW hingegen reihte Sieg an Sieg: Altfrid Heger aus dem neuen werkunterstützten Team von Udo Schneider feierte auf dem Österreichring seinen einzigen Saisonsieg. Anschließend langte Johnny Cecotto dreimal unerbittlich zu. Mit einem Pünktchen Vorsprung war Cecotto zum Finale an den Nürburgring gereist, wo der 38jährige in einem dramatischen Finish dank seiner ungestümen Angriffslust und nicht zuletzt auch der neuer Michelin-Reifen reüssierte.

Nach dem Gesamtsieg im ADAC-GT-Cup 1993 bescherte der zweifache Motorrad-Weltmeister seinem Arbeitgeber auch den ersten Titelgewinn im ADAC-Tourenwagen-Cup. Audi belegte mit Biela und Pirro die Plätze zwei und drei. Mit 23 Autos und sieben Marken (neben vier Werksteams je ein Privatfahrer auf Opel, Mitsubishi und Toyota) war der Endlauf schon fast so gut besetzt wie ein DTM-Lauf.

P.W.

ENDSTAND 1994

	Fahrer	Auto	Punkte
1.	Johnny Cecotto (VEN)	BMW 318is/4	107
2.	Frank Biela	Audi 80 Competition	98
3.	Emanuele Pirro (I)	Audi 80 Competition	87
4.	Altfrid Heger	BMW 318 s/4	77
5.	Markus Oestreich	Ford Mondeo Ghia	43
6.	Michael Bartels	Nissan Primera eGT	33
7.	Rina do Capelli (I)	Audi 80 Competition	32
8.	Alexander Burgstaller	BMW 318is/4	29
8.	Hans-Joachim Stuck	Audi 80 Competition	29
10.	Thierry Boutsen (B)	Ford Mondeo Ghia	23

Britische Tourenwagen-Meisterschaft 1994
British Touring Car Championship

	Fahrer	Fahrzeug	Punkte
1.	Gabriele Tarquini (I)	Alfa Romeo 155	298
2.	Alain Menu (CH)	Renault Laguna	222
3.	Paul Radisich (NZ)	Ford Mondeo	206
4.	John Cleland (GB)	Vauxhall Cavalier	177
5.	Giampiero Simoni (I)	Alfa Romeo 155	156

Französische Tourenwagen-Meisterschaft 1994
Championat de France Supertourisme

	Fahrer	Fahrzeug	Punkte
1.	Laurent Aiello (F)	Peugeot 405 MI	259
2.	Alain Cudini (F)	Opel Vectra	240
3.	Yvan Muller (F)	BMW 318is	219
4.	Yannick Dalmas (F)	Peugeot 405 MI	203
5.	Jean Marc Gounon (F)	BMW 318is	124

Italienische Tourenwagen-Meisterschaft 1994
Campionato Italiano Velocita Turismo

	Fahrer	Fahrzeug	Punkte
1.	Emanuele Pirro (I)	Audi 80	269,5
2.	Antonio Tamburini (I)	Alfa Romeo 155	182
3.	Fabrizio Giovanardi (I)	Peugeot 405 MI	156
4.	Roberto Ravaglia (I)	BMW 318is	146
5.	Rinaldo Capello (I)	Audi 80	141

Tabelle ADAC Tourenwagen-Cup auf Seite 163

FIA Touring Car World Cup Donington

Fahrer	Fahrzeug	Rundenzeit
1. Paul Radisich (NZ)	Ford Mondeo	25 Rdn in 41:56,73
2. Steve Soper (GB)	BMW 318is	1,91 Sek. zurück
3. Joachim Winkelhock (D)	BMW 318is	7,11 Sek. zurück
4. Gabriele Tarquini (I)	Alfa Romeo 155	7,96 Sek. zurück
5. Hans-Joachim Stuck (D)	Audi 80	29,50 Sek. zurück

SERIEN

British Touring Car Championship BTCC (GB) • Championat de France Supertourisme (F) • Campionato Italiano Velocita Turismo CIVT (I) • Internationale Bewerber- und Fahrerlizenz Stufe B • Läufe in GB: 14, F: 22 (bei 11 Veranstaltungen), I: 20 (bei 10 Veranstaltungen) • Mindestalter 18 Jahre

DATEN

Modifizierte Serienfahrzeuge verschiedener Hersteller. Ausschließlich FIA-Klasse 2 • Mindestgewicht 950 kg (Fronttriebler), 1050 kg (Hecktriebler und Allradantrieb) • Motor: Aus Serienfahrzeugen, modifiziert, bis 2000 ccm, ca. 280 PS • Fünfgang- oder Sechsgang-Renngetriebe, meist sequentiell • Autopreis zwischen DM 200.000 und DM 500.000

KONTAKT

Federation International d´Automobil (FIA)
8 Place de la Concorde, F-75008 Paris
Tel.: 00331-42659951, Fax: 00331- 47428731

Pauls Doppel

Weltweit werden Tourenwagen-Meisterschaften in der Klasse 2 ausgetragen - wie im ADAC Tourenwagen-Cup. Einmal im Jahr geht es um den World Cup

Mach's noch einmal Paul: Nach seinem Sieg beim letztjährigen Tourenwagen-Weltfinale in Monza gelang Paul Radisich 1994 die Wiederholung. Erneut siegte der 32jährige Neuseeländer beim Treffen der weltbesten Tourenwagen-Piloten, das im englischen Donington stattfand.

Die Überlegenheit des Ford-Werkspiloten war erdrückend: Schnellster bei den Vortests, Schnellster im Training und schließlich ein Start/Ziel-Sieg. Diese Domi-

Weltmeister

1994 war Deutschland die erfolgreichste Tourenwagen-Nation der Welt. Joachim Winkelhock (BMW), Hans-Joachim Stuck (Audi) und Markus Oestreich (Ford) holten beim FIA-Weltfinale Mitte Oktober in Donington Park (GB) mit den Rängen 3, 5 und 8 die Nationen-Wertung vor den Zweiliter-Hochburgen Großbritannien, Italien und Spanien. Gleichzeitig sicherte sich BMW in Donington den Marken-Cup.

Rekord: Vierzig Tourenwagen ge

Fototermin für die Fahrerriege des Tourenwagen-Welt-Cups 1994

nanz entschädigte Radisich für die Saison in der Englischen Meisterschaft: Mit zwei Saisonsiegen reichte es lediglich zum dritten Gesamtrang. Gegen den neuen Meister Gabriele Tarquini hatte Radisich keine Titelchance.

Tarquini machte dafür beim Weltfinale keinen Stich. Durch eine Rangelei in der Anfangsphase des Rennens zurückgeworfen, kämpfte sich der vom dritten Platz aus gestartete italienische Ex-Formel-1-Pilot wieder nach vorne. Hinter dem Drittplazierten Joachim Winkelhock war aber Endstation. M.S.

im Welt-Cup an den Start

glischen Donington

England

In der mit zehn Herstellern am weltweit stärksten besetzten Tourenwagen-Meisterschaft gab es einen Triumph für Alfa Romeo: Zwar zog sich das Team zeitweise zurück, weil es Streit um Heck- und Frontflügel gegeben hatte. Dennoch legte Alfa Romeo bereits zu Saisonbeginn mit fünf Sie-

Gabriele Tarquini

gen durch Gabriele Tarquini den Grundstein für den Titelgewinn. Drei weitere Tarquini-Siege bedeuteten schließlich den Gesamtsieg für den Ex-Formel-1-Piloten.
Der amtierende Champion Joachim Winkelhock kam in der Endabrechnung nicht über den sechsten Rang hinaus.

Frankreich

Die Französische Meisterschaft wurde 1994 zu einem Dreikampf Peugeot-

Laurent Aiello

BMW-Opel. Ford und Seat konnten im Kampf der drei Topmarken nicht mithalten. Während Peugeot in England und Italien keine Titelchancen hatte, reichte es dann in der heimischen Französischen Tourenwagen-Meisterschaft doch. Der Ex-Formel-3000-Pilot Laurent Aiello sicherte sich den Titel beim letzten Lauf. 1995 kehrt Alfa Romeo werksseitig in die Französische Meisterschaft zurück. Als Fahrer ist der englische Meister Gabriele Tarquini vorgesehen.

Italien

Gleich beim ersten Auftritt mit dem Audi 80 Competition holte Audi die Meisterschaft. Neuzugang Emanuele Pirro sicherte den Ingolstädtern mit sechs Saisonsiegen den Titel. Wobei er sich bei vier Veranstaltungen der Schützenhilfe seines deutschen Markenkollegen Frank Biela erfreuen durfte. Mit Pirro (Audi), Tamburini (Alfa Romeo), Giovanardi (Peugeot) und Ravaglia (BMW) spiegeln die ersten Vier der Italieni-

Emanuele Pirro

schen Meisterschaft die Markenvielfalt an der Spitze wider.
Für 1995 hat sich der neue Meister Audi einen spektakulären Fahrerwechsel einfallen lassen: Von Alfa Romeo wechselt die schnelle Tamara Vidali zur Allrad-Fraktion. Sie wird nächstes Jahr im deutschen ADAC Tourenwagen-Cup an den Start gehen.

Dünnes Feld

Auch der GT-Cup ist - wie der Tourenwagen-Cup - ein Kind des ADAC. Eines, das aber nicht so lieb gewonnen wird, wie es den Machern vorschwebt. Statt bei jedem Rennen in jeder der beiden Divisionen einen Lauf austragen zu können, gab es immer nur ein einziges Feld. Grund: Im Schnitt fanden sich gerade mal 20 Teilnehmer aus beiden Lagern ein.

Im Vorjahr hatten die beiden BMW-Fahrer Johnny Cecotto und Kris Nissen dominiert. Diesmal hieß der Mann des Jahres Ralf Kelleners. Er wurde von Roock Racing auf einem Porsche Carrera RSR 3.8 in den Titelkampf geschickt. Roocks zweites Auto konnte da nur bedingt eingreifen, weil sich kein geeigneter Fahrer finden ließ, der für die ganze Saison abkömmlich war. Der 26jährige Kelleners siegte gleich beim Auftaktrennen in Berlin, wurde darauf von seinem Gelegenheits-Teamkollegen Uwe Alzen geschlagen, ehe er wieder zweimal selbst an der Reihe war. Das war schon die halbe Miete. Zwei dritte und ein zweiter Rang genügten Kelleners danach zum Meistertitel.

Hauptkonkurrenten waren Armin Hahne im Honda NSX, den das frühere Porsche-Team Kremer einsetzte, Harald Grohs im Porsche Carrera RSR und Klaus Niedzwiedz im Mamerow-Porsche 911. Hahne machte auch die Willkür der Regelmacher vom ADAC zu schaffen. Sie beschnitten die Leistung des Honda mit ständig geänderten Luftmengenbegrenzern, so daß den Honda-Leuten am Ende der Saison der Kragen platzte und sie den Rückzug aus dem GT-Cup verkündeten. Mit drei Siegen in der zweiten Jahreshälfte und zwei dritten Rängen wurde Hahne dennoch Vizemeister.

Als neue Marke ließ sich Audi in die Siegerlisten eintragen. Der junge Draufgänger Jürgen Hohenester brachte sein Talent, seinen forschen Vorwärtsdrang und das Potential des Audi Coupé ein einziges Mal unter einen Hut und siegte auf dem Salzburgring. P.W.

SERIE

D1 ADAC GT-Cup, seit 1993 • Internationale ONS-Lizenz • 8 Läufe • Preisgeld: ca. DM 300.000 • Mindestalter 18 Jahre

DATEN

Serienfahrzeuge, verschiedene Marken, modifiziert, Gran Tourismo laut Fahrzeugliste des ADAC für den GT-Cup • Motor: Serie. Nur leichtes Tuning erlaubt. Leistungsgewicht Division 1: 4 kg/PS, Division 2: 7 kg/PS • serienmäßiges Getriebe • Autopreis: nicht definierbar. Kosten pro Rennsaison je nach Marke ca. DM 100.000 bis 400.000

KONTAKT

ADAC, Bereich Sport
Am Westpark 8
81373 München
Tel.: 089-76762437
Fax: 089-767622891

DER MACHER

Elmar Hoffmann

Seit 1983 leitet Elmar Hoffmann den Bereich Jugend und Sport beim ADAC. Der 51jährige gelernte Diplom-Ingenieur kam von MAN. Bis 1980 nahm er selbst an Kartrennen teil. Von daher rührte auch seine Idee für die 1991 gegründete Formel Junior. Hoffmann ist zuständig für sämtliche ADAC-Sportaktivitäten - von Kradrennen über den GT-Cup bis hin zu Motorbootrennen.

Porsche-Duell: Ralf Kelleners (Nr. 4

Deutschlands schnellster Schornsteinfeger: Bernd Kirchner im Ope

ADAC GT-CUP

gen Oliver Mayer. Nach dem 93er Doppelsieg der BMW-Piloten Cecotto und Nissen dominieren 1994 die Porsche

libra-Cockpit

Endstand 1994 Division 1

	Fahrer/Wohnort	Fahrzeug	Punkte
1.	Ralf Kelleners/Dinslaken	Porsche Carrera	114
2.	Armin Hahne /Monaco	Honda NSX	94
3.	Klaus Niedzwiedz/Datteln	Porsche 911	90
4.	Harald Grohs/Essen	Porsche Carrera	73
5.	Jürgen Hohenester/Gaimersheim	Hohenester GTS	45
6.	Uwe Alzen/Betzdorf	Porsche Carrera	35
7.	Wolfgang Schrey/Wallenhorst	Porsche MS	33
8.	Christian Abt/Kempten	Abt Coupé C5	28
9.	Oliver Mayer/Ingolstadt	Porsche 911	28
10	Dieter Köll/Köln	Porsche 968	18

Endstand 1994 Division 2

	Fahrer/Wohnort	Fahrzeug	Punkte
1.	Gunnar Beer/Berlin	Opel Calibra	117
2.	Bernd Kircher/Hünfeld	Opel Calibra 16V	86
3.	Holger Spelsberg/Schalksmühle	Toyota MR 2	75
4.	Marco Bromberger/Schwabach	Toyota MR 2	67
5.	Walter Renninger/Bietigheim	Opel Calibra 16V	56
6.	Gerhard Ludwig/Esslingen	Toyota MR 2	56

Chronik der Meister Division 1

Jahr	Fahrer
1993	Johnny Cecotto (VEN)
1994	Ralf Kelleners (D)

Chronik der Meister Division 2

Jahr	Fahrer
1993	Holger Spelsberg (D)
1994	Gunnar Beer (D)

Champ '94: Ralf Kelleners

Renntermine 1995

30.04.	Zolder
14.05.	Avus Berlin
11.06.	Spa
02.07.	Nürburgring
13.08.	Assen
27.08.	Salzburgring
10.09.	Wunstorf
24.09.	Nürburgring

SERIE

Deutsche Tourenwagen Trophäe, seit 1990 • Internationale ONS-Lizenz • 8 Läufe • Preisgeld: DM 80.000 • Mindestalter 18 Jahre

DATEN

Serien-Tourenwagen nach Gruppe N-Reglement der ONS • Motor: Klasse bis 1400 ccm (100 PS, ca. 210 km/h), Klasse bis 2000 ccm (175 PS, ca. 230 km/h), Klasse bis 2500 ccm (220 PS, ca. 250 km/h), Klasse über 2500 ccm (350 PS, ca. 270 km/h) • Seriengetriebe • Autopreis: Definition nicht möglich, Kosten pro Rennsaison je nach Klasse ca. DM 50.000 bis DM 170.000

KONTAKT

ONS GmbH, Waidmannstraße 47, 60596 Frankfurt, Tel.: 069-633 00 70, Fax: 069-63 30 07 30 oder: SAN Service Agentur Niemann, Am Wald 11, 40789 Monheim, Tel.: 02173-510 88, Fax: 02173-510 89

RENNTERMINE 1995

02. April	Hockenheim (D)	13. August	Zandvoort (NL)
21. Mai	Zeltweg (A)	03. September	Siegerland (D)
04. Juni	Zolder (B)	15. Oktober	Hockenheim (D)
09. Juli	Nürburgring (D)		
16. Juli	Salzburg (A)	Termine vorläufig	

Damenriege

Eine äußerst dramatische Saison bot die DTT in ihrem 5. Jahr. 69 eingeschriebene Teilnehmer kämpften in vier verschiedenen Klassen um den Trophäentitel. Dies bedeutete den absoluten Teilnahmerekord seit der Einführung der DTT im Jahre 1990. Ein Rekord auch die Markenvielfalt: Acht Fabrikate mit 14 verschiedenen Fahrzeugtypen gingen an den Start.

Vom absoluten Youngster mit 18 Jahren bis hin zum Oldie von 54 Jahren reichte das Fahrerpotential. Und ganz vorne dabei die Damen - in größerer Zahl, als in jeder anderen ONS-Serie. Die ehemalige-Formel-3-Werkspilotin Claudia Hürtgen und die Ex-Skirennläuferin Ulrike Stanggassinger zeigten der männlichen Konkurrenz, daß sie im Kampf um Sieg und Plätze ebenbürtige Gegner waren.

Zweifellos stellt die DTT ein Sprungbrett für junge und aufstrebende Talente dar, die sich für höhere Aufgaben empfehlen wollen. So begannen z.B. Yolanda Surer, Alexander Burgstaller und Hubert Haupt ihre Renn-

Die DTT-Damen (v.l.n.r.): Sonja Bayer, Sabine Schmitz, Claudia Hürtgen, Sandra Wollstadt, Ulrike Stanggassinger

DTC 1995 neu:

Einheitsklasse für den Amateursport

Die ONS hat für 1995 die Deutsche Tourenwagen Challenge mit seriennahen Fahrzeugen bis 2 Liter Hubraum (200 PS, ca. 240 km/h) ausgeschrieben. Einheitsgewicht für Front- und Hecktriebler sind vorgeschrieben, ebenso Einheitsfelgen und -reifen. Kraftübertragung erfolgt über Seriengetriebe mit Sperrdifferential. Bremsanlage vorne ist freigestellt. Allradwagen und Turbomotoren sind verboten.

Die Serie soll die große Lücke zwischen dem Werks- und Breitensport schließen. Der Kontakt läuft über die ONS oder die SAN Service Agentur Niemann.

Chronik der Meister

Jahr	Fahrer
1990	Frank Totz (D)
1991	Roland Senge (D)
1992	Rüdiger Schmitt (D)
1993	Wolfgang Treml (A)
1994	Michael Neumeister (D)

Der Peugeot 106 vom Formel Ford Champ Mario Hilgert auf dem W

fahrerkarriere in der DTT, bevor sie als Werksfahrer von BMW und Audi verpflichtet wurden.

Daß man auch mit kleinem Geldbeutel um eine Meisterschaft kämpfen kann, bewies Stefan Römhild mit seinem Citroën AX Sport. Konstant fuhr er immer unter den besten Drei seiner Klasse bis 1400 ccm und sicherte sich damit die Vizemeisterschaft.

In der Zweiliterklasse hatte der Schweizer Armin Schmid bis zum Endlauf noch Chancen auf den zweiten Gesamtrang. Sein Renault Clio Williams machte ihm jedoch im letzten Rennen einen Strich durch die Rechnung. Ein technischer Defekt in der letzten Runde sorgte für das vorzeitige Ausscheiden - 4. Platz.

Als erste Frau hätte Claudia Hürtgen eine ONS-Meisterschaft gewinnen können. Michael Neumeister legte jedoch Protest gegen ihren Ford Escort Cosworth 4x4 ein. Die Zylinderkopfschrauben entsprächen nicht dem Reglement. Claudia Hürtgen verlor das Verfahren und damit auch die 20 Punkte für ihren Sieg beim Finallauf. Letztlich reichte es dann nur noch für den 3. Platz.

Somit konnte Michael Neumeister die Meisterschaft für sich entscheiden. Mit insgesamt sechs Saisonsiegen in der 2,5 Liter-Klasse sicherte er sich zu Recht den Trophäensieg. A.W.

Endstand 1994

Fahrer	Fahrzeug	Punkte
1. Michael Neumeister (D)	BMW M3 (E30)	120
2. Stefan Römhild (D)	Citroën AX Sport	106
3. Claudia Hürtgen (D)	Ford Escort Cosworth 4x4	103
4. Armin Schmid (CH)	Renault Clio Williams	98
5. Marcelino Lopez (D)	Opel Astra GSI 16V	97
6. Guido Thierfelder (D)	Citroën AX Sport	96
7. Martin Wagenstetter (D)	BMW M3 (E30)	77
8. Mike Strotmann (D)	BMW M3 (E36)	75
9. Roger Morback (D)	BMW M3 (E30)	70
10. Hans Widmann (D)	BMW M3 (E30)	70

Michael Neumeister

ch oben. Claudia Hürtgen kann den Crash nur noch im Rückspiegel ihres Ford Escort Cosworth beobachten

Invasion nach dem Startschuß: Gleich drei Dutzend Clios kämpfen auf den Rennpisten um Punkte. Der Clio-Cup ist der einzige Mark

Es schlug dreizehn

Er hat lange warten müssen, der Reinhard Sesterheim: 13 Jahre lang fuhr der Kfz-Meister aus der Eifel im Renault 5- bzw. Renault Clio-Pokal - 1994 endlich reichte es zum Meistertitel. Dabei landete der Üxheimer einen Start/Ziel-Sieg: Vom ersten bis zum letzten Rennen führte er die Meisterschaft an, vier Saisonsiege schlugen am Ende für den Schirra Motoring-Piloten zu Buche.

Die Konkurrenz mußte sich hinten anstellen. So zum Beispiel der Schweizer Markus Albisser, der in seiner ersten Saison im deutschen Renault Clio-Cup immerhin zwei Saisonsiege schaffte. Oder wie Kai Riemer und Fred Weiss, beide mit je einem Sieg und den Plätzen 2 und 3 im Endklassement. Sie profitierten vom Startverzicht des bis dahin in der Meisterschaft zweitplazierten Jürgen Weis. Der Offenburger crashte zunächst beim Rennen in Singen und verzichtete dann zugunsten eines Starts im Peugeot-306-Cup auf den vorletzten Lauf am Nürburgring. Damit blieb für Jürgen Weis nur der sechste Endrang. M.S.

Seit '81 dabei: R. Sesterheim

Chronik der Meister

Jahr	Fahrer
1991	Dieter Gass
1992	Marc Gindorf
1993	Emil Bohni
1994	Reinhard Sesterheim

…al in Deutschland mit Kleinwagen der aktuellen Produktion

RENNTERMINE 1995

09. April	Hockenheim (D)	17. September	Nürburgring (D)
07. Mai	Nürburgring (D)	08. Oktober	Hockenheim (D)
04. Juni	Zolder (B)	15. Oktober	Hockenheim (D)
16. Juli	Nürburgring (D)	22. Oktober	Vallelunga (I)
06. August	Diepholz (D)	Änderungen möglich	

Endstand 1994

	Fahrer	Wohnort	Punkte
1.	Reinhard Sesterheim	Üxheim	331
2.	Kai Riemer	Espelkamp	244
3.	Fred Weiss	Hadamar	188
4.	Harald Hennes	Aachen	183
5.	Hubert Jahn	Idar-Oberstein	181
6.	Jürgen Weis	Offenburg	172
7.	Axel Goebel	Kamp-Lintfort	164
8.	Bernhard Schnell	Burgau	163
9.	Klaus Renninger	Pleidelsheim	126
10.	Manfred Dolata	Leipzig	124

SERIE

ONS-Rennen elf-Pokal/Clio-Cup 1994, seit 1974 (zunächst mit Renault 5) • Internationale C-Lizenz • 9 Läufe • Preisgeld: Insgesamt DM 500.000 • Mindestalter 18 Jahre

DATEN

Straßen-Renault-Clio mit Fahrwerksmodifikation, Fahrzeuggewicht 1000 kg incl. Pilot • 1,8-Liter-Vierzylinder-Motor mit 16 Ventilen, ca. 150 PS, Höchstgeschwindigkeit 220 km/h • 5-Gang-Seriengetriebe • Autopreis: ca. DM 32.500

KONTAKT

Deutsche Renault AG
Abteilung Motorsport
Kölner Weg 6-10
50321 Brühl
Tel.: 02232-73271
Fax: 02232-73559

DER MACHER

Bernd Hütter

Seit Ende 1992 ist Bernd Hütter Leiter der Motorsportabteilung von Renault Deutschland. Hütter ist Nachfolger des unvergessenen Rolf Schmidt, dem Erfinder des deutschen R-5-Pokals. Dem 39jährigen, der vom Zakspeed-Team zu Renault wechselte, liegt die Nachwuchsförderung besonders am Herzen. So hat er die DSF-Junior-Trophäe eingeführt, eine spezielle Wertung für junge Talente. Hütter: „Die finanzielle Förderung gehört ebenso zum Programm wie die Beratung der Nachwuchs-Piloten in Sachen Public Relation. "

Uwe Alzens Freudentanz, für die Supercup-Fans fast schon ein Ritual. Wenn Uwe als erster die Zielflagge sieht, läßt er seinen Carrer

SERIE

Porsche Supercup, seit 1993 • Internationale C-Lizenz • 9 Läufe im Rahmen der Formel 1 • Preisgeld: ca. DM 1,2 Mio. • Mindestalter 18 Jahre

DATEN

Rennfahrzeug Porsche 911 Cup 3,8 • luftgekühlter 3,8-Liter-Sechs-Zyl.-Boxermotor, 310 PS, max. Geschw. ca. 280 km/h • Sechsganggetriebe • Autopreis: ca. DM 180.000

KONTAKT

Dr. Ing. h.c. F. Porsche AG, ERS 1 - Markenpokalorganisation
71287 Weissach
Tel.: 07044-354041
Fax: 07044-352058

Meister 1994: Uwe Alzen

PORSCHE SUPERCUP

Die Straßenfeger der Formel 1

…ualmende Pirouetten drehen

Für den Supercup stellte Porsche in diesem Jahr ein neues Auto vor: den 911 Cup-Carrera 3,8. Er wurde gegenüber dem Vorjahresmodell nochmals um gut 40 PS aufgepäppelt und präsentiert sich nun mit satten 310 PS. Die bringen den Wagen in 4,7 Sekunden von Null auf 100. Der Preis pro Geschoss: 180.000 Mark. Allerdings werden die Wagen nur in Verbindung mit einer Einschreibung zum Supercup verkauft.

Bei Testfahrten in Mugello und Vallelunga (Testpilot u.a. Walter Röhrl) stellte sich schnell heraus: Der neue Cup-Carrera mit Sechs-Gang-Schaltgetriebe ist wesentlich schneller als die letztjährige Version, dabei einfacher zu fahren.

Der Porsche-Supercup wird vor imposanter Kulisse ausgefahren: Die acht Läufe sind unmittelbar vor den europäischen Grand Prix-Läufen angesetzt. Über Verlauf und Ergebnis berichtet RTL jeweils nach den Formel-1-Übertragungen.

Fester Bestandteil bei jedem Supercup-Lauf sind die beiden RTL-VIP-Carreras. Sie werden mit Unterstützung von Pirelli und Shell an populäre Persönlichkeiten ausgeliehen. Die Warteliste ist ellenlang.

1993, damals wurde der Supercup erstmals ausgefahren, hatten sich Altfrid Heger und Uwe Alzen ein dramatisches Kopf-an-Kopf-Finale geliefert. Mit einem Punkt Vorsprung gewann damals Heger. Diesmal war der Vorjahres-Champ nicht mehr mit am Start, Altfrid Heger fuhr im ADAC-Tourenwagencup. Uwe Alzen, vom Porsche-Zentrum Koblenz zum Leverkusener Roock-Racing-Team gewechselt, galt deshalb von Anfang an als Favorit beim Porsche-Supercup.

Obwohl der GP San Marino in Imola als eines der schwärzesten Wochenenden in die Geschichte des Motorsports eingehen wird,

Endstand 1994 Supercup

	Fahrer	Wohnort	Punkte
1.	Uwe Alzen	Betzdorf	131
2.	Emmanuel Collard	Paris (F)	127
3.	Jean-Pierre Malcher	Saint-Cloud (F)	125
4.	Bernd Mayländer	Schorndorf	106
5.	Daniel Dupuy	Boulogne-Billancourt (F)	105
6.	Fabien Giroix	Chennevieres sur Marne (F)	78
7.	Hubert Haupt	München	73
8.	Enzo Calderari	Port-Biel (CH)	69
9.	Mike Hezemans	Eindhoven (NL)	65
10.	Manuel Reuter	Monte Carlo (MC)	59

Nationenwertung

	Nation	Punkte
1.	Frankreich	678
2.	Deutschland	649
3.	Schweiz	486
4.	Monaco	428
5.	Niederlande	349
6.	Norwegen	222
7.	Großbritannien	220
8.	USA	164
9.	Italien	164
10.	Österreich	77

RENNTERMINE 1995

Die Termine des Supercup sind identisch mit denen der Formel 1, die des Carrera-Cup mit denen der DTM

Chronik der Meister

Jahr	Fahrer
1993	Altfrid Heger
1994	Uwe Alzen

ging für Alzen in Italien die Sonne auf. Aus der ersten Reihe zusammen mit dem jungen Bernd Mayländer gestartet, setzte sich Uwe Alzen sofort nach dem Start in Führung und fuhr einen überdeutlichen Start/Ziel-Sieg heraus. Das gleiche Ergebnis brachte Runde 2, in den Straßenschluchten von Monte Carlo ausgefahren.

Nach einem schwachen Zwischenspiel in Barcelona kam Alzen in Magny-Cour und Silverstone wieder zu seinem Stammplatz auf dem obersten Treppchen. Obwohl Bernd Mayländer nur als Fünfter durchs Ziel jagte, kassierte er Punkte, als wäre er Dritter geworden. Grund: Vor ihm lagen die beiden RTL-VIP-Fahrer Kelvin Burt und Tim Harvey – und die sind nicht punktberechtigt.

In Hockenheim hoffte Alzen ähnlich wie Michael Schumacher auf einen Hattrick-Sieg vor heimischen Publikum. Diesmal bot ihm Fabien Giroix über die gesamte Renndistanz Paroli, und in der vorletzten Runde behielt Giroix nach einem gewagtem Ausbremsmanöver über Alzen die Oberhand. Der drittplazierte Emmanuel Collard war wohl der glücklichste Mann im Fahrerlager: Am Samstagabend unterschrieb er einen Williams-Testvertrag. Vorjahres-Sieger Altfrid Heger fuhr diesmal einen RTL-VIP-Carrera. Aber nicht lange: Gleich mehrere Konkurrenten schossen ihn ab.

Zwei Wochen später gab es einen Supercup-Halt in Ungarn, wohl das turbulenteste Rennen der Saison. Aufregung schon vor dem Start. Wegen Reglementsverstoß (Kupplung und Federn) wurden Uwe Alzen die Punkte von Silverstone und Hockenheim aberkannt. Urplötzlich war Bernd Mayländer ganz vorne in der Tabelle. Und sein Hauptkonkurrent Alzen eliminierte sich bei dem ganzen Stress noch, indem er Spitzenreiter Jean-Pierre Malcher ins Heck donnerte. Der Franzose konnte im Gegensatz zu Alzen weiterfahren und

Die Formen des neuen Carrera sind viel runder geworden…

Glücksspiel: Die Strecke in Monte Carlo ist so anspruchsvoll, da bleibt fürs Casino keine Zeit

Kampf um die Spitze: Uwe Alzer

übernahm sogar die Tabellenführung.

Mit einem fehlerfreien Rennen und einem Start-Ziel-Sieg meldete sich Uwe Alzen beim vorletzten Lauf in Spa-Franchorchamps wieder zurück. Seine obligatorische Siegespirouette wurde allerdings teuer: Die belgischen Sportkommissare belegten ihn für die Einlage mit einer saftigen Geldbuße.

Champion-like dominierte Uwe Alzen auch das Finale in Estoril. Erneut von der Pole ins Rennen gegangen, ließ er seinen Verfolgern Jean-Pierre Malcher und Emmanuel Collard nicht den Hauch einer Chance.

Alzen, der 27jährige Kfz-Mechaniker aus Betzdorf, hat der Saison trotz Doppelbelastung (Er fuhr außerdem in der DTM als Privatfahrer) einen Stempel aufgedrückt und die Meisterschaft verdient gewonnen. Platz 1 der Nationenwertung geht allerdings nach Frankreich: Unter den ersten sechs sind vier französische Fahrer, und nur zwei Deutsche. W.M.

und Fabien Giriox in Hockenheim

Deutsche Variante: Der Carrera Cup

Neben dem international angelegten Supercup wird in zehn Läufen seit 1990 der Porsche-Carrera-Cup ausgetragen. Die Wagen sind etwa 10 PS schwächer als die Supercup-Geschosse, haben fünf Gänge und entsprechen im Prinzip dem Serien-Carrera.

Bernd Mayländer, der im internationalen Supercup auf Platz 4 landete, schaffte beim Carrera-Cup einen souveränen Titelgewinn. Mit deutlichen 40 Punkten eilte der 23jährige Waiblinger dem Cup-Routinier Harald Grohs deutlich davon. Mayländers Ziel für 1995 ist ein DTM-Cockpit.

SERIE

Porsche Carrera Cup, seit 1990 • Internationale C-Lizenz • 9 Läufe im Rahmen der DTM • Preisgeld: ca. DM 250.000 • Mindestalter 18 Jahre

DATEN

Rennvariante des Porsche Carrera RS • luftgekühlter 3,6-Liter-Sechs-Zyl.-Boxermotor, 275 PS, max. Geschw. ca. 270 km/h • Fünfganggetriebe • Autopreis: ca. DM 150.000

KONTAKT

Dr. Ing. h.c. F. Porsche AG, ERS 1 - Markenpokalorganisation, 71287 Weissach, Tel.: 07044-354041, Fax: 07044-352058

Endstand 1994 Carrera-Cup

	Fahrer	Wohnort	Punkte
1.	Bernd Mayländer	Schorndorf	155
2.	Harald Grohs	Essen	115
3.	Wolfgang Land	Niederdreisbach	106
4.	Harald Becker	Denzlingen	92
5.	Oliver Mathey	Hildesheim	90
6.	Sandro Angelastri	Langnau (CH)	85
7.	Hans-Bernd Kamps	Dinklage	70
8.	Michael Walter	Limbach	57
9.	Hubert Haupt	Berlin	54
10.	Stig Amthor	Friederichsdorf	48

Bernd Mayländer (23)

Chronik der Meister

Jahr	Fahrer
1990	Olaf Manthey
1991	Roland Asch
1992	Uwe Alzen
1993	Wolfgang Land
1994	Bernd Mayländer

Garant für Blechschäden: Die 180-Grad-Kehre in Nürnberg ist zu eng für so viele Autos

Das wars dann wohl, Käfer und Meisterschaftspunkte ade. Wer seinen Kleinen allzu sehr quält, bekommt die Quittung wie hier de

Doktor dominant

Es war das Jahr des Titelverteidigers. Dr. Josef Gerold dominierte die Käfer-Saison wie keiner vor ihm. Der ärgste Konkurrent vergangener Jahre, der dreifache Ex-Champion Walter Schäfer, war aus der Käfer-Rennerei ausgestiegen. Doch das konnte dem käfererfahrenen 42jährigen Medizinmann den Spaß nicht verderben. Fortan stand nicht mehr der Kampf um Positionen, sondern die Jagd nach immer neuen Lauf- und Runden-Bestzeiten an erster Stelle.

In acht Rennen (das neunte auf dem Salzburgring war abgesagt worden) ließ der rasende Zahnarzt Gerold keinem eine Chance und siegte bei jedem Auftritt. Und als er einmal unerwartet Probleme mit dem Auto hatte, stand das Glück zur Seite und ließ die Konkurrenten vorzeitig aussteigen. In der ewigen Sieger-Statistik zog Gerold mit 30 Käfer-Cup-Siegen aus 42 Renneinsätzen mit Schäfer gleich, in der Gesamt-Punkteliste aus allen bislang gefahrenen Cup-Rennen hat er den Ex-Meister sogar deutlich überflügelt (421 Gerold-Punkte gegenüber 393 von Schäfer).

Kapitale Käfer beim Kräftemessen. Beim Start auf der Avus hat J

Bei soviel Dominanz fiel gar nicht auf, daß mit Siggi Häusler zum ersten Mal in der sechsjährigen Cup-Geschichte ein Fahrer aus der Einsteiger-Division V zum Vizemeister aufgestiegen war, an Punkten zwar deutlich geschlagen, aber immerhin.

Die Div.W1 war 1994 die ausgeglichenste Gruppe: Fünf Fahrer hatten bis zum Finale den Klassensieg in der Hand. Am Ende war Klaus Raschig der Glücklichere.

Im nächsten Jahr soll sich einiges ändern in der Käfer-Rennerei: eine Art Käfer-Supercup ist geplant, of-

KÄFER CUP

ewcomer Norbert Kopietz

old den Käferbuckel vorn

fen für alle EU-Lizenznehmer, ausschließlich Rundstreckenrennen und nur eine einzige Klasse. Damit wird ganz zwangsläufig die Spitze breiter und dichter. Parallel dazu wird der bekannte Käfer-Cup mit Slaloms, Berg- und Rundstreckenrennen weiterlaufen. M.

SERIE

Käfer-Cup, seit 1989 • Intern. ONS-Lizenz, Stufe C oder eingeschränkte ONS-Käfer-Cup-Lizenz • 9 Läufe • Mindestalter 18 Jahre

DATEN

VW Käfer-Serienfahrzeuge, modifiziert • Vierzylinder-Boxermotor, lüftgekühlt, in drei Klassen nach Motortyp (V, W1, W4) unterschieden: 1800 ccm bis 2300 ccm, 100 PS - 240 PS, Höchstgeschwindigkeit 170 km/h bis 230 km/h • modifizierte Seriengetriebe von VW oder Porsche • Autopreis: DM 20.000 - 100.000, je nach Klasse

KONTAKT

Klaus Morhammer/Käfer-Motorsport, Postfach 1548, 82120 Gauting, Tel.: 089-850 04 64, Fax: 089-850 93 30

DER MACHER

Klaus Morhammer

Klaus Morhammer, 33 Jahre alt, aus Gauting bei München, unterbrach sein Jura-Studium, um den Käfer-Cup zu machen. Er brachte die rennbegeisterten Käferfahrer auf „ONS-Kurs" und ermöglichte ihnen somit, an richtigen Rennen - bis hin zum Rahmenprogramm der DTM - teilzunehmen. Was ihn an diesem Sport besonders reizt: „Sich Ziele zu setzen und sie dann auch zu realisieren."

Endstand 1994

	Fahrer/Wohnort	Klasse	Punkte
1.	Dr. Josef Gerold, 42, Ohlstadt	Div.W4	88
2.	Siegfried Häusler, 39, St. Georgen	Div.V	57
3.	Klaus Raschig, 37, Ludwigshafen	Div.W1	52
4.	Bertram Krämer, 37, Siegen	Div.W4	48
5.	Frank Früh, 29, Neckartenzlingen	Div.W1	45
6.	Marcus Mächtlinger, 20, Nürnberg	Div.V	40
7.	Dieter Franzen, 30, Sindorf	Div.W1	39
8.	Kurt Haßmann, 40, Lenggries	Div.W4	35
9.	Ulrich Conle, 28, Waiblingen	Div.V	33
10.	Joachim Bödeker, 27, Langgöns	Div.V	33

Neu in 1995

Der Supercup: Eine Käfer-Rundstrecken-Serie, die in ganz Europa laufen soll (Brands Hatch, Le Mans, Mugello, Zeltweg, Nürburgring, Spa), offen für alle EU-Lizenznehmer. Die Autos: Käfer aller Baujahre, 2000 ccm, max. 7000 U/min., Typ-1 und Typ-4 Motoren, luftgekühlt, Kat/98 dB(A), 4- und 5-Gang-Getriebe, Bremsen freigestellt, Räder 8 und 9 x 15, Federn, Stoßdämpfer, originale Radaufhängungspunkte, Stabilisatoren freigestellt, Serienkarosserie, 775 kg, Material von Hauben, Türen, Kotflügel, Stoßstangen, Trillbretter freigestellt, äußere Originalform muß beibehalten werden, Aerodynamik: nur Frontspoiler.

Diese Klasse wird zusätzlich zu den bekannten Div.V, W1 und W4 als Div.Z (**Z** wie **Z**ukunft und **Z**wei Liter) auch im Käfer-Cup'95 ausgeschrieben und soll mittelfristig einzige Klasse werden.

Dr. Josef Gerold

RENNTERMINE 1995

Die Termine für den Käfer-Cup standen bei Redaktionsschluß noch nicht fest.

Chronik der Meister

Jahr	Fahrer
1991	Walter Schäfer
1992	Walter Schäfer
1993	Dr. Josef Gerold
1994	Dr. Josef Gerold

Nach einer anstrengenden Nacht erreichen die Teilnehmer der Rallye Monte Carlo ihr Ziel, den Hafen des Fürstentums Monaco. Fan

d Sonnenstrahlen begrüßen sie

Moderner Zehnkampf

Weniger ist manchmal mehr. Nach diesem Motto hatte der Motorsportverband FIA die Rallye-Weltmeisterschaft auf zehn Läufe reduziert. Wer Champion werden wollte, mußte mindestens neunmal an den Start gehen. Dieses Rezept ging voll auf. Sechs verschiedene Piloten feierten Siege. Noch nie war eine Saison so spannend.

Toyota, Subaru, Ford und Mitsubishi waren die großen Konkurrenten. Ford begann das Jahr planmäßig mit einem Sieg bei der Rallye Monte Carlo. Der große Star des Teams: François Delecour. Doch der Franzose mußte nach einem Verkehrsunfall mit seinem privaten Ferrari vier Monate pausieren. Durch diesen Unfall war Ford auch aus dem Rennen um die Marken-Weltmeisterschaft.

Ähnlich hart traf es Armin Schwarz. Weil Mitsubishi sein Engagement kurzfristig zurückschraubte, verlor der einzige Deutsche im WM-Zirkus alle ernsthaften Chancen auf eine Spitzenplazierung.

Es blieb das Duell Toyota gegen Subaru. Auf der einen Seite der amtierende Weltmeister Juha Kankkunen und Didier Auriol, auf der anderen der nach einem glücklosen Jahr bei Lancia wieder siegeshungrige Ex-Champion Carlos Sainz und Jungstar Colin McRae. Diese vier lieferten sich ein Kopf-an-Kopf-Rennen der Extraklasse.

Das deutlich ausgeglichenere Team war Toyota. Siege in Portugal, Korsika, Kenia, Argentinien und Italien gingen auf das Konto der in Köln ansässigen Mannschaft. Damit verteidigte sie schon bei der 1000-Seen-Rallye den

Didier Auriol läßt seine französischen Mitstreiter hinter sich

Der Hattrick

Weil Vorjahresmeister Dieter Depping sich erst Mitte der Saison zur Titelverteidigung entschloß, wurde die Deutsche Rallye-Meisterschaft spannender als zunächst erwartet.
Die späte Rückkehr des Champions, der erst beim dritten DM-Lauf in das Geschehen eingriff, ermöglichte zwei Sensationen. Die Rallye Wittenberg gewann Josef Burkhard mit einem Gruppe N-Ford, der erste Erfolg eines seriennahen Fahrzeuges in der Geschichte der DM.
Ähnlich verblüffend war im Zeitalter von Turbo-Allradlern der Sieg von Markus Moufang mit dem betagten BMW M3 bei der Rallye Hessen.
Doch dann gewann Depping hintereinander die Deutschland-Rallye und den DM-Lauf im Hunsrück. Als der Ford-Pilot auch noch bei der Drei-Städte-Rallye hinter dem Schweden Mats Jonsson Zweiter wurde, verdrängte er Tabellenführer Mathias Moosleitner von der Spitze. Mit einem weiteren Sieg beim Saisonfinale, der Semperit-Rallye in Österreich, holte sich Depping seinen dritten Titel in Folge.
In der Gruppe N gewann Hermann Gassner (Mitsubishi), die Zweiliter-Wertung entschied Horst Rotter (Opel) für sich.

Depping kam und siegte

Fahrerisches Können, auch in schwierigem Gelände. Für Armin Schwarz kein Problem. Probleme bereitete ihm eher der Sponsor

Gäbe es Karten für die Motorhaube, sie wären ausverkauft

Damen-Weltmeisterin Isolde Holderied (r.) fährt allen davon

im Vorjahr erstmals errungenen Marken-Titel.

Ungleich spannender war die Entscheidung in der Fahrerwertung. Colin McRae verabschiedete sich vorzeitig durch zwei Unfälle aus dem Titelrennen. Aber Auriol, Sainz und Kankkunen kämpften bis zum letzten Meter der elf Monate dauernden Saison und hatten beim Finale, der RAC-Rallye, alle noch Aussichten auf die WM-Krone.

Auch im Weltcup der Zweiliter-Fahrzeuge fiel die Entscheidung erst bei der RAC-Rallye in den dunklen Wäldern Großbritanniens. Opel, Skoda und Nissan waren die Gegner in diesem Championat.

Deutlich leichteres Spiel hatte dagegen Isolde Holderied. Die deutsche Mitsubishi-Pilotin stand schon im August als Weltmeisterin in der Damenwertung fest. **C.S.**

Endstand 1994
Deutsche Meisterschaft

Die Weltmeisterschaft war bei Redaktionsschluß Mitte November 1994 noch nicht entschieden.

	Fahrer	Auto	Punkte
1.	Dieter Depping	Ford Escort Cosworth	201
2.	Mathias Moosleitner	Ford Escort Cosworth	163
3.	Hermann Gassner	Mitsubishi Lancer Evolution (Gruppe N)	106
4.	Josef Burkhard	Ford Escort Cosworth (Gruppe N)	92
5.	Joachim Müller	Ford Sierra Cosworth 4x4	89
6.	Uwe Nittel	Ford Escort Cosworth (Gruppe N)	75
7.	Markus Moufang	BMW M3	55
8.	Armin Kremer	Ford Escort Cosworth (Gruppe N)	39
9.	Stefan Schlesack	Ford Escort Cosworth	38
10.	Helmut Fortkort	Toyota Celica Turbo 4WD	32

SERIE

Rallye-Weltmeisterschaft, Deutsche Rallye-Meisterschaft, Zweiliter-Weltcup • WM seit 1979, DM seit 1921 • Internationale C-Lizenz erforderlich • Läufe: 10 (WM und Zweiliter-Weltcup), 6 (DM) • Mindestalter 18 Jahre

DATEN

Unterschiedliche Serienfahrzeuge, modifiziert • überwiegend Turbo-Allradler, im Zweiliter-Weltcup Frontantrieb ohne Turbo • 2000 ccm, Gruppe A 350 - 400 PS, Gruppe N 250 - 320 PS, Zweiliter-Weltcup 250 - 270 PS • Autopreis ca. 200.000 (Gruppe N) bis 500.000 (Gruppe A)

KONTAKT

ONS GmbH, Waidmannstraße 47, 60596 Frankfurt
Tel.: 069-6330070, Fax: 069-63300730, oder:
ADAC Bereich Sport, Am Westpark 8, 81373 München
Tel.: 089-76762437, Fax: 089-76762891

Erfolgreichster: Kankkunen

Kaum noch große Sprünge für Ford. Nach Delecours Sieg in Monte Carlo geht es für das Kölner Team nur noch bergab

Power pur

Die Truck-Europameisterschaft gilt als feurige Angelegenheit. Aber Fritz Kreutzpointner, national wie international kurz als Fritz K. bekannt, hat es wohl etwas zu wörtlich genommen, und das ausgerechnet beim Finale. Im spanischen Jarama, als der Bayer im Qualifikationsrennen mit Steve Parrish und Manuel Santos um den Sieg kämpfen wollte, beendeten züngelnde Flammen die Fahrt seines Mercedes-Benz 1834S. Auslöser war ein Leck im Überlauf des Dieseltanks. Größerer Schaden wurde durch das rasche Eingreifen der Streckenposten glücklicherweise verhindert. Am Sonntag konnte sich Fritz K. sogar endgültig Rang drei in der EM-Wertung sichern.

Aber der Reihe nach: Begonnen hatte das Jahr mit einem neuen Reglement. Statt drei nach Hubraum unterteilten Klassen gab es nur noch zwei: Race Truck und Super Race Truck - im weitesten Sinne vergleichbar den

Feuer im Hintern hat Fritz K. beim Endlauf in Jamara

SERIE

F.I.A. European Truck Racing Cup, seit 1985 • LKW-Führerschein • 20 Läufe • Preisgeld: Veranstaltergebunden, nicht kostendeckend • Mindestalter 21 Jahre

DATEN

Basierend auf Standard-Sattelzugmaschinen, stark weiterentwickelt • Motor ab 1994 in zwei Klassen, Race Trucks und Super Race Trucks: Hubraumgrenze bis 11.950 ccm, Höchstgeschwindigkeit 160 km/h • Gewichtslimit: 5 t (Super Race Trucks) und 6 t (Race Trucks) • Rußfilter sind Pflicht • Autopreis: ca. DM 50.000 bis DM 200.000

KONTAKT

European Truck Racing Association, Martine Laba, c/o Edition de Monde, 2 bis Rue Mercoeur, F-75011 Paris
Tel.:00331-43 67 64 24, Fax: 00331-43 67 85 50

Sandkastenspiele gibts Mitte der Saison am Nürburgring. Wer es

:hafft, sich freizustrampeln, darf weiterfahren. Trotz der 1000 PS kommt es auf die Geschicklichkeit des Fahrers an

Klassen N und A im Tourenwagensport. Beiden gemein ist die Hubraumgrenze von 12.000 ccm und ein maximaler Speed von 160 km/h. Bei den Race Trucks gelten 6 t, bei den Super Race Trucks 5 t als Gewichtslimit. Zudem wurden die Pisten der Truck-EM zu Nichtraucher-Zonen: Rußfilter sind Pflicht, wer qualmt, fliegt raus. Mit dieser Vorschrift setzten die beteiligten Hersteller, allen voran Mercedes-Benz, ein sichtbares Zeichen dafür, daß Motorsport und Umweltverträglichkeit durchaus vereinbar sind.

Neues Reglement, alte Sieger: Zum Mann der Stunde avancierte einmal mehr der Engländer Steve Parrish auf dem grünen Mercedes-Benz 1834S des BP-Atkins Teams. Viermal in neun Saison-Veranstaltungen (jeweils mit insgesamt sechs Wertungsläufen) holte der ehemalige Motorradrennfahrer die Maximal-Punktzahl. Er wurde in Jarama vor 70.000 begeisterten Zuschauern zum fünften Mal Europameister. Peter Fietzek, Vorstandsmitglied der Mercedes-Benz AG für den Bereich Nutzfahrzeuge, fand die schönsten Worte bei der Anerkennung für den 40jährigen: „Wären wir in der Lage, den Titel eines Lord zu verleihen, würden wir Steve Parrish zum Lord des Truck-Rennsports erklären."

Der zweite Platz ging an den Schweden Slim Borgudd, einst Drummer der Popgruppe ABBA und später Formel-1-Nachzügler beim deutschen ATS-Team. Er hatte im deutschen Dehnhardt-Team die Rolle von Inhaber Heinz „Mr. Truckrace" Dehnhardt übernommen, der Ende 1993 62jährig vom aktiven Rennsport zurückgetreten war. Und auch in diesem Jahr galt es einen Abschied zu feiern: Der Franzose Gerard Cuynet, wie Dehnhardt ein Grandseigneur der „Grandes Bolides", gab als EM-Vierter das Steuer aus der Hand, um sich künftig als Teamchef um seinen Rennstall zu kümmern.

So gingen die ersten vier EM-Plätze an die Marke mit dem Stern. Dahinter folgte der Franzose Noel Crozier auf MAN. Richard Walker, einer der Truck-Größen, war mit seinem Caterpillar-getriebenen Zil zum Finale nicht mehr angetreten. C.C.

Endstand 1994 Super Race Trucks

	Fahrer	Wagen	Punkte
1.	Steve Parrish (GB)	Mercedes-Benz 1834S	449
2.	Slim Borgudd (S)	Mercedes-Benz 1834S	433
3.	Fritz Kreutzpointner (D)	Mercedes-Benz 1834S	342
4.	Gerard Cuynet (F)	Mercedes-Benz 1834S	234
5.	Noel Crozier (F)	MAN 18423	226

Chronik der Meister

Jahr	Fahrer
1990	Steve Parrish
1991	Gerd Körber
1992	Steve Parrish
1993	Steve Parrish
1994	Steve Parrish

RENNTERMINE 1995

Die Termine für die Rennen der Race Trucks und Super Race Trucks standen bei Redaktionsschluß noch nicht fest.

Im finnischen Kemora begibt sich der Spanier Manuel Santos Marcos zum Blümchenpflücken auf die Wiese

Gut lachen hat Steve Parrish: In drei Jahren drei Titel. Mercedes-Kollege Cuynet (r.) wurde Vierter, von der Marwitz Neunter

Donington: 30.000 PS donnern auf der Piste. Parrish (Nr. 1) verzeichnet an dem Tag die beiden einzigen Nuller seiner Saison

Die Alten kommen

Alt, aber rüstig. Vorkriegs-Grand-Prix-Wagen fighten wie in jungen Tagen. Ob Alfa oder Riley – die

Angefangen hat es zu Beginn der 70er Jahre: Fahrer von historischen Sport- und Grand-Prix-Wagen organisierten ein lockeres Treffen am Nürburgring, um ihre zumeist aus den Vorkriegs-Jahren stammenden Fahrzeuge wieder mal auf die Rennstrecke zu bringen. Heute gibt es für diese Oldtimer nationale Wettbewerbe, Europameisterschaften und sogar erste Markenpokale (Porsche 356 Cup). Auch im historischen Rallye-Bereich tut sich was: Mit der Rallye Bavaria ist einer von acht EM-Läufen in Deutschland angesiedelt.

Die Altersklassen der Wagen werden von der FIA vorgegeben - die meisten Wagen sind in den Klassen E (1945-1961) und F (1962-1965) zu finden. Es wird hart gefightet um Bestzeiten und Pole-position. Ohne Käfig, Sicherheitstank und Feuerlöscher geht kein alter Renner auf die Strecke, kurzärmliges Hemd und Lederkappe à la Fangio werden gegen feuerfeste Wäsche und Helm getauscht.

Jedes Jahr treffen sich Anfang August, beim AvD-Oldtimer-Grand Prix auf dem Nürburgring, 500 Teilnehmer und 60.000 Zuschauer aus ganz Europa, um Europameisterschaftsläufe und Einladungsrennen zu sehen. Eine Sonderstellung nimmt die Eifel-Klassik im Oktober ein, bei der die Nürburgring-Nordschleife vom Sound der Kompressor-Mercedes, Bentley und weiterer 400 Vor- und Nachkriegs- Klassiker erbebt.

Eine weiterer Leckerbissen ist das DAMC/ADAC Oldtimer Festival auf dem Nürburgring. Mit über 800 Teilnehmern aus über 14 Nationen hat sich die Veranstaltung innerhalb der letzten zwölf Jahre zu Europas größtem Rennen historischer Automobile, Motorräder und Seitenwagengespanne gemausert. Im Rahmen dieses Rennwochenendes, das jedes Jahr im Juni stattfindet, startet auch die historische Formel 1 mit den original Boliden von Emerson Fittipaldi, James Hunt, Keke Rosberg, und anderen Formel 1-Größen der 70er und 80er Jahre.

Eine gute Möglichkeit sich über Serien, Regelwerke, Fahrzeuge und Rennveranstaltungen für historische Fahrzeuge zu informieren ist die „Techno Classica“ in Essen, die 1995 vom 16. bis 19. Februar stattfindet. P.G.

Als die Monte noch den Limousine

enior-Boliden zeigen sich in Top-Form. Dagegen sind der Lancia Aurelia und der Healey Sprite (kl. Foto) junge Hüpfer

hörte: Volvo PV 444 von 1953

KONTAKT

Automobilclub von Deutschland, AvD, Abt.: Oldtimer-Koord nation, Lyoner Str. 16, 60528 Frankfurt, Tel.: 069-660 62 54, Fax: 069-660 62 53 oder: Düsseldorfer Automobil- und Motorsportclub 05 e.V. (DAMC 05), Postfach 32 02 50, 40417 Düsseldorf, Tel. und Fax: 0211-33 42 42

Piloten, schwingt die Haxen! Start à la Le Mans in den fünfziger Jahren

Zum Saisonabschluß 1994 in Adelaide stellen sich alle Fahrer noch einmal den Fotografen. Die wenigsten haben bereits einen Vertra
<u>Oben (von links)</u>: Gerhard Berger, Paul Belmondo, Bertrand Gachot, Mika Salo, JJ Lehto, Nigel Mansell, Heinz-Harald Frentzen, Davic
Jean-Denis Delétraz, Jean Alesi, Alessandro Zanardi, Christian Fittipaldi, Rubens Barrichello. <u>Unten (von links)</u>: Pierluigi Martini, Mar

r 1995. Bisher steht lediglich das Team von Ferrari fest: Berger und Alesi haben ihre Verträge für die nächste Saison abgeschlossen
rabham, Domenico Schiattarella, Olivier Panis, Franck Lagorce. Mitte (v.l.): Gianni Morbidelli, Michele Alboreto, Hideki Noda,
lundell, Johnny Herbert, Michael Schumacher, Mika Häkkinen, Martin Brundle, Eddie Irvine, Damon Hill, Ukyo Katayama

Hoffnung für 1995: Zum erstenmal seit 1990 feiert Ferrari beim Großen Preis von Deutschland im Juli 1994 wieder einen Sieg: Gerh

rger beendet die Saison als Dritter in der Fahrerwertung. Mit 104 GP-Siegen liegt Ferrari wieder gleichauf mit Spitzenreiter McLaren

ZANETTI